逆転無罪の事実認定

Reversed on the Facts
What Overturned Guilty Verdicts Can
Teach Us About Fact-Finding

原田國男
Kunio Harada

勁草書房

はしがき

　私は，2010年2月に長い裁判官生活を終え，現在，慶應義塾大学法科大学院客員教授（専任）と弁護士（第1東京弁護士会所属）をしている。
　よく，生活はどう変わりましたかと聞かれる。考えてみると，両方とも刑事裁判を対象としている点で同じであるが，裁判官は，まさに人を裁く仕事であり，現在は，人をサポートする仕事である。相手が学生であるにしろ，依頼してきた被告人であるにしろ，その人のために働いている点では，心理的にとてもありがたい境地といえる。それに対して，裁判官の仕事は，じつに厳しいものがあった。辞めてはじめて，よくこんな厳しい仕事をしてきたなと思うし，後輩諸君の仕事振りを報道等で見聞してもよくやっているものだと感心する。とても，新聞コメント等で批判する気にならない。
　こういう私が，いまさら刑事裁判，それも事実認定について語る資格や価値があるとは思えない。ただ，私は，最後の約8年の東京高裁時代に20件を超える逆転無罪を言い渡している。なんでそんなに多いのだ，どこかおかしいのではないかと思われるであろう。そうかどうかは，本書を読まれて直接鑑定してほしい。いずれも検察官からの上告もなく，無罪部分は確定している。
　私自身もこんな数になっていたことに驚いている。これほどに警察・検察の捜査や第1審の判決に問題があるとは，当初，考えてもいなかった。1件1件ていねいに審理をした結果にすぎないのだが，それにしても，問題の根深さにたじろぐ。そこには，刑事裁判のおそろしさが存在している。人が人を裁く本質的な難しさともいえる。
　本書では，上記逆転無罪事件のうち，かなりの数の事例について取り上げている。ただし，担当した検察官や第1審裁判官の判断について声高に批判はしていない。この点に，物足りなさを感じる人もあろう。その理由の一つは，自分も逆転無罪を受けたことがあるし，あるいは，無実の者を有罪にしている可能性があるからだ。そして，刑事裁判にはどんなに頑張っても誤りが潜む危険

がある。ここに本質的なおそろしさがある。この点をぜひ学生や若い裁判官の皆さんに理解してほしいと思い，本書を書く気になった。

　逆転無罪とはいえ，関係者の名誉に関係する事柄であるので，十分注意し，コメント部分も若干エピソード的なものも交えてはいるが，その後に掲げている判決文を超えるものは含まない。当たり前であるが，判決文に何も足さない，何も引かない。まして，合議の秘密にかかわるものもない。内容は，ほぼ，大学の刑事実務基礎での授業と，若い裁判官への講話で述べたことである。刑事裁判のおそろしさだけでは，暗すぎるので，刑事裁判の魅力についても章をさいている。若い人への明るいメッセージというつもりである。

　本書の出版については，勁草書房編集部の鈴木クニエさんには大変お世話になった。もともと，彼女からの突然のアプローチがなければ，本書は生まれていない。その後の数々の私のわがままを巧みに制御され，まとめあげてもらい，心から感謝している。もとより，このような本の出版を企画していただいた勁草書房の御判断にも感謝のほかない。

2012年6月

　　　　　　　　　　　　　　　　　　　　　　　　　　　　　原田國男

目　次

はしがき　i

Ⅰ　刑事裁判へのメッセージ

第1章　えん罪を防ぐ審理のあり方──第1審の手続にそって ……………… 3
第2章　控訴審における審理のあり方──事後審でえん罪を防ぐには ……… 21
第3章　刑事裁判の魅力 ………………………………………………………… 29

Ⅱ　逆転無罪の事実認定

1　偽証発覚事件（平成20年6月11日）　38
2　携帯電話決め手事件（平成18年10月25日／平成19年6月25日）　51
3　ソープ嬢覚せい剤自己使用事件（平成14年7月15日）　62
4　巨乳被告人事件（平成20年3月3日）　75
5　痴漢無罪事件（平成18年3月8日）　87
6　窃盗犯人誤認事件（平成17年2月16日）　101
7　防犯ビデオ決め手事件（平成16年1月21日／平成14年12月11日）　111
8　早朝の公然わいせつ事件（平成17年2月7日）　134
9　被害者調書なし事件（平成19年11月21日）　149
10　筆跡鑑定事件（平成15年7月9日）　155
11　足跡痕事件（平成18年2月1日／平成14年6月17日）　160
12　狂言の疑いがある事件（平成16年10月6日）　172
13　採尿封かん紙貼替事件（平成15年4月14日／東京地裁平成5年2月17日）　189

14　アリバイが認められた事件（平成18年3月29日）　208
15　タイムカード（調布駅南口）事件（平成13年12月12日）　222
16　休日家族ドライブの受難事件（平成17年7月6日）　245

索引　255

［凡例］
刑集：最高裁判所刑事判例集
高刑裁特：高等裁判所刑事裁判特報
判タ：判例タイムズ
判時：判例時報

［注記］
1）掲載判決文において地名を匿名化する際，「東京都」も「県」としている。
2）掲載判決文中，〈注：〉は著者が本書で加えた説明。

I 刑事裁判へのメッセージ

第1章　えん罪を防ぐ審理のあり方
　　　──第1審の手続にそって

1　はじめに

　事実認定は，刑事裁判の基本である。
　私は，これまで，量刑の問題について研究を進めてきた。その成果は，いちおう，2冊の本に結実している。すなわち，『量刑判断の実際〔第3版〕』（2008年，立花書房）と『裁判員裁判と量刑法』（2011年，成文堂）である。これに対して，事実認定については，諸賢のような諸論文を作ってこなかった。しかし，もとより関心がないのではない。むしろ，実際の事件を通じて多くのことを教えられてきたといえる。
　個々の事件は，まさにそれぞれ異なった顔を示している。一つとして同じ事件はない。被告人の否認の弁解もさまざまである。そのなかにはとても通らないようなたぐいのものもあれば，深刻なえん罪をうかがわせるものもある。そして，事実認定は，被告人の人権保障に直結する。量刑のように一種の幅のなかの判断で，量的なものであり，そこに仮に不当な量刑判断があったとしても，

大きな不正義は生じない。

　これに対して事実認定は，オール・オア・ナッシングの判断で，その誤りは，無実の者を刑務所に入れてしまう，さらには，死刑にしてしまうという，まさに正義に反する致命的な結果を招くおそれがある。そこに，事実認定には，量刑判断とは違うおそろしさがつねに存在する。このおそろしさを心のなかに感じながら裁判をしていかなければならない。裁判官はもちろん裁判員も同じである。この精神的なプレッシャーはきわめて大きいものがある。

　私も約40年のほとんどを一線の刑事裁判官として過ごしてきた。途中，約6年間，法務省刑事局で刑法全面改正の事業に参画し，最後のほうで家庭裁判所や地方裁判所の所長を務めたほかは，刑事裁判の一線にいた。地方裁判所の陪席，裁判長，高等裁判所の陪席，裁判長，そして，最高裁判所の調査官である。それぞれ，第1審，控訴審，上告審と審級を異にするが，いずれも，具体的な事件に直面してきた。2010年2月に定年退官をして，ようやくプレッシャーから解放されてほっとするとともに，正直，よくやってこれたなと感じる。仮に，もう一度やってくださいといわれても，もうできないというのが率直な感想である。もっとも，裁判員裁判だけは，本当にやりたかった。これを経験できなかったことはまことに残念であった。最後の8年間は高裁にいたのでやむをえないけれども，裁判員としても参加したいくらいの気持ちである。

　こういう心境から，後輩の裁判官が担当する裁判を報道で読んだり見たりすると，よくやっているなと感心する。在職中よりも辞めた後のほうが，裁判のもつおそろしさを感じるとすらいえよう。

　そして，長い刑事裁判官生活でなによりも考えたのは，「正しい事実認定は，いかにすれば可能か」ということである。このことは，刑事裁判官であれば，誰でも，若くても年をとっていても，つねに心にかけていることであろう。およそ，刑事裁判に慣れはない。慣れたと思ったら，それでおしまいであり，刑事裁判官は辞めたほうがよい。辞めたほうが，被告人のためでもあり，世のためでもある。

　もちろん，刑事手続には，習熟しなければならない。法廷での挙措態度にも老練さが必要である。しかし，これらのことは，ある程度実務をやれば，身につくものである。これと，刑事裁判そのものに対する慣れとは本質的に違う。

じつは，量刑でも同じことで，最初は，事件事件で悩む。しかし，ある程度経験すると「こんなものだ」とか，「これが量刑相場だ」と考え，それぞれの事件のもつ本当の顔が見えなくなり，画一的なありきたりな判断で満足する危険がある。さすが，事実認定については，類型的にも同じ事件というものはありえないから，このような弛緩した精神状態に陥る危険性は少ない。しかし，それでも，慣れからくる判断の甘さはどうしても避けなければならない。

　では，どうしたらよいのか？　どうしたら，安定した精神状況ないし心組みで刑事裁判に臨めるのか？　正しい裁判を実現できるのか？

　精神論ももちろん有益である。少しでも正しい刑事裁判を実現しようとする意欲も必要である。しかし，それだけでは，真実への最接近は難しい。私は，その答えは，公平な刑事手続の実施にあると考えている。それだけでは，当たり前ではないかと思われるであろう。しかし，刑事訴訟法は，まさに，この目的のために種々の手立てを講じている。そのための長い歴史をふまえた総集編であるとすらいえる。

2　人定質問

　具体的に述べよう。私は，刑事手続の最初の場面をことに重視している。最初といえば，人定質問である。こんなものは本人の確認のためであって，それも人違いなどはほとんど考えられないから，手順どおりに，名前，本籍，住所，職業，生年月日を聞いていけばよいと思いがちである。そうではないのである。この段階こそ，最初に被告人に接し，相互の人間関係ができるもっとも重要な瞬間なのである。ここで，ボタンの掛け違いが生じると，その裁判自体が困った方向に向かい，ひいては，えん罪を生むことにもなりかねない。

　最初の人間関係というと，裁判官と被告人の間にそんな関係が生じるものなのか，不思議に感じ疑問をもつ人もあろう。裁判官と被告人とは，裁く人と裁かれる人であり，権力を行使する側と行使される側という決定的に違う立場にあるから，人間関係や，さらには信頼関係などというのはありえないはずだ，信頼関係があるというなら，それは，あくまでも裁判官側の独りよがりにすぎないという鋭い批判もあるだろう。

しかし，ここで，この関係を重視するのは，なにも被告人の機嫌をとり，なごやかなムードで裁判をうまくやり，最後に，思った結論を言い放って終わりにしようというような功利的な考えによるのではない。では，なんのためか。それは，端的に，えん罪をなんとか防ぐためである。被告人が本当にいいたいことをいう雰囲気を，最初から意識的に作っていく必要があるからである。

こんなことがあった。ある被告人が事実を全面的に争い，法廷での態度にも険しいものがあり，やりにくい事件であった。ところが，法廷の最中ににわかに昏倒してしまった。傍聴席にいた被告人の妻があわててバーのなかに入り，被告人のそばに駆け寄ったところ，拘置所の2人の職員がそれを制止した。第三者との接見には手続がいるというわけだ。そこで，私は怒り，「夫が倒れているのに妻がそばにいけないというようなことがあるか」といって介抱するのを許した。被告人は，過呼吸だったようである。

後に，被告人から手紙が届いた。そこには「あのとき，裁判長が怒鳴っている声が聞こえました。ありがとうございます」というような趣旨の内容が書いてあった。だからその後審理がスムーズにいった，とまではいえないが，一種の信頼関係ができたように思う。裁判官だの，被告人だのといっても，しょせん人間なのである。

話を元に戻そう。私は，たとえば，住所不定の場合，「住所不定か」とは聞かない。そう聞くと，反発する被告人がつねにいて，「住所はある」という。そこで，「どこか」というと，いえないか，昔住んでいたところをいう。被告人としては，最初から，裁判官に「住所不定か」と聞かれるのが，不満ないし面白くないのである。

これは，被告人の一方的なわがままであるが，軽くは扱えない。そこで，住所不定の場合に，私は，「今住所はどうなっている」と聞く。そうすると，住所不定の被告人でもさまざまなことをいう。「どこどこに住んでいましたが，今は住所はありません」，あるいは「今は公園に住んでいますが，公園の住所は，○○区××町，えーとあの公園は何丁目でしたか？」などという。要するに，住居不定そのものであるが，こう答えることにより，一種のおかしさも親しみも生まれてくる。「それでは，住居不定といわれてもしょうがないな」というと，あっさり，「そうですね」という。

無職の場合も同じである。「職業は，無職ですね」と決めつけると，反発する。そこで，「今，仕事はどうなっている？」と聞くと，以前はこれこれの仕事をしていたが，不況で今は仕事がないなどと具体的なことをいう。あるいは，ペットボトルや雑誌を回収していると言い張る。なお，これも仕事といえばいえないことはなく，起訴状に廃品回収業と表示することもかつてはあった。職業を聞かれて，ぐずぐず何か正業を言い立てる窃盗の常習犯に，「お前の職業は，泥棒であろうが」と一喝した裁判官もいた。これも痛快でよいかもしれない。このように具体的に述べさせるのがポイントで，最初から，住居不定，無職と決めつけるのは，被告人のほうが心を開いて大事な事実について語る心組みをなえさせるおそれがある。こんな裁判官に本当のことを話しても信じてくれまいとあきらめかねない。

　さらに，本籍なども重要である。私は，起訴状の本籍でなじみのないところは，どうやって行くのか法廷で被告人に聞くこともある。多くの被告人は，一生懸命話してくれる。山深い村もあれば，遠い海の近くもある。そうすることにより，被告人に生まれ育った故郷を思い起こさせる。そこで，「郷里を出てから何年たつ？」などと聞く。被告人のなかには，この段階でしみじみした気持ちにもなり，郷里を離れて今はこういう境遇にいたったことを振り返り，なんともいえない悲哀を感じる者もいる。石川啄木の「やまひある獣（けもの）のごときわがこころ　ふるさとのこと聞けばおとなし」の世界である。

　外国人の場合，どういうところに住んでいたのか当然関心をもつが，本人に聞くことはしない。その意図を疑われるおそれがあるからだ。ただ，その国のことを知りたいとは思う。そこで，たとえば，イランであれば，イランの映画をよく見るとかして，感じをつかもうとする。それでも，外国人の場合は，文化の背景が違うので戸惑うこともある。昔，アラブ系の被告人が人定質問で腕を組んで質問に答えていたことがあった。どうも違和感があったので，「お国ではそれが礼儀正しい態度なのかもしれないが，日本では，そうはしない」といったところ，きわめて素直に腕を解いた。これが文化の違いだったのか否かはたしかめていないが，少なくとも被告人には裁判所に対して傲然たる態度をとるつもりはなかったようである。韓国の方は，目上と杯を交わすときに，体を横に向けて杯を口にする。これなども，その謙譲の文化を知らないと戸惑う。

生年月日もただ単に日付を聞くだけではなく，「そうすると今いくつになるんだ？」と聞く。これも本人にとって，場合によっては，こたえる質問にもなる。こんな年になってこのざまか，死んだおふくろがあの世で嘆いているだろうなと考える。被告人の生年月日を聞いて，第1回公判のその日がまさに誕生日であったことがある。そこで，「今日が誕生日ではないか，おめでとう」といったら，素直に嬉しそうな顔をした。誰も祝ってくれない境遇に被告人の孤独を感じた。

女性の被告人で，自分の生年月日を10年もさばを読んで答えた者もいる。よく「十（とう）年取って」とはいうが，裁判所の人定質問でこれをしたのは，彼女だけであった。

このように，最初の手続だけでも被告人のさまざまな生き様が浮かんでくる。こうした会話を通じて，被告人が公判でなんでもいえる雰囲気を作るのが肝心なのである。被告人の気持ちをつかむせっかくのよい機会を無駄にするのはもったいないことだ。

3　起訴状受取りの確認

人定質問が済むと検察官による起訴状朗読になる。しかし，その前に，被告人が起訴状を受け取っているかを必ず確認しなければならない。起訴状謄本が2か月以内に被告人に送達されていないと公訴棄却の決定をしなければならないからだ（刑事訴訟法271条2項，339条1項1号）。第Ⅱ部の「1　偽証発覚事件」（38頁）では，控訴審になってからであったが，被告人が「第1審で起訴状を受け取らなかった」と主張したのがそもそもの始まりだったのである。

こういうことは滅多に起こらないが，油断はできない。私の経験では，起訴状謄本は所定の期間内に送られたが，その謄本が原本と違うことに第1回公判期日の前に気付いたことがあった。起訴状の謄本は，原本とともに，検察官から裁判所に提出され，書記官がそれを被告人に送達する。その謄本が原本と違ったのである。どうしてそのようなことになったかというと，検察官が最終決済の後に原本を完成させたのに，裁判所に提出した謄本は，修正が入る前のものだったのである。パソコンの普及でこういうことも起こりうる。その件では，

原本と謄本の違いは，重要なことではなく，たしか字句の訂正程度のことであったが，やはり，謄本は原本と同一のものでなければならない。手続が進み，審理の後半や控訴審になって発覚した場合につねに公訴棄却すべきかは一つの訴訟法上の問題点であるが，その件では第1回前に気付いてよかった。ついていたのは，まだ2か月を経過していなかったことである。ただちに，正確な起訴状謄本を送達した。

　起訴状を受け取っていることを確認した後に，「内容も読んでいるね」と聞く。そうしないと，起訴状も読まずにその朗読を聞くことになるからだ。

4　起訴状の朗読

　さて，こうして起訴状朗読となる。この手続は，重要である。検察官は，公訴事実と罪名・罰条を全文朗読しなければならない。省略は許されない。要旨の朗読も許されない。証拠書類の場合は，要旨の告知でも足りる。起訴状朗読では，例外を許さない。それだけ，審理の出発点となる重要な書面なのである。

　起訴状朗読も別の意味で気をつけるべき点がある。それは，犯行場所等の読み方である。裁判官は，全国に転勤する。場所の読み方は，土地土地によって違う。難読の地名は最初から地元出身の書記官などに聞いておくが，まさかという読み方もある。たとえば，調布市布田などは「ふだ」と知らないと，「ぬのた」とでも読んでしまう。

　検察官はまずは正確に読むと考えられるが，起訴状朗読でもチェックをする。最近では，平気で検察官がでたらめな読みをすることがあり，プロとしての自覚が足りないと憤ったこともある。たとえば，検察官が横浜の本牧（ほんもく）を「ほんまき」と読み，どこのことかと思ったこともあった。私は，横浜に縁があるからわかるが，そうでないと「ほんまき」とばかり思い込んでいるのかもしれない。こちらも同じようなことはあるので，そうは責められないが，しまらない話である。

　被告人も読み違いを聞けば，「なんだ，地名も読めないのか」と馬鹿にすることもあろう。昔，公安事件の控訴審の裁判長が判決中，犯行現場の一つである栃木県の小山（おやま）を「こやま」と読み続けたので，被告人が訂正を求

めたという話もある。場所の読み方も手を抜いてはいけないのである。

5　権利告知

　そこで，権利告知の手続に入る。刑事訴訟規則197条1項は，「被告人に対し，終始沈黙し又個々の質問に対し陳述を拒むことができる旨の外，陳述をすることもできる旨及び陳述をすれば自己に不利益な証拠ともなり又利益な証拠ともなるべき旨を告げなければならない」と規定する。この権利告知は，裁判長がその経験にもとづき，いろいろな工夫をしている。

　私は，たとえば，このようにいう。「被告人は，この法廷では，いいたくないことはいわなくてもいい。あなたには，黙秘権という権利があるから，個々の質問にも答える必要はない。逆に，いいたいことがあれば，なんでも自由にいいなさい。ことに，君が犯人でないときには，必ず，この機会にいいなさい。今いわずに，後になって，控訴したり，上告して，じつは自分は犯人ではないといっても，今の裁判所ではまずは救ってもらえない，再審で主張してもだめだ。だから，犯人でないなら，今いいなさい」と。ずいぶん，あくどい言い方とは思うが，このくらいいわないと犯人でないのに事実を認める危険性がある。かつて，私の部に付いた修習生がこの言い方を気に入って，模擬裁判でまねたところ，修習指導官からそんな言い方はないと注意された。彼は，胸を張って，うちの部長はそうやっていると反論したという。指導官も黙ってしまったそうだ。

　たしかに，普通ではない。しかし，私としては，権利告知は単なる儀式ではなく，きわめて重要な手続であると考えている。ここをおろそかにすると，えん罪を招くことにもなる。

　私には，こういう経験があった。ある詐欺事件で，権利告知をしたところ，事実を認める旨述べた。しかし，その直後，席に戻る被告人ののど仏が異常に上下していたので不審に思い，もう一度前に来させ，本当に犯人なのかと聞いたところ，しばらく黙っていたが，自分は犯人ではないという。国選弁護人もそうは聞いていなかったので，期日を改めて，審理を尽くした。結局，無罪となり，検察官の控訴もなく，確定した。被告人が無罪なのにそう答えたのは，

有罪を認めても，執行猶予がみえみえの事件であったからであろう。この経験から私は，権利告知を上記のように入念にやるようになった。

　被告人が犯人でないのに，なぜ，公判廷で認めるのであろうか。先の詐欺事件のように，結論を見込んで，認めてしまうこともあろう。とくに，重くない事件ではありうることだ。しかし，重大な事件でも起こりうる。足利事件の菅家利和さんがそうである。取調べを通じて，本当は自分が犯人でないのに，それをいっても通らないとあきらめてしまうのである。事実を否認する場合のほうがまだましで，被告人が事実を認めてしまうと，えん罪を見抜くのはきわめて困難になる。だから，最初の権利告知が重要であり，少しでも，えん罪を防ぐ工夫が必要なのである。この権利告知をおろそかにすることはできない。

　別のこんな事件もあった。私が東京高裁の左陪席のころだから，だいぶ昔のことである。新聞配達員のグループ内で，1人の男が皆と一緒に住んでいた部屋で暴行を受けて死亡した。被告人が単独犯として傷害致死罪で起訴され，事実をすべて認めて有罪判決を受け，実刑となった。しかし控訴して，じつは，暴行したのは自分だけではなく，ほかの者もたくさん犯行に加わったと言い出した。結局，検察庁もその言い分を認め，ほかの共犯者全員を逮捕し，全員自白した。被告人は，無罪とはならなかったが，刑がかなり軽くなったと記憶する。

　被告人が第1審で認めたのは，ほかの共犯者に頼まれ，弁護士も世話するからなどといわれ，自分1人で背負い込んだからだった。しかし，その後の面倒見がよくなかったことから，控訴審で本当のことを言い出したのであった。それに，被告人は少し知的障害があったので，皆に付け込まれた。

　この事件でも，後からみれば被害者の傷が多数あって，被告人の自白だけからは，説明できていないところがあった。また，被害現場の実況見分調書によっても，あちらこちらが壊れており，1対1の闘争とはいえない状況があった。しかし，被告人が最初から事実を認めてしまうと，なかなかそれを見破るのは困難といわざるをえない。アレインメント（有罪答弁）という制度があるくらいだから，自分で犯行を認める被告人は，有罪としておけばよいという割り切った考え方もありうるが，そうはいえまい。だから，最初の権利告知が重要なのである。

それでも，この事例のように，被告人が腹を決めて認めようとする場合には，私のような権利告知をしても，真実は述べないかもしれない。そこには限界があるが，しないよりはましだし，少しでもえん罪を防ぐ手立てになれば幸いというべきであろう。

6　罪状認否

　さて，権利告知を済ますと，次は，被告人による罪状認否である。簡単に，「そのとおりです」という者もいれば，いろいろなことを言い立てる者もいる。人さまざまだ。なかには，いいたいことを「この機会だ」とばかりにいう者もいる。しかし，これにいつまでもつきあっているわけにはいかない。この手続は，被告人の公訴事実についての認否を聞くもので，被告人質問とは違う。あまり詳しく述べようとする者には，後に被告人質問等で詳しく聞くからといって終わらせることもある。
　罪状認否の眼目は，被告人が何をいいたいのかを，この最初の機会に見極めることである。弁護人の意見と違う場合もある。その場合には，両者のいうことをよく聞く必要がある。よく聞いてみると，被告人が本当にいいたいことと，弁護人が被告人から聞いて考えたこととが食い違うこともある。このようなことがないように，弁護人は，接見を通じてよく被告人から話を聞くべきであるが，こういうことも起こりうる。
　裁判官のなかには，被告人が否認をすると困ったという顔をしたり，不機嫌になったりする者もいるという。これは，本当のことか知らないけれども，ありうることだ。否認されると，書証が不同意になり手間がかかるからであろう。現在では，公判前整理手続が取られれば，冒頭手続になってはじめて認否がわかるというようなことはない。だが，公判前整理手続が取られない多くの単独事件では，被告人の認否は，最初の被告人の罪状認否ではじめてわかる。したがって，上記のような態度を裁判官が取ることはありうる。
　しかし，これは，絶対に取るべき態度ではない。私は，否認されると，これでえん罪を避けることが可能になるかもしれないと思い，よし徹底的に調べてやろうという気分になる。場合によって，それを口に出すこともある。控訴審

でも同じことである。問題があれば，徹底的に調べるという姿勢は崩さない。

　もちろん，多くの被告人は，真犯人なのに否認してなんとか罪を逃れようとするであろう。そういう被告人にとって，私のような裁判官は，これは甘い，付け込めると考えるであろう。しかし，それでよいのである。本当に無実の者を有罪にしないことが大切なのである。真実，有罪の者をある程度手間をかけて有罪にしてもかまわない。ごくまれには，真犯人なのに無罪にしてしまうこともあろう。これも不正義の一つである。しかし，いくら，真犯人であっても，証拠がなければ，あるいは証拠が不十分であれば，無罪とせざるをえない。「疑わしきは罰せず」の世界なのである。したがって，審理を尽くすことに遠慮はいらない。これが刑事裁判の核心部分である。

　さて，罪状認否手続で忘れられない経験がある。私が東京地裁の新任判事補時代は，裁判官になったその年の1月に東大安田講堂事件があり，大量の学生たちが逮捕・起訴された。時まさに法廷闘争時代の幕あけである。私が配属された刑事20部の裁判長は牧圭次さんで，姉妹部の裁判長は草場良八さんであった。ちなみに，牧さんは後に最高裁判事になられ，草場さんは最高裁長官になられた。

　当時，非反省組と呼ばれた被告人たちは，統一公判を要求し，最初から激しい闘争を繰り返した。冒頭手続でも，人定質問には「黙秘します」の一言であった。とても，これまでに述べたような，いわば牧歌的な人定質問などありえなかった。最初の罪状認否でも，長々とその主張をまさに「われわれは，断固，この裁判を粉砕するぞ」といった調子でがなりたてる。多くの法廷では，その最初の段階で発言禁止，退廷命令，これに呼応する傍聴人も全員退廷となった。

　しかし，牧コートは違うのである。被告人全員7ないし8名にいいたいだけいわせる。裁判長は，何も制限しない。最初の被告人は，1時間くらいがなりたて，疲れて次に譲る。次の被告人は，30分程度，その次は15分程度でやめる。後半の被告人は，さらにいうことがなくなる。そして，最後の被告人にいたっては，「もういいです」という。彼らは，仲間の演説を聞くうちに，その内容の空虚さにいやになってくる。当初の今日こそはという熱い闘争心がみるみるなえてくる。そして，被告人の罪状認否は，退廷命令の発動もなく，しゅくしゅくと終わるのである。これには，心から感服した。とても，並の精神では，

まねすることができない。名人の領域といえる。一種の戦術ではあろうが，よほど腹が据わっていないとできない業である。

7 証人尋問

　証人尋問で，証人の嘘を見抜くのは難しい。第Ⅱ部の「1　偽証発覚事件」(38頁）のＹ証言や，「2　携帯電話決め手・第1事件」(51頁）のＸ証言がそうである。控訴審で両者とも調べたが，1審での証言はまったく崩れなかったどころか，かえって補強された感すらあった。前者は，Ｙ自身が偽証罪を自首したことから，偶然，嘘が発覚した。後者では，持ってきた携帯電話から足が付いた。証言態度からは，とても嘘であるとはいえなかった。ここに，裁判の限界がある。直接主義は刑事裁判の大原則であるが，証人を直接調べてもその嘘を見抜かなければ，意味がない。それが，なかなか難しいのである。

　自分の法廷にたった証人の証言が偽証罪に問われ有罪となるという経験は，刑事裁判官を長くやっていてもそうはないことである。私の場合，上記の2件，3名以外にも経験がある。財団法人の理事長が保管していた法人の預金2億6000万円余りを業務上横領したという事件だった。控訴審で示談がなされ，法人に示談金が入金されたが，その2日後までには，全額が払い戻され，被告人側にその大半が還流された。そこで，控訴審で証人となった示談当事者の新理事長が偽証を認めて起訴された。これなどは，検察官が基本に忠実に銀行取引の調査を怠らなかったから発覚したもので，そうでなければ，示談当事者双方が合意していることだけに，発覚は難しかったであろう。

　偽証罪を重視するべきであることは，裁判員裁判においてもとくに強調されている。しかし，立件にいたるのは，本人が明確に認めている事案にかぎられよう。私は，検察の在り方検討会議の委員を務めたが，その際，韓国に出張し，全面可視化の運用等について視察をした。

　そのときの韓国の検察庁の話では，2007年の統計で，偽証罪の被疑者3553人のうち1544人が起訴されているのに対して，日本では，同年度の統計で，偽証罪の被疑者は138人，うち9人が起訴されていただけだという。韓国の偽証罪の数の多さに驚いたものである。韓国では，日本人は，法廷で嘘をいわないの

だととらえ，自国のことを恥じているようであったが，日本の検察が本腰で捜査をしていないという面もあるように思われた。

　以前，裁判所のエレベータに乗っていたときに，民事事件の当事者とおぼしき人物が，弁護士から，裁判官の顔を見て話すのがつらければ，ネクタイの結び目を見て答えなさいとアドバイスされていた。本人尋問を控えているのだろうか。まさか，嘘はいいづらいからというわけではなさそうであるが，たしかに，目を逸らして答えると信用されないし，目を見て答えるのもつらいということもあろう。味のあるアドバイスかもしれない。

　また，こんな経験もあった。ある事件で，内容は忘れてしまったが，第三者の証人が検察官と弁護人の質問に答えてこれで終わりという段階で，私が念のため証言の核心部分を確認する簡単な質問をしたところ，驚いたことに，それまでの証言とはまったく違うこと，反することを言い始めた。そこで，なぜ，先ほどまでとは違うことを言い出したのかを質したところ，いわく「今日は，裁判官が尋ねたら本当のことをいおう，そうでなければ，違うことをいってすまそうと思って来た」というのである。こういう証人もいるから，油断はできない。

　逆に，証人は本当のことをいおうとしても，被告人が眼前にいたり，傍聴席に被告人関係者がいたりするため，おそろしくていえないという場合もある。現在では，遮蔽措置（刑事訴訟法157条の３）やビデオリンクの利用（同157条の４）ができるが，以前は，こういう場合に裁判所としても困ることになった。ある暴力団組長による飲食店での注文にからむ恐喝事件（既遂だったか未遂だったかは忘れた）で，証人となった被害者の飲食店の店長が，傍聴席にいる多数の配下の存在をおそれて，証言をしづらそうにしていた。傍聴席がほとんど関係者で，まさに黒一色（全員，黒の礼服を着用していた）の状態である。相当な迫力があった。そこで，私は，被告人に，「お前も親分といわれる男なら，このざまはなんだ。堅気の者が，子分がおそろしくてしゃべれないではないか」といったところ，被告人は，「わかりました」と一言いって，手で出るようにとの仕草をしたら，全員退廷した。これには驚いたものだ。

　後日談があり，その後，この親分が縄張りにしている町を散歩していたら，その子分とおぼしき者から丁重な挨拶を受け，びびってしまった。裁判官は，

法廷では権力があるから威張っているが，町を歩けばタダの人で，彼らのほうが迫力では上であろう。

次に，証人は決して嘘をいうつもりはなく，それが事実であると確信している場合がある。これは，目撃証人の証言の信用性にからんでよく問題となる。たとえば，当初の単独面通し（取調室にいる被疑者をマジックミラー等で被害者に確認させるやり方）から，被告人が犯人だという確信をもってしまうことがある。その後，いくら証人尋問で弁護人が追及しても，証人自身がそう考えているのだから，これを崩すのは難しい。刷り込みという心理状態になってしまうと，その信じる証言を繰り返す。その刷り込みが誤っている場合，えん罪の原因となりかねない。だから，警察は単独面通しをするべきではない。これを理由の一つとして，女性通行人に対する痴漢行為を逆転無罪としたこともある。

通勤電車中の痴漢無罪事件では，被害者とされる者がじつはそうではなく，被告人を陥れるために被害があったと証言している場合もありうる。しかし，多くは，被害があった事実は間違いないが，その犯人が被告人であることについて誤ってしまうケースである。そういう事件では，捜査当初の駅事務室で警察官等が犯人は被告人であると決めつけるので，被害者自身も被告人が犯人であると思ってしまいやすい。第Ⅱ部の「5　痴漢無罪事件」（87頁）がその典型である。したがって，証人の証言の信用性を検討するのは相当に慎重でなければならない。

8　被告人質問

被告人質問では，被告人が自分のいいたいことをいう。偽証罪の制裁はない。長々と話す者も少なくない。私も，牧裁判長を見習って，辛抱づよく聞いていた。それでも，単独事件では1件何分，たとえば事件数の多いときは，30分刻みで次の事件を入れている。実際のところ，時間無制限というわけではない。そういうときは，被告人に傍聴席を見させて，たとえば「次の事件の弁護人が来られている。次の事件があるから，次回，時間をとっていくらでも聞くので今日はこれくらいにします」，そして，「君は，いいたいことがたくさんあるようだから，書面に書いて出したら読みますよ」などという。そうすると，不思

議なことに，多くの被告人は，次回にまた長々とは繰り返さない。長々と言い立てるのは，「この裁判官は，人のいうことを聞いてくれない」と思うからで，言い分はいくらでも聞きますよといわれると一種納得し，安心するのである。そして，いいたいことといってもかぎりがあり，そうあるわけでもない。愚痴に類することも多いのである。相手が話を聞いてくれないと思うから，長々といいたくなるだけなのだ。

　私は，若い裁判官に法廷で時間を気にしてはいけないといってきた。被告人は，裁判官をよく観察している。法廷にある時計を気にしていると，すぐに反応する。この裁判官は，時間を気にして，自分の事件など次々に処理していけばいいと思っていると感じる。そうすると，いろいろ無駄な抵抗をしてくる。ほんのちょっとした裁判官の行動が，事件を難しくすることがある。ある控訴事件で，被告人の控訴趣意に，原審の裁判官は，自分を犬猫のように扱ったと不平不満を述べるものがあった。その具体的な内容は明らかではなかったが，このような不平不満の原因もささいなことにある場合もあろう。

　被告人側のアリバイの主張については，「14 アリバイが認められた事件」(208頁)のようにアリバイの可能性が否定できないとして無罪とした事例と，14事件に関連してふれた寅さん映画事件(210頁)のように，それが虚偽であることが明らかになった事例がある。一般に，アリバイの主張は，そのようなことがあったことは事実としても，はたしてそれが，「犯行日とされる時間帯といえるか」がつねに問題となる。多くのケースでは，日時の特定に難点があり，主張が通らない。しかし，その主張が否定できない場合もあるから，気を抜けない。被告人に本当にアリバイがあり，犯人でないときには，被告人もそれを確信しているから，かなり具体的な主張や証拠を提出してくる。検察官のほうも，被告人が犯人だと確信しているから，それを崩すことに力を入れる。「15 タイムカード（調布駅南口）事件」(222頁)では，共犯者とされる者の目撃証言の信用性が否定された。同人は犯行現場と離れた店で働いていたが，その自白とは矛盾する勤務状況を示すタイムカードが見つかり，これが決め手となったのである。捜査機関は，偽造まで疑い，鑑定をするなど徹底的に争ったが，結局，この物証を覆すことができなかった。

　このような存在証明をめぐっては，おうおうにして激しい争いとなり，公判

廷内外で両当事者が戦う構図もある。検察も，それをつぶすために，かなりきわどいことをしてくるから，いずれが真実か見定めるのはけっこう難しい。

　私が東京高裁の左陪席をしていたとき，裁判長だった石田穣一さん（後に東京高等裁判所長官）は，全国の鉄道全線完全乗車をされたことでも有名であった。あるとき，私が「全線乗車した証拠はあるのですか」とぶしつけな質問をした。石田さんは，その最後の路線の最終駅で電車を降りたところを映像に納めておられたが，たしかに，だからといってそれが全線の最後だという証拠にはならないし，切符を持っていても，本人が乗ったことの証拠にはならない。石田さんは，「だから，アリバイが本当にある被告人もそれを立証するのは難しいから，そのあたりのことを十分考えて判断すべきだ」といわれていた。ところで，私の質問に対する答えは，「趣味で嘘をいって何になるのか」だった。そのとおりである。自分の心のなかでの楽しみなのだから，嘘を承知で楽しめるわけはない。そんなことをしたら，邪道そのものであろう。

9　判決の宣告

　判決の宣告でいちばん心に重いことは，真実を知るものが神様のほかにいることである。まさに，目の前の被告人が，判決が正しい判断であるか否かを知っている。正解を知っているのである。

　いくら立派な判決を書いても，それが真実に反していれば，その権威はない。権力によりそれを正当なものとして被告人に従わせることはできるが，事実に反した判決は，正義に反している。もし，本当は無実なのに有罪とするのであれば，その瞬間，真の犯罪者とすべきは，被告人ではなく，裁判官自身なのである。立場が逆転しているのである。

　これをどう考えるべきか。私は，正しい手続を踏み，審理を尽くしたといえるならば，仮に真実に反する判断に達したとしても，それはやむをえないというしかないと思っている。

　二つの場合があろう。真犯人であるのに無罪とした場合と真犯人でないのに有罪とした場合である。後者の場合は，裁判官の良心としての責任は免れない。前者の場合，被告人は喜んで心のなかで舌を出しているであろう。その意味で

は，正義に反している。しかし，前述したように，疑わしきは罰せずということからすれば，これはこれで，その司法的な正義は実現されているのであるから，裁判官の罪は軽いというべきである。前者を避けることばかり考えていると，後者の誤りを犯すことになる。

　判決は自信をもって言い渡すべきである。しかし，誤っている可能性はつねにあるから謙虚な気持ちを失ってはならない。私は，場合によると，判決言渡し後の上訴権の告知の際に，「君は否認をしている。そこで，調べるべき証拠は全部調べたうえでこの判決となった。それでも，この結論が誤っており，本当は君のいうとおりであるかもしれない。そうであるなら，ぜひ，控訴してほしい」と。

　裁判員裁判の死刑第1号事件で裁判長が被告人に控訴を促した点について，マスコミをはじめ，批判的な論調が目立った。私は，裁判員裁判では，裁判員自身が自分たちの判断が最終のものではないということで少しでもそのストレスを緩和できるのであれば，こういう言い方も十分理由があるものと思っている。私の上記の説示は，自信がないからではなく，裁判の本質的な限界を考えるからである。そして，こういうことをいった場合には，控訴もなく確定することが多かった。真犯人である被告人は，有罪とされて，心のなかで参ったなと降参することもあろう。要は，審理を尽くしたという自信がこういうことをいわせているのかもしれない。

第2章　控訴審における審理のあり方
——事後審でえん罪を防ぐには

1　一度は本当かもしれないと考えてみる

　第1審の否認事件では，弁護人は，検察官側の証拠を不同意とするから，取り調べるべきものに迷いはない。問題は，控訴審である。控訴審では，証拠の採否は原則として裁判所の職権である。だから，採用しないとしてしまえば，それまでである。弁護人として壮大な主張と多数の証拠請求をしても，すべて却下されることもままある。
　私は，後に述べるように多数の逆転無罪を出している。どうしてそんなに逆転無罪が出るのか不審に思われる方も多いであろう。
　たしかに，第1審でそれなりに有罪になっているのだから，第1審で取り調べられた証拠を見ただけで「これは無罪だ」と直感するような事件はそうはない。見ただけで無罪というような事件が相当数あったら，それこそ問題であろう。そうではない。控訴審でも被告人や弁護人の主張を検討するのは当然であるが，結局無罪になる事件は，控訴審で新たな取調べをした成果であることが

多い。

　しかし，控訴趣意書で無罪を主張しているからといって，控訴審でなんでもかんでも調べていたのでは，どうしようもない。そこには，やはり，「この事件はどこかがおかしい」という感じがある。この感じは，長年の経験等にもとづく勘による。この勘を働かせるには，被告人がいうことは本当かもしれないと一度は考えることである。長く刑事裁判官をされ，最近まで法政大学教授もされていた木谷明さんも「『真相は被告人の言うとおりではないか』という批判的な目を持って検察官提出の証拠を慎重に吟味すべきである」と指摘されている（木谷明『刑事事実認定の理想と現実』239頁（2009年，法律文化社））。

　木谷さんは，「一度考えればよい」とはいっていない。私が，あえて，こういう言い方をするのには，理由がある。すなわち，嘘をいう被告人も多数いる。そのなかには，とても本当のことをいっているとは思えない被告人もかなりいる。しかし，おそろしいのは，そういう被告人のなかにじつは本当のことをいっている者がいることだ。どうしても，その態度に惑わされる。そこで，とても本当とは思えなくとも，一度は本当かもしれないと考えてみろということだ。そういう観点から，すなわち，被告人の言い振りや態度を頭の外において，記録や証拠を眺め直す。そうすると，意外にも，被告人のいうとおりかもしれないということが浮かび上がってくる。そこで，そのポイントについて証拠調べをする。そうすると，みるみる，事件が崩れてゆき，無罪となる。

　このこと自体は，第1審と同じである。だが，控訴審の場合，第1審で有罪になっているだけに，その判断を鵜呑みにする危険がある。第1審よりもいっそう，「被告人のいうことは本当かもしれない」という観点から，再審査すべきなのである。

　よく，「虚心坦懐に事実をみるべきだ」といわれるが，やさしくいえば，このことと同じかもしれない。事件には必ず「へそ」がある。ここを外さないのが肝心であろう。そのあたりのことは，第Ⅱ部の個々の事件のところで検討しよう。

2　知恵の集積としての勘を働かせる

「それでは，結局，勘なのですか？　勘でえん罪が防げるなら苦労はないですよ」という声も聞こえてくる。しかし，この勘というのは，非常に大切である。勘というと当て勘のたぐいを想像するが，これは，人間の知恵の集積なのである。将棋や囲碁のプロの方は，何百手もすぐに浮かぶが，結局は，最初の「第一感」がもっともよい手であることが多いという。考えすぎると，必ずしも最善手にいたらないのだ。刑事裁判でも同じである。この勘は，長い間の経験と平素の修練と若干の才能により生まれてくる。したがって，よい経験を積むことと，平素から上記のような心構えを鍛えておくことが，まず必要である。

才能というと，「才能がなければ，ダメなのか」という反論もあろう。ことに，裁判員を想定すると，均一的な才能を期待するのは無理である。しかし，職業裁判官はプロなのだから，裁判官としてえん罪を見抜く才能は必要である。

才能を磨くのは，法律学ではない。幅広い人生経験であり，また，広い教養である。その意味で，法科大学院制度は優れている。社会の各分野の人が法律の世界に入ってくる。たしかに，法律的なものの考え方自体を身につけることはなかなか難しい。かなり苦戦をしているというのが実感である。しかし，えん罪を見抜く力は，いわば，総合的な人間力であるから，社会での経験や個々の人生経験がものをいう。裁判員もじつはこの点で優れた力を発揮する潜在性がある。

もちろん，豊富な経験といっても，誰もが共有できるものではない。そこで，教養が必要なのである。多くの文学や各分野の名著については，関心をもって読んでおくべきである。竹崎博允最高裁長官が東京高裁長官のときと思うが，地方の裁判所の若い裁判官に同様の話をされ，少なくとも，新聞には毎日目を通すようにと述べられたところ，かなりの裁判官が新聞自体取っていないと知り，驚かれたという。インターネット情報があれば，新聞など不要という風潮が一般化している。今や，本を書物として読む必要はなく，電子媒体でもかまわないが，読むこと自体は必要である。どの分野でもよいと思う。私は，1作家全作品主義で，1人の気に入った作者の作品は網羅的に読むことにしている。

藤沢周平，池波正太郎，山本周五郎，司馬遼太郎，宮城谷昌光，佐藤雅美らである。このうち，池波正太郎の『鬼平犯科帳』は，若い裁判官にお勧めである。これは，悪い奴は徹底的に懲らしめるが，可哀想な奴は救うという精神で一貫している。

裁判官は，権力をもっているのだから，可哀想だと思えば，これを酌むことができる。有罪を無罪にしろというのではない。情状を酌んで，思いっきり軽い刑にしたり，執行猶予にしたりすればよいのである。検察官が控訴するのではないかといった邪念は捨てるべきである。

3　事後審査審という控訴審の構造

ここで，控訴審の事実審査の基準について述べておこう。現行の刑事控訴審は，事後審査審である。事後審査審というのは，原判決の時点で，原判決で取り調べた証拠（旧証拠）により，原判決の当否を審査する。民事控訴審のように続審（原審の手続・資料を引き継ぎ，これに新たな証拠を加えて審判を行う方式）でもなく，旧刑事控訴審のように覆審（原審とは関係なく新たな審判をやり直す方式）でもない。旧証拠により審査するのが原則であるから，原審で取り調べられなかった証拠（新証拠）は，やむを得ない事由により請求できなかった場合（刑事訴訟法382条の2）か裁判所が職権で取り調べる場合（同法393条）にしか採用されない。

このような事後審査審の構造のもとで，刑事訴訟法382条の「事実の誤認」とは何を指すのか，これまで大きな意見の対立があった。事実審査の基準の問題である。大きく分けて，心証形成説と論理則・経験則等違反説が対立していた。心証形成説によれば，事実誤認とは，原判決に示された心証ないし認定と，控訴審裁判官のそれとが一致しないことであり，一致しなければ，控訴審の心証が優先され，原判決の事実認定は誤っているとする。論理則・経験則等違反説によれば，事実誤認とは，原判決の事実認定に論理則・経験則等違反があることであり，それを指摘できない以上，法は原判決の事実認定を優先させたとするのである。

最高裁は，まず，上告審の事実審査について，論理則・経験則等違反説によ

ることを明示したうえ（最判平成21年4月14日刑集63巻4号331頁），控訴審においても同説によることを明確に判示した（最判平成24年2月13日判タ1368号69頁）。平成24年の判例は，チョコレート缶内に隠された覚せい剤の密輸入について，被告人がその認識を有していたかが争われた事案である。第1審の裁判員裁判では，認識がないとして無罪とし，控訴審は，逆に認識があるとして逆転有罪とした。最高裁は，控訴審判決を破棄して，控訴棄却，すなわち，第1審の無罪判決を支持したのである。

4 平成24年チョコレート缶覚せい剤密輸入判例がもたらすもの

これは，きわめて重要な判例であり，今後多数の論考が発表されるであろう。ここでの関心は，この平成24年判例は，その文言から素直にみると，第1審の無罪判決だけではなく，有罪判決についても，論理則・経験則等に照らして不合理といえない以上，事実誤認とはできないという基準を示したことになるのではないかという点である。この点についても，今後の議論が集中するであろう。

無罪判決の場合は，論理則・経験則等違反を指摘できなければ，控訴審として破棄して逆転有罪にできないのはいい。だが，第1審の有罪判決についても，同様の厳格な基準によると，無罪方向への破棄がいっそう限定されてくるのではないだろうか。

たしかに，前述したように，第1審の判決を検討しただけで，論理則・経験則等違反があると指摘できることはまれである。そこで審査が止まってしまうと問題であろう。そうではなく，疑問点について事実取調べを行えば，控訴審は，その取調べ結果によって得た心証にもとづいて判断することができる。そして，その場面では，当然，心証形成説によることになる。たとえば，第Ⅱ部の「5 痴漢無罪事件」（87頁）では，被害者を控訴審で再度，証人尋問している。このような場合，控訴審での証言により新たな心証を形成できるのは，当たり前である。

要は，控訴審でも事実取調べを適切に行うことが重要であり，平成24年判例によりさらにその重要性が明確になったというべきである。この判例により，

事実取調べ自体が制限的になるとすれば,「疑わしきは,罰せず」の大原則が外堀から埋められてしまうことにもなりかねない。もし現在,控訴審の実務が被告人質問も証人尋問もしない方向に動いているとすれば,いくら裁判員裁判を尊重すべきであるといっても,控訴審で事実取調べをしない傾向に拍車がかかり,心配ではある。

　被告人が事実を認めて,量刑不当のみを主張するような場合,被告人質問も無駄として却下するのが一般化していると聞く。たしかに,結論が決まっていれば,必要ないといえる。しかし,被告人の声を直接聞き,話を聞くのも大切だ。控訴審には,説得機能というのもある。これを軽視すると,被告人の本当の納得は得られない。また,実際に話させてみると記録とは違う意外な印象を受けることがあり,最初に予想していた量刑上の結論を変えたこともある。

　事実が争われている場合も同じである。被告人質問をしてみると,被告人がじつは本当にいいたかったことがよくわかり,弁護人の控訴趣意とは違っていて,これに答える必要がなくなった場合もある。

　私も,これまで4回控訴審で勤務したが,被告人質問をまったくしないような裁判長はいなかった。逆に被告人質問もしないのが今日一般化しているとすれば,これを単に時代の流れとして片付けることには,抵抗を感じる。被告人の言い分を直接聞かない裁判とは何か？　私が古いタイプの裁判官だからだろうか？　どうしてこうなってきたのか。答えがわからない不安を正直感じる。

　もっとも,この傾向については,私も慎重に留保を付けている。「そんなことはない。私はちゃんと被告人質問も必要な証人尋問もしている」という反論は,大歓迎である。

5　刑事弁護人を育てる

　さて,控訴審でこのような証拠調べをしていくうえで大切なのは,弁護人と検察官の充実した活動と協力である。まず,弁護人に熱意がなければ,どうしようもない。場合によっては,裁判所が尻を叩き,協力させることもある。しかし,大多数の弁護人は,じつに熱心である。弁護士は,人権がかかってくると,さすがに銭金でなく一生懸命やってくれる。ありがたいことである。第Ⅱ

部で逆転無罪となった事件の弁護人は，どなたもそうであった。感謝の気持ちを込めて，あえてお名前を省略せずに掲載している。

　お名前は忘れたがある大弁護士は，インタビューでの「先生が生涯でいちばん心に残っている事件はなんですか？」という問いに，若いころに無罪を勝ち取った刑事事件をあげていた。およそ著名でもない事件であった。しかも，その弁護士は，民事事件畑の大家であった。どんな分野を専門とする弁護士も，刑事事件で無罪を獲得することは格別心に残るのであろう。苦労なくして無罪は得られない。逆転無罪は，なおのことである。

　控訴審が弁護人からの事実取調べ請求を次々に却下し，実質審理をしないことが恒常化すると，弁護人があきらめてしまい，弁護士の刑事離れに拍車をかける。現在，法科大学院で授業をしているが，検察志望はいても，刑事事件を手がける弁護士志望の学生は皆無である。それこそ，食っていけなくて，多数の国選事件を引き受けてしのぐことにもなりかねない。これでは，よい刑事弁護人が育たなくなる。その原因は，もちろん経済的なものもあるが，裁判所の態度にも一因がある。意欲が湧くような審理をしていないからだ。結論は逆転無罪にならなくとも，審理を尽くすのが，刑事裁判に求められる役割である。

6　控訴審における検察

　検察も，起訴した以上はなんでもかんでも有罪にしなければならないとは，決して考えていない。彼ら，彼女らも，真実に反した裁判を望んではいないのである。本当はどうであったのかということへの思いは熱い。裁判所が本気でその点を追及していくと，協力的になってくる。自己に不利益な証拠でも提出する。第Ⅱ部の「2　携帯電話決め手・第1事件」(51頁)での携帯電話の機能検証などもそうである。被告人にとって無罪となる証拠を探し出したのは検察である。

　第1審の場合，検察官も起訴した以上，有罪を確保するために一生懸命になり，無罪方向の証拠の収集にとかく不熱心になりがちである。そこで，2011年9月に最高検察庁が制定した検察基本規程においても，積極証拠（有罪方向の証拠）だけではなく，消極証拠（無罪方向の証拠）の収集等に努めることがう

たわれている。控訴審の場合，検察官にも，検察が求めた第1審の事実認定が本当に正しいかについて，批判的にみる余地ないし余裕が生じているとみたい。

とはいえ，今も無罪判決が出ると，次席検事等が「予想外の判断で」と，決まり文句のように新聞の取材に答える。もちろん，プロとしては，予想しているはずである。

私は，突然，逆転無罪とすることはない。必ず事実取調べをするから，検察も調べ直す。第1審のときもそうであるが，無罪見込みの場合には，正直に検察官にその旨を告げて，補充立証を促す。つまり，私の行った裁判に，「予想外」はない。有罪の「期待外」とでもいうべきだろう。

そういう示唆をすると，検察官も力を入れて補充捜査をする。その結果，「無罪でもしょうがないです」といってきたり，「無罪の証拠がありました」といってきたりする。言葉は変だが，無駄な上訴をさける意味でも，検察も納得した無罪が理想である。

このような訴訟指揮には，検察に甘く，無理な補充捜査をしかけることになるという批判もあろう。たしかに，第Ⅱ部で取り上げた「15 タイムカード（調布駅南口）事件」（222頁）の家裁への差戻し後の捜査は，無理に無理を重ねている。しかし，土台から検察に不信感をもつならともかく，その捜査能力を無罪の方向で利用するのも，よい裁判の実現には必要である。検察も，裁判所が審理を尽くさずに有罪とするなら，それに慣れて，とてもそのレベルアップができない。よい検察官は，育たないのである。

要するに，裁判所と検察と弁護人が一体となって真実を究明するということが大事だ。逆転無罪はその結果にすぎない。

第3章　刑事裁判の魅力

誤判率

　逆転無罪ということは，第1審の裁判官の判断が最終的には誤っていたということになる。その点は，反省をしてもらわないと困る。しかし，私は，その裁判官や起訴した検察官を声高に非難する気にはなれない。というのは，私自身も同じように逆転無罪を受けたことがあるからだ。

　たとえば，相手が刺身包丁で突きかかってきたので，包丁を取り上げて，相手を何度も刺して死亡させた事件があった。刺身包丁を取り上げてからはほかに方法もありうるとして，第1審で過剰防衛を認定したところ，控訴審では，あっさり正当防衛として逆転無罪となった。なるほどと納得した。

　振り返ってみれば，有罪で確定した事件のなかには誤判もあるかもしれないと思う。

　昔，沖中重雄先生という文化勲章も受章された内科医の大家が，退官の最終講義で，その誤診率は約14パーセントと述べられた。そのとき，一般の人はその多さに驚き，医療関係者はその少なさに驚いたという話がある。裁判官の誤判率はどうであろうか？　0パーセントの人は，おそらくいないだろう。

もっとも，こういう暗い話をすると，せっかく裁判官を希望する人の意欲をそぐことにもなりかねない。かつて裁判官時代に，東京大学法科大学院で講演を依頼され，刑事裁判のおそろしさといった話をしたところ，某教授から，「そんな話ばかりすると，裁判官希望者がいなくなりますよ」とからかわれたことがあった。現在では，この点を反省して，授業ではあまり暗い話はしないようにしている。

幸福の黄色いハンカチ

　より前向きな話もしよう。刑事裁判官の魅力は何か，ということである。それは，被告人たちを通じて，じつにさまざまな人間や，その人生に接することができることである。小説の比ではない。悲しみ，苦悩，喜びなど，人生のすべてが語られる。

　前の本でも書いたことだが，こんなことがあった（『量刑判断の実際〔第3版〕』341頁）。懲役2年程度の事件で，情状証人に被告人の妻が出廷し，被告人によかれといろいろなことを述べて，尋問は終わろうとした。そこで，誰も聞かないので，私が「ところで，被告人が出所するまで待ちますか？」と聞いたところ，「待ちます」と明確に答えた。これだけのことだが，後に弁護人を通じて，被告人が「裁判官が最後に聞いてくれてありがたかった。自分は，何度も妻と接見していたが，その答えがおそろしくてどうしても聞けなかった」といってきた。私は，何気なく聞いたが，もし，妻が「待ちません」とでも答えたら，被告人にとっては地獄であったろう。こういう被告人はきっと立ち直ると確信した。まさに，高倉健主演の映画『幸福の黄色いハンカチ』の世界なのだ。

　もっとも，最近，この名画の話をしても学生には通じなくなった。寂しいことである。勉強ばかりでなく，映画も見ろよといいたくなるが，学生の苦境をみるとそんな暢気なこともいえない。

　こういうこともあった。今度も情状証人になった妻の話を聞いていて，じつに立派な女房であったので，つい，被告人に，「こんないい女房をもってお前は感謝していないのか？」と聞いた。被告人は，「心から感謝している」と真面目に答えた。これもこれだけの話なのだが，後に，妻から弁護人を通じて，

「裁判長に伝えてほしい。今まで，被告人のことでずいぶん尽くしてきたが，ありがとうとはいわなかった被告人がはじめてそういってくれた。とても嬉しかった。これを励みに立ち直らせます」という話があった。この被告人は，立ち直るであろう。

　原田さん，感謝ばかりされて本当ですかという人がいそうだ。被告人から脅迫状が来たこともある。右翼ぽい人で，「お前の親はお前に『國男』という立派な名前をつけたのに恥じないのか？」というものであった。これは，両親の命名を讃えるもので，害悪の告知がないから，脅迫罪には当たらないだろうということになった。長く裁判をしているといろいろなことがある。しかし，これも刑事裁判なのである。

傍聴席から被告人席へ
　毎日のように法廷傍聴に来ていた好青年がいた。夏休み明けの法廷で，今度はバーの内側の被告人席にいた。どうしてかというと，こうである。彼は，どうやら立ち会っていた美人検察官にあこがれて法廷傍聴を繰り返していたが，その後，寿司屋さんで検事だと名乗って法廷であったことをいろいろ話したようだ。そのうち，主人から信用されて，ちょっとした民事がらみの事件の相談を受けてなにがしかのお金を受け取り，これが詐欺罪として起訴されたのである。これは，執行猶予の判決後，ずいぶん説教した覚えがある。

人生の分かれ目
　また，ある傷害か何かの事件で執行猶予の判決を出した後に，説諭で「今日，君は執行猶予でシャバに出るが，後ろの傍聴席に君を心配して郷里から情状証人になって出てきてくれたお袋さんのところにこのまま帰るか，それとも，今日も来ている君の組織の兄貴分のところに帰るかが君の人生の分かれ目だ，よく考えなさい」といった。彼は，その日，兄貴分のところに帰った。出所祝いでしこたま呑み，一般の通行人を殴り，きわめて重い傷害を負わせ，逮捕され，また，私の法廷に来た。被告人は私の顔を見ることができなかった。せっかくの執行猶予も取り消され，相当長い服役になってしまった。残念なことである。

法廷の名脇役たち

　刑事裁判の登場人物は，被告人にかぎらない。昔，書記官に判司さんという，とてもよい名前で，よくできる人がいた。そこで，法廷でときどき書記官席の彼に，法壇の上からわざと「判司さん」「判司さん」と呼びかける。傍聴席の人は，ときにとても複雑な表情をする。このようないたずらはとんでもないと，まじめな裁判官はいいそうである。

　また，同期の大弁護士から聞いた話であるが，民事の法廷でいつもくる相手方の弁護士（これも同期）が来られず，代わりにその奥さんである弁護士（この人も同期である）が着席されていた。大先生の依頼人が「あの女の人は誰ですか」と聞いてきたので，「いつもの先生の奥さんじゃ」と答えた。そこで，「奥さんでもいいのですか」との問いに，「えーんじゃ」と一言答えたら，納得していたという。

　今度は困った弁護士さんどうしの話である。刑事事件の国選弁護人をされていた弁護士さんがとても高齢で，しかも耳が遠い。法廷でのやりとりが聞こえていない。そのうえ，くどい尋問をしていた。そのとき，ちょうど，次の事件の弁護人とおぼしき弁護士さんがいて，これが大きな声で尋問をしている弁護士さんをなじるのである。しかし，なじられたご本人には聞こえていない。あまりにひどいのでたまりかねて，私が大きな声で注意したところ，大変恐縮していた。どうも，その方も耳が遠く，自分がなじっている声がよく聞こえなかったようである。

　大声で思い出したが，ある被告人が難聴だといって，若い国選弁護人に補聴器まで買わせて，尋問でも聞きにくそうにしていた。しかし，自分に不利なことは聞こえないといい，有利なことは聞いている様子なので，よしと思い，私がとびきり大きな声（これには自信がある）で質問したところ，被告人が被告人席から転げ落ち，補聴器をかきむしるようにはずし，怒るどころか，観念した。それからは，補聴器なしでスムーズに尋問が進められた。被告人の演技だったのである。補聴器代が気の毒であったので，弁護士報酬に一部含めた記憶がある。

法廷のユーモア

　刑事裁判というとどうしても深刻でおそろしいイメージがあるが，それだけにけっこう笑える場面もある。法廷で裁判官が笑うとは，不謹慎という人もいよう。しかし，おかしいのだから，しょうがない。実際，涙をこらえるより，笑いをこらえるほうが難しい。

　こんなこともあった。詐欺事件の被告人が検察官から問い詰められ，「そこで，君の資力はどのくらいあったのだ？」との問いに，怪訝な顔をして，「1.5です」と答えた。これには法廷じゅう，爆笑した。また，証人の宣誓書に年齢を書く欄があるが，裁判所らしく「歳」ではなく「年」と記載されていた。現在は裁判員裁判などでわかりやすく〇〇歳と書くが，かつては，判決書等で年齢を〇〇年と書いていたのだ。そこに「とり」と書いた証人がいた。ほほえましいかぎりである。皆真剣なだけに不思議なおかしみがある。

　最後に，私の十八番（おはこ）の話で終わりとしよう。私が，現在はなくなってしまった福岡地裁甘木支部に週1回塡補にいっていたときのことである。たしか，最初の日だと思うが，なにしろ，民事裁判ははじめてということで緊張して訴状を見たところ，表題の宛名に縦書きで「某支部」「某支部長殿」と記載されていた。

　これにはびっくりして，庶務主任を呼んで，「いくらなんでもこれでは，支部が特定してないではないか」といった。あきれたものだと思ったのである。そうしたら，しばらくして庶務主任が嬉しそうに飛んできて，「甘木と書いてあります」という。よくみると，「某」は，「甘」と「木」である。当時は，まだパソコンなどない，和文タイプの時代だ。そこで，この訴状を送ってきた福岡の弁護士事務所の事務員さんが，「甘」という活字がタイプの文字盤にみあたらず，探したところ「某」に気付いたのであろう。たいした頓知だと感心した。

　刑事裁判はおそろしい面だけではなく，心に残ることも多い。ここに，刑事裁判の魅力があると思う。若い人もぜひ刑事裁判にかかわってもらいたい。被告人以外として。

II 逆転無罪の事実認定

はしがきでも書いたように，東京高裁の裁判長時代の約8年間に20件を超える逆転無罪判決を言い渡した。必ずしも数は正確ではないが，主文で原判決を破棄して無罪を言い渡したものは，少なくとも24件ある。これに，主たる訴因を事実誤認として認めず，予備的訴因を認定したもの，観念的競合の関係にある訴因の一つを事実誤認として認めなかったもの，事実誤認等で破棄差し戻したもの，さらには，無罪判断を内容とする刑事補償請求抗告審事件などを含めると，実質無罪判断は，30件を超える。
　ここでは，残念ながらその全部を紹介することはできない。たとえば，強姦無罪事件等については被害者の名誉にもかかわるので，事実認定上参考となる点はあるものの，あえて除外している。
　具体的にどのような事件で，どのような判断をしたのか，問題点はどこにあるのかをじっくりみていただくことが，刑事裁判における事件の「へそ」をつかむ最短ルートではないかと思う。個別の事件がもつそれぞれの顔がどう違うか，ぜひ感じとってほしい。

収録事件一覧

1 偽証発覚事件 ……38
　　平成20年6月11日判決　42
2 携帯電話決め手事件（第1事件・第2事件）……51
　　第1事件・平成18年10月25日判決　56
　　第2事件・平成19年6月25日判決　59
3 ソープ嬢覚せい剤自己使用事件 ……62
　　平成14年7月15日判決　66
4 巨乳被告人事件 ……75
　　平成20年3月3日判決　79
5 痴漢無罪事件 ……87
　　平成18年3月8日判決　92
6 窃盗犯人誤認事件 ……101
　　平成17年2月16日判決　103
7 防犯ビデオ決め手事件（第1事件・第2事件）……111
　　第1事件・平成16年1月21日判決　116
　　第2事件・平成14年12月11日判決　126
8 早朝の公然わいせつ事件 ……134
　　平成17年2月7日判決　138
9 被害者調書なし事件 ……149
　　平成19年11月21日判決　152
10 筆跡鑑定事件 ……155
　　平成15年7月9日判決　157
11 足跡痕事件（第1事件・第2事件）……160
　　第1事件・平成18年2月1日判決　164
　　第2事件・平成14年6月17日判決　167
12 狂言の疑いがある事件 ……172
　　平成16年10月6日判決　175
13 採尿封かん紙貼替事件 ……189
　　平成15年4月14日判決　192
　　参考事件・東京地裁平成5年2月17日判決　199
14 アリバイが認められた事件 ……208
　　平成18年3月29日判決　212
15 タイムカード（調布駅南口）事件 ……222
　　平成13年12月12日決定　225
16 休日家族ドライブの受難事件 ……245
　　平成17年7月6日判決　247

1 偽証発覚事件

　この事件は，私の控訴審事件のなかでももっとも印象に残る事件の一つである。それと同時に，刑事裁判のおそろしさを感じさせるものであった。
　事件は，母親が，当時3歳の次男（V）をせっかんして死亡させたという児童虐待である。被告人（母親）は，公判当初までは，自分の犯行を認めていたが，公判の途中（第3回公判）から，自分がVに暴行等を加えた後に当時自分が付き合っていた男（X）がじつは自宅へ来て，さらにVの足を払うなどして前額部や後頭部を5回くらい床に打ち付ける激しい暴行を加えたと主張し始めた。
　原審もXの証人尋問を決定したが，Xは「抑うつ状態」とする診断書を提出して，出頭しなかった。そこで，本件当時，Xと一緒に車に乗っていたというYの証人尋問をした。Yは，Xの運転する車で被告人宅近くの薬局の駐車場から被告人の家に向かったが，途中で引き返して駐車場に戻ってきたと証言した。要するに，Xにはアリバイがあるというのである。
　結局，原審は，Xの証人尋問決定を取り消し，判決では，Yの証言の信用性については，XとYの親密な関係，両者が会った目的，被告人方に向かった経緯，被告人方まで行ったのに直前で引き返した理由等がただちに了解できるものとはいいがたいとして，全幅の信頼をおくことは相当でないとしつつ，Xが仮に犯行当夜被告人方に行ったとしても，Xが被害児童に上記の致死的な暴行を加えたとする被告人の新供述の信用性判断に影響しないとして，被告人の上記の主張を退けて，単独犯と認定し，懲役5年の実刑に処した。

控訴審での新たな主張
　被告人が控訴し，同様の事実を主張した。当初，記録を検討した段階では，正直，被告人のいうことは本当とは思えなかった。というのは，公判の途中で供述を変えたのは，それまで絶えず出していたXへの手紙に対してXが冷淡で，

会いにも来ないことから本当のことを言い出したというのであるが，その前後の手紙を読むと，被告人がXへの恋慕心から反対に憎悪を募らせて，Xを巻き添えにしてやろうとして新たな主張をし始めたともみえたからである。法廷での被告人の様子も，そういう見方に符合するようなものにみえた。そこで，X，Yの再度の証人尋問はせずに，量刑の問題を中心に検討するのがよいと思われた。

　ところが，被告人は，控訴審での新たな別の主張として自分は起訴状謄本を受け取っていないと言い出した。起訴状謄本は，起訴から2か月以内に被告人に送達されていないと，公訴棄却の決定をしなければならない（刑事訴訟法339条1項1号，271条2項）。もし本当であれば，これは，大変なことである。裁判所は，普通の事件でも起訴状が2か月以内に送達されているかを確認する。これが最初のチェックポイントである。そこで，そんなことはありえないと思ったが，念のため，検察官に調査を頼んだ。

　そうしたところ，たしかに本件起訴状は勾留中求令状として裁判所に提出されて，当初の被疑事実（傷害）を公訴事実（傷害致死）に切り替えるために裁判所で被告人の勾留質問をした後に，裁判所の書記官が被告人にその場で起訴状の謄本を交付していた。その点では適法な送達があったが，勾留質問が終わった後，護送してきた警察官が被告人に両手錠をかける際にその起訴状謄本を受け取り，警察署に持ち帰ったまま，被告人に渡さなかったという事実が判明した。本来であれば，被告人が留置施設に戻った後，被告人がそこに保管して，見たいときに見て検討できるようにしなければならない。その警察官はそんな必要はないと思ったのであろうが，とんでもないことである。この警察署は，後で県警本部から相当しかられたように聞いている。

再度の証人尋問を行うと

　まさかと思ったが，被告人がいっていることが本当だったのである。このことから，被告人のいちばんにいいたかった，Xが暴行をしたという上記の主張についても証拠を見直した方がよいのではないかと思うようになった。それに，最初からひっかかっていたのは，Xが証言し始めるとパニック発作が起こるかも知れないとして出頭しなかった点である。そこで，原審も慎重を期してXの

主治医の出張尋問も行い，解離症状および抑うつ状態という証言を得ていた。ただ，この解離症状というのは，別の事件での経験から，詐病による場合が多いということもあり，Xの態度に疑問をもっていた。そこで，XとYの証人尋問を行うことにした。

Xの証人尋問は，原審の裁判所にこちらから出向いて行った。Xは，上記の理由から出頭しないのではないかと心配したが，母親に付き添われて出頭し，ほっとしたものだ。しかし，Xは，出頭し証言したものの，本件当日の行動等については覚えていないとして答えなかった。

次に，東京高等裁判所で今度はYの再尋問を行った。その証言の内容は，原審とまったく同様なものであった。その供述態度も平静でしっかりしており，被告人自身の反対尋問にも的確に答えていた。これでは，Yの証言の信用性を否定することはとうてい無理だと率直に感じた。ところが，Yは，その証人尋問の帰りだったと思うが，地元の警察署に出頭し，偽証を告白したのである。もう嘘をつくのに疲れ果て，これ以上嘘をつくことが嫌だと思い，思い切って警察の人に話すにいたったという。

じつは，Xは，Yに詳細なメモを渡すなどして，Y自身本当は急性扁桃腺炎のために自宅にいたのに，Xと行動をともにしていた旨の偽証を依頼していたのである。しかも，Xは，他人の名をかたり，Yを原審で偽証したことを種に脅して多額な現金の支払いを受けていた。それがXの自作自演であることがばれて示談でなんとか解決してほっとしてところに，東京高等裁判所からの証人尋問出頭の召喚状がきた。そこで，もう一度頑張って偽証をしたが，もう堪えられないとして警察に出頭したのである。

結局，Xは，偽証教唆と別件の恐喝未遂で懲役3年4月の実刑に，Yは，偽証で執行猶予になった。Yについては，本件確定までに自白したことも考慮されたものと思われる。Xは，最後まで本件への関与を否定し，「アリバイがなかったので，Yに偽証を教唆した」というのである。たしかに，Xは，関与を否定していたが，肝心な点について偽証教唆をしているのであるから，その弁解自体信用できないし，被告人の上記の主張を否定する材料はもうない。そのため，被告人の主張どおり途中からのXの関与を認めて，Xとの共犯による傷害致死罪で懲役3年6月に処した。被告人は，上告したが，上告棄却で確定し

た。

思い返して気づく事件の核心

　この事件をみると，Yが警察に自首しないかぎり，被告人の主張は信用できないとして退けられていたと思われる。原審も被告人の主張に対して真摯に対応し，できるかぎりのベストを尽くしていたといえる。Yの供述態度にも問題はみられなかった。その嘘を見抜くことは，どの裁判所でもとてもできなかったと思われる。

　しかし，思い返してみると，たとえば，Xと車で一緒にいた場所のことをどうしてそんなに詳しくいえるのかといった被告人のYに対する質問は，核心を突いていたことになる。じつは，Xは，その場所にYを連れて行って，「ここにしよう」と教えていたのである。被告人の公判での態度に惑わされ，Yの誠実そうな証言にあやうくだまされるところであった。

　ただ，救いは，念のためもう一度異例ではあるが，Yを調べようと思ったことであろう。このような手厚い取調べがたまたま事実解明の幸運を招いたといえる。検察も当然ながら最初はYの供述に疑問をもったと思われる。しかし，途中からは，被告人の主張を否定する材料としてYの供述を使う立場からそれをサポートする側に回ってしまった。

　つくづく，第2章でも紹介した木谷明さんのいわれるように，被告人がいうことは，一度は本当かもしれないと思わなければならないことを再確認したものである。そして，刑事裁判のおそろしさを改めて身にしみて感じた。仮に，裁判官がベストを尽くしたとしても，なお，真実は闇のなかに隠れ，えん罪が生まれるということである。本件は，単独犯か共犯かという問題で，被告人が全面無罪というわけではないが，真実に反した裁判が確定するところであった。おそろしいことである。

1 偽証発覚事件

平成20年6月11日宣告
平成19年(う)第449号

[参考] 判タ1291号306頁

　　　　主　文
原判決を破棄する。
被告人を懲役3年6月に処する。
原審における未決勾留日数中550日をその刑に算入する。
　　　　理　由
第1　本件控訴の趣意
　本件控訴の趣意は，弁護人大津浩作成の控訴趣意書（弁論要旨を含む。）記載のとおりであるから，これを引用する。
第2　論旨に対する判断
　1　被告人は起訴状謄本の送達を受けていないという論旨について
　所論は，裁判所では傷害致死の起訴状（以下「本件起訴状」という。）が出たことを告げられただけで，本件起訴状謄本は実際には渡されていないという。
　そこで検討するに，記録によれば，検察官は，平成17年2月28日，本件起訴状を勾留中求令状として提出し，裁判所は，同日午後2時28分に本件起訴状を受理し，裁判所書記官は，同日午後4時27分，被告人に本件起訴状謄本と弁護人選任に関する通知及び照会書を直接交付し，その旨を記載した送達報告書に被告人から署名・指印をもらい，送達報告書を作成したことが認められる。これらによれば，本件起訴状謄本は，裁判所書記官によって被告人に直接交付されたことが明らかである。
　起訴状謄本の送達を受けていないという論旨は理由がない。
　なお，付言するに，被告人は，本件起訴状謄本を所持していないが，当審証人Aの証言からは，勾留質問手続が終わった後に，裁判所内で，護送した係官が被告人に両手錠をするに際して本件起訴状謄本を預かり，そのまま持ち帰り，P県Q警察署に保管されていることが認められる。裁判官が勾留質問手続で被告人に本件起訴状の公訴事実を読み聞かせてその陳述を聞くなどしているとはいえ，被告人が本件起訴状謄本を自ら見ることのできない状態に置かれていたことは明らかであり，それが被告人の防御権を保障する重要なものであることに照らすと，あってはならないことであり，強く非難せざるを得ない。

　2　審理不尽ないし事実誤認の論旨について
　所論は，原判決には，X（以下「X」という。）の証人尋問を実施せず，Y（以下「Y」という。）の証言の不自然さを追求しなかった点で審理不尽があり，XのV（以下「V」という。）への暴行をいう原審第3回公判以降における被告人の新たな供述（以下「新供述」という。）の信用性を否定した点で誤りがあるという。

(1) 前提となる事実
ア 新供述の大要

新供述の大要は，平成17年2月7日（以下「本件当日」という。）午後8時半ころ（以下，午後8時45分ころまでの間を「本件当時」という。），Xが被告人方に来た，その後，Vの足を払うなどして前額部ないし後頭部を5回くらい床等に打ち付ける激しい暴行を加えた，というものである。

新供述には，被告人が目撃した暴行は全部か一部か，前額部ないし後頭部を打ち付けたのは床か段ボールか，などの点で変遷もみられるが，Xが被告人方に来たこと，XがVに暴行を加えたことでは一貫しており，方法は足払い，回数は5回くらい，最後に後頭部を打ちつけたという点でも揺らぎはない。

イ Xの証人尋問等

裁判所は，新供述を踏まえ，被告人との関係及び本件当日の行動等を立証趣旨として，原審第4回公判に検察官申請のXの証人尋問を行うことを決定したが，Xは，病名を「抑うつ状態」とする診断書（裁判用）を提出して，出頭しなかった。

裁判所は，本件当日Xと行動を共にしていたこと等を立証趣旨として，原審第5回公判に検察官申請のYの証人尋問を行うことを決定し，実施した。その証言の要旨は，本件当時，Xと一緒に車の中にいた（Xにはアリバイがある）というものであったが（以下「Y証言」という。），Xとの親密な関係のほか，Xと会った目的，被告人方に向かった経緯，被告人方近くまで行ったのに直前で引き返した理由，携帯電話によるXと被告人との会話の状況などの点で，疑問を残すものであった。

検察官は，平成18年4月28日付けの上申書で，裁判で証言すること自体がパニック発作の原因となると考えられ，証言し始めるとパニック発作が起こることは十分考えられるとして，Xの証人尋問は不可能と判断し，証人請求の取消しを上申した。

そこで，裁判所は，同年5月23日，職権で，Xの病状及び尋問実施の可否を立証趣旨として，同年6月8日に主治医Bの所在尋問を行うことを決定し，Xの診療録の取寄せも決定した。主治医からは，Xは解離症状及び抑うつ状態にあり，裁判所への出頭と証言自体が強いストレスになっている旨の証言がなされた。

裁判所は，原審第10回公判で弁護人の意見を聴き，原審第11回公判でXの証人採用決定を取り消した。

ウ 当審での人証の取調べ

当審は，本件当時Xと一緒にいなかったことを立証趣旨として，第3回公判に弁護人請求のYの証人尋問を行うことを決定し，不出頭を経て，第4回公判にこれを実施した。その証言の要旨は原審での証言と同旨であり，上記イの原審での疑問もそのまま残された。

当審は，本件当日の行動等及び本件当時のアリバイの有無を立証趣旨として，第4回公判に双方請求のXの証人尋問を行うことを決定し，その後これを取消した上，平成19年11月22日に所在尋問を行

うことを決定し，これを実施した。Xは，本件当日の行動等については，覚えていないとして答えなかった。

エ　その後の新たな展開

平成19年12月17日，Y証言について，Yは偽証で，Xは偽証教唆で起訴された。Xは，偽証教唆についても，その後に起訴された恐喝未遂についても全面的に認め，平成20年3月25日，両罪で懲役3年4月の有罪判決を受け，同判決は，同年4月2日に確定した。

なお，Xは，上記事件の中で，本件当時，被告人方の近くまで車で行っていたが，被告人方には行っていない，アリバイがなかったために，Yに詳細なメモを渡すなどし，電話で依頼して偽証を教唆したと供述をしている。

また，Yは，もう嘘をつくのに疲れ果て，これ以上嘘をつくことは嫌だと思い，思い切って警察の人に話すに至ったと，胸の内を述べ，Xから偽証を教唆された経緯，偽証の内容等について詳細に供述している。

(2)　審理不尽について

Xについては，同人の証人尋問の実施をめぐる状況は上記イに示したとおりであり，特に，Xの病状と尋問実施の可否について，主治医の尋問を実施し，弁護人の意見も聴いた上で，証人採用決定が取り消されたという経緯からは，尋問実施に向けた努力を尽くさなかったとは到底いうことができない。

Yについては，その証人尋問調書をみる限り，不自然さを追求してもなお疑問が残ったということに尽きるのであって，追求をしなかったという所論の非難は当たらない。当審でのYの証人尋問によっても，疑問はそのまま残されたのである。Y証言が偽証であることは，ひとえにYの翻意によりはじめて明らかとなったものであって，後日明らかとなった事実をもって追求をしなかったと非難するわけにはいかない。

審理不尽をいう論旨は理由がない。

(3)　新供述の信用性について

原判決は，①新供述の内容自体に単なる記憶違いでは説明が困難な看過できない変遷が存する，②新供述の内容自体に不自然，不合理な箇所が見られる，③新供述は遺体の前額部の客観的な損傷状況と符合しない，④新供述をするに至った経緯に関する部分が著しく不自然，不合理であり，かつ，被告人のX宛の手紙などの関係証拠と符合しないとし，⑤Y証言については，それに全幅の信頼を措くことは相当でないから，同証言をもってXのアリバイが裏付けられているということはできない，⑥Xについては，不出頭について相応の根拠があると認められるから，不出頭の事実をもって被告人の新供述の信用性が高まるということはできない，本件当時を含む携帯電話での会話とY証言の信用性の程度から，仮に，Xが本件当時に被告人方に赴いた事実を否定できないとしても，XがVに対し暴行を加えたとする被告人の新供述の信用性判断に影響はないというべきであるとして，その信用性を否定した。上記(1)イの審理の状況と原審の証拠関係からみると，その信用性判断に誤りがあるとはい

えない。

しかし、当審の事実取調べの結果、Y証言が偽証であり、Xが教唆したこと、Xは、証人として喚問を受けながら、平成17年9月15日の原審第4回公判に診断書を提出して出頭しなかった一方で、同年10月22日にはYに電話で偽証を教唆していたことが明らかになった。これに、新供述を受けて証人として採用されたXが、主治医の語る病状ないし診断書を盾にして、証人として出頭し証言することを拒み続けたことを思い併せると、そこには、単にアリバイがないからYに偽証を教唆したというだけでは説明しきれないものがあるといわざるを得ないし、Vに暴行を加えたとする新供述の信用性判断においてもこれを軽くみるわけにはいかないのであって、⑥は是認できない。

そして、①、③及び④については、次のようなことを指摘できる。

①については、新供述に変遷はあるものの、Xが被告人方に来た、XがVに暴行を加えたという骨子の部分では一貫しているといえる。

③については、前額部の傷については、その位置に集束性があり、かつ、方向を異にすることからすれば、それは床とか段ボールに打ち付けることによってできたものとはいえないから、それが新供述のいうXの暴行によって生じたとするには疑問があるといえるが、被告人の捜査段階における自白（以下「旧供述」という。）から認められる前額部に加えられた暴行の回数、その程度からすれば、前額部にはC鑑定が指摘する3つと同程度の傷があっても不思議ではないのに、これがないということは、前額部に加えられた暴行が常に傷を残すとは限らないことを示しているともいえるから、新供述のいうXの前額部への暴行がないとまで言い切れず、その意味で、客観証拠に反するとまではいえない面がある。

④については、X宛の手紙の内容が、新供述をするに至った経緯と符合しないことは原判決が説示するとおりであり、そこには、会いにもこないXを巻き込んで苦しめるために嘘の供述をしたのではないかという疑いも拭いきれないのであるが、新供述を前にしたXが、上記のとおり偽証の教唆にまで及び、病気を盾に出頭も証言も拒み続けたことに照らすと、真実が明らかにされたがためにそれから逃れようとしたともいえるのであって、上記の疑いを過大に評価することは相当でないといえる。

以上の諸点に照らすと、Xの関与をいう被告人の新供述は、当審の証拠上、必ずしも排斥できないものがあるといわなければならない。そうすると、新供述の信用性を否定し、旧供述に沿った被告人の単独犯行を認定をした原判決には、結果的に、事実の誤認があるといわなければならず、これが判決に影響することは明らかであるから、原判決は破棄を免れない。

第3　破棄自判

よって、刑訴法397条1項、382条により原判決を破棄し、同法400条ただし書により被告事件について更に判決する。

1　罪となるべき事実
　被告人は，Ｐ県Ｑ市〈地番等略〉被告人方で，長男Ｄ（平成12年6月生）及び二男Ｖ（平成14年2月生）と三人で生活していたものであるが，平成17年2月7日午後4時過ぎころ，仕事先から帰宅したところ，下痢等のため保育園を休ませていたＶ（当時3歳）が被告人の帰宅に気付きながら身を隠すようにしたことや，トイレの便器のまわりに尿を漏らし，それをそのままにしていたことなどに怒り，Ｖに対し，平手でそのほおを数発叩いた上，右手けんでその額を十数回殴り付けるなどの暴行を加え，その後Ｄを保育園に迎えに出かけて午後7時過ぎに帰宅し，Ｖに声をかけたものの，すぐに返事がなかったことに再び激怒し，Ｖが下半身裸の状態でこたつの中に入って横たわっているのを発見するや，こたつから出るように命じ，下半身裸のままのＶを屋外に出し，約1時間程して家の中に入れた後，被告人方を訪れたＸと共謀の上，午後8時40分ころ，Ｘにおいて，Ｖに対し，その後頭部を床等に打ち付けるなどの暴行を加え，よって，同人に急性硬膜下血腫等の傷害を負わせ，同月11日午前11時37分ころ，同県Ｒ郡〈地番等略〉所在のＬ医療センターにおいて，同人を上記傷害により死亡させたものである。
2　証拠の標目〈略〉
3　補足説明
(1)　Ｘとの共謀について
　所論は，被告人は，本件当時，Ｘとの間には，暴行はもとより，叱ることについてすら，共謀は存在していないという。

そこで，検討するに，
　ア　被告人とＸとの関係については，次のことが認められる。
　被告人は，平成15年2月にＸとインターネットの出会い系サイトで知り合って交際を始め，Ｘが平成16年3月に逮捕され，同年6月にストーカー規制法違反で有罪判決を受けた後も，その交際を続けていた。
　被告人は，平成15年12月に被告人方に転居したところ，Ｘは，度々被告人方にくるようになり，被告人が3交代制の変則な仕事に就くと，週に1，2度，子どもの世話をするなどし，有罪判決を受けてからは，自分の友達の子どもと比較して，しつけについても口を出すようになり，ほおとか腕を叩けといい，特にＶのしつけに関心を持ち，被告人のしつけが甘いと非難し，被告人の前でＶにほおをつねるなどの暴行を加えたほか，被告人の目の届かないところでもＶに暴行を加えていて，Ｘに預けたときにＶの顔などに痣のあることがよくあった。
　被告人は，平成16年1月ころから児童相談所を訪れるようになり，子どもに手を上げてしまうのでＶを里子に出したいなどと相談していたが，その後の同年3月や同年8月にＶに痣や怪我がみられたことから，児童相談所は，同年9月8日にＶを里親に一時保護委託し，その後，被告人及びＸの求めに応じて，同月30日にこれを解除した。
　被告人は，同年3月のＶの腕や頭の痣などについては，平手やこぶしで殴ったことを認めているが，一時保護委託のき

っかけとなった同年8月のVの右足の甲にやけどのような跡があるものについては，Xが風呂場でVといるときにできたことなどから，Xがやったと思うと述べている。また，被告人は，目の前でXがVのほおをつねった時には，これを止めさせたという。

被告人は，本件当日，頻繁に携帯電話でXと話をしているが，それは，Xの指示に基づくもので，主にVの行動の報告にかかるものであった。

　イ　Xによる本件暴行前後の状況について，被告人は，以下のように供述する。

被告人は，本件当時，被告人方にやってきたXに対し，大要，何もしないで，あるいは，手を出さないでと声をかけ，これに対しXは，顔は叩かないから大丈夫だ，あるいは，顔は殴らないからなどと答えていたというのである。

Xが，Vに暴行を加えていたのは時間にして5分くらいであり，その状況の大要は，Xの返答を聞いた後，流し台で洗い物をしていた被告人は，2，3回大きな音を聞いた後に振り向き，Xは，左手でVの右手をもって高くつるして足を払い，それを2，3回繰り返し，Vは，頭を床などに打ち付けていたというものである。

そして，Xの暴行を目撃した後は，被告人は，もうやめてと言ったが，飛び出して止めることはできなかった，その場で動けなくなったなどというのである。

　ウ　アの事情からは，被告人は，Vに対して，しつけの一環として，はたいたり殴ったりしていたものであるが，Xも

また，Vのしつけに関心を寄せ，しつけと称して手を出すなどしていたことが認められる。そして，被告人は，XがVに手を出していることを，目の前での現認のほか，Xに預けた後のVの顔などの痣から知るようになったが，Xが目の前でVの顔に手を出した際には，これを止めさせていたものである。

被告人からVの行動につき連絡を受けていたXが，被告人方にやってくるやVに関わろうとしていた際に，被告人は，前記のように手を出さないでとXに声をかけ，顔は殴らないからとの答えを聞いて，同じ部屋の流し台の方へ行ったというのである。しかしながら，被告人は，Xがこれまでもしつけと称してかなりの暴行を加えていたことを知っていたのであり，今回もXがVに手を出すことは当然に予想できただけではなく，被告人自身，Vに対して前記のような幼い子供からすれば，かなりの激しい暴行を加え，かつ，厳寒の季節なのに下半身裸のままで約1時間も家の外に追い出していたのであり，いくらV自身意識がはっきりしていたからといって，母親としてVが相当のダメージを受けていたことは十分に推測できる状況にあったのであるから，Xに声をかけるだけでは，到底十分ではなく，Vの傍らにいて，Xが手を出すのを現に阻止すべきであったというべきである。この点は，児童虐待の事案で他の者が暴行を加えるのを単に止めなかった児童の肉親者に共犯の責任が問えるかという問題，本件にからめていえば，被告人が先行する暴行を加えていないと

仮定した場合に，Ｘが来て本件のような暴行を加えたときの被告人の責任の有無の問題とは異なり，先行行為としてこれだけの暴行等を加えた者については，その暴行により被害者に生じた具体的危険な状況を自ら解消すべき義務があるから，他の者によるさらなる暴行を積極的に阻止すべき義務があるというべきなのである。しかも，顔を殴らないというＸの言葉からは，当然，顔以外の部分には手を出すという趣旨がうかがわれるのであって，顔を含め，殴ること自体しないと受け止めたという被告人の当審公判供述は，不自然であって到底信用できない。少なくとも，ＸがＶに手を出すこと自体は認容していたとみるほかない。しかも，実際にも，その後に行われたＸの暴行は，Ｖの足を払うというものであって，顔以外の部分を対象としたものであり，その程度についてはともかく，行為の態様は被告人が十分予想し得る範囲内のものであったというべきである。それが，予想以上に激しかったとしても，それを事前に阻止しなかった被告人の責任を否定することはできない。そして，被告人の目撃状況，Ｘの暴行の態様と回数，想定される時間等からは，被告人がＸの暴行を止めることは，事前はもとより，その途中でも可能であったというべきである。現に，前記のようにＸが目の前でＶに手を出した際には止めさせていたのであるから，今回はそれができなかったとは認められない。

以上によれば，被告人は，本件当時，ＸのＶに対する暴行につきこれを阻止することなく，容認していたと認められるから，被告人の責任は，幇助犯に止まるものではなく，不作為の正犯者のそれに当たるというべきである。そして，顔を殴らないというＸの言葉に対して，被告人がこれを了解した時点において，Ｘの作為犯と被告人の不作為犯との共同意思の連絡，すなわち共謀があったと認められる。

(2) Ｅ鑑定の信用性について

所論は，Ｃ鑑定よりもＥ鑑定の方が信用できるとした根拠が薄弱であるという。しかしながら，原判決がＥ鑑定とＣ鑑定の信用性につき説示するところは正当として是認できる。

鑑定に当たり写真をみるだけでなく実物をみる方がより良いことは，所論のいうとおりであるが，それは信用性を判断する際の一事情として考慮されるものであるし，本件で問題とされる脳挫傷は，脳の傷であって，肉眼的に脳実質である出血で判断することになるから，写真でもその判断は可能であることに照らすと，実物をみていないことをもって信用性がないと断じることは相当でない。

所論は，搬送先の医師からは，前頭部にひどい脳内出血がみられ，そこに強い衝撃を受けたと説明されたことからすると，Ｃ鑑定がいうように強度の脳挫傷があったと考えるのが相当であるというが，写真上からは，脳挫傷が広範に生じているか不明であるし，脳挫傷の程度が極めて高度といえるかも疑問である。また，Ｃ鑑定がいうような脳挫傷を生じるためには，頭蓋骨そのものが変形するほどの

極めて強力な外力が必要とされるが，頭蓋骨そのものは変形していないし，被告人の旧供述や新供述に基づく暴行も，その態様・程度からは極めて強力な外力ということはできず，他の証拠を検討しても，これをうかがわせるものはない。所論は，Xは時に感情的に過激な行動を取る可能性がある，C鑑定がいう死因はXの暴行により可能であるというが，そのXの行動・暴行も，新供述の範囲を超えるものではないから，これをもって極めて強力な外力ということはできないし，前額部に致命傷をもたらすものともいえない。

所論は，Vが床に叩きつけられた後に一瞬にして意識がなくなっている点をとらえて，E鑑定とは整合しない，Vは本件当時以前は意識の清明な状態が続いていた以上，まさにXの暴行によって致死的な傷害を加えられたと考えるのが相当であるというが，E鑑定によれば，受傷によって生じた出血が緩やかに進み，時の経過のなかで次第にその量を増やし，一定の限界ラインを越えて意識がなくなることもあるとしているのであるから，整合しないとはいえないし，意識の清明な状態が続いていたとしても，死亡につながる傷害を受けていなかったとはいえない。反対に，C鑑定では，上記のとおり，新供述に基づくXの暴行も，致命傷を与えるようなものとは認められないから，意識がなくなったことの説明に窮することになる。

(3) 訴因について

先に説示したとおり，Xの関与をいう被告人の新供述は，当審の証拠上，必ずしも排斥することができないから，被告人の単独犯行をいう主位的訴因（平成17年2月28日付け）及び原審の予備的訴因（平成18年2月9日付け）に基づく事実はいずれも認めることができず，被告人の新供述及びその余の関係証拠によれば，Xとの共謀も，E鑑定の信用性も，本件当時に至るまでの旧供述の信用性も認められるから，当審の予備的訴因（平成20年4月10日付け）に基づく判示の事実を認定することができる。

4 法令の適用

被告人の判示所為は刑法60条，205条に該当するところ，その所定刑期の範囲内で被告人を懲役3年6月に処し，同法21条を適用して原審における未決勾留日数中550日をその刑に算入し，原審及び当審における訴訟費用は，刑訴法181条1項ただし書を適用して被告人に負担させないこととする。

5 量刑の理由

本件は，被告人が，養育していた当時3歳の二男Vに対し，前額部を手けんで殴打したり，Xと共謀の上，後頭部を床等に打ち付けるなどの暴行を加えて急性硬膜下血腫等の傷害を負わせ，同傷害により死亡させた傷害致死の事実である。

幼くて手がかかり，思うように独り立ちできないことなどに苛立ち，些細な失敗にも怒りを覚えていたという経緯をみても，一方的に腹を立て，自ら，手けんで頭部を殴り付け，厳寒の季節だというのに下半身裸のままで約1時間も家の外に追い出したほか，Xの暴行をも許した

という動機，態様をみても，その犯情は悪質である。生じた結果は重大で，まことに哀れで悲惨というほかない。被告人の刑事責任は重いというべきである。

　しかしながら，他方，孤立無援のなかで親子三人の生活を支え，子育て等の苦労もほぼ一身に担うなど，かなり疲弊していた状況にあったとうかがわれること，下痢気味のVのためにお粥を作るなど，親として愛情をもって養育に当たっていたことも認められるし，Vの様子がおかしくなってからは真摯に救命のための行動も取っていること，Xの加えた暴行が最後の一撃となってVが死亡したという面のあることも否定しえないこと，前科前歴がないこと，被告人の身を案じる親族がいることなど，被告人のために酌むべき事情も認められる。

　以上の諸事情を総合勘案して，主文の刑を量定した。

平成20年6月11日
東京高等裁判所第9刑事部
裁判長裁判官　原田國男
裁判官　田島清茂
裁判官　左近司映子

2　携帯電話決め手事件（第1事件・第2事件）

　この携帯電話決め手・第1事件（平成18年10月25日・判決文56頁）は，人材派遣会社の寮で居住スペースを共有していた被告人とXとの間の窃盗事件である。
　被告人とXとは，それぞれ専用の部屋をもち，リビング，キッチン等を共同で使用していた。Xは，ビール券8枚と現金4万円をのし封筒に入れて糊付けしたものを，自分の部屋のクローゼットに掛けてあるジャンパーのポケットに保管していたという。本件当日（平成17年12月22日）の早朝，Xは被告人と口論となり，被告人があわてて仕事に出ていったので，ポケットを確認したら，のし封筒がなくなっていた。そのため，寮の管理担当者のYに連絡して，来てもらい，2人で部屋を調べたところ，まず，下駄箱のなかから7枚そろえて置かれているビール券が発見され，次いで被告人の部屋のゴミ袋から丸めて捨てられていたのし封筒が発見された。しかし，現金は見つからなかった。そこで，同日，Xは，警察に被害届を出したというのである。
　ここまでは，よくある窃盗事件だろう。

携帯電話の撮影画像という証拠
　ところで，Xは，被告人が入居してから自分の米や洗剤がなくなるため，Yに相談し，確証を得るため，そういうことがあったときには携帯電話のカメラで撮影することにしていた。本件より5日前の12月17日の午後5時ごろにも，入浴前に，こたつの机の上にある現金2283円を撮影している。入浴して約40分後に部屋に戻ると，250円がなくなっていたという。そこで現金2033円を撮影し，その証拠画像2枚を被害届提出後の同月27日に警察に提出した。その証拠によれば，入浴前の画像の撮影時刻は，午前10時1分，入浴後のそれは，午前10時55分となっていた。この傍証をも考慮したためと思われるが，被告人は起訴された。
　被告人は，捜査段階から一貫して事実を否認し，公判でもあまりにできすぎ

た話で，Xが被告人を嫌い，追い出すために工作したものだと主張した。原審は，その主張を退けて被告人を有罪と認定し，強盗の累犯前科もあったことから，懲役1年8月の実刑に処した。

　Xは，米等がなくなっていたことから，被告人に対して好意的な感情を抱いていなかったが，「被告人が素直に犯行を認めて現金が戻ってくれば，警察沙汰にするつもりはなかった」と述べており，被告人を陥れるための工作をろうして，捜査機関まで巻き込んで虚偽の被害を申告するとはまったく考えられない。また，のし封筒の発見にいたる一連の経緯になんら不自然なところもなく，Yの供述ともよく符合しているとしたのである。上記の携帯電話による写真撮影の点は経過でふれる程度で，捜査報告書は証拠調べしていたが，携帯電話そのものは調べていなかった。この1審判決に対して被告人が控訴し，無罪を主張した。

入浴時刻と撮影時刻のずれ

　記録を検討したところ，原判決が述べるほどに「不自然なところはない」とはいえないと思われた。むしろ，発見状況については，控訴審の判決でも指摘したが，Xの物がなくなれば真っ先に疑われる被告人が仮に本件犯行に及んだとすれば，決定的な証拠になるのし封筒を処分もせずに，部屋のゴミ袋に放置したりするものか理解しがたいところがあった。また，XがYに来てもらい，案内するような形で次々とXの物が発見されていることも不審であった。

　そこで，ここでも異例であるが，Xを再尋問した。その供述内容は原審と基本的に同様で，反対尋問に崩れるようなことはなかった。ただ，携帯電話による撮影の点について疑問があったので，尋問後に提出させた。というのは，Xが撮影したのは，入浴する午後5時ごろであったというのに，時刻表示は，上記のように午前10時台を示していたからである。

　この点について，Xは原審で次のように説明していた。本件携帯電話は電源を入れると自動時刻補正機能が働くが，その機能が遅れて働いたため，正確な時刻を表示しなかった。すなわち，「約7時間前の時刻を表示してしまったのではないか」というのである。

　その説明はよくわからなかった。さらに，控訴審で，Xは，本件携帯電話を

充電して時刻合わせの操作をしないまま入浴前後の画像を撮影したが，警察官に時刻が違うと指摘され，その日に自動時刻補正のボタンを押して正確な時刻に合わせたと供述したのである。

　この問題は，控訴審で，本件携帯電話は，本件の1年以上前に解約されており，電源を入れただけでは自動時刻補正機能が働かないことが判明した。この点でＸの供述には不自然な変転があった。

撮影画像にあった時刻の記録

　しかし，問題は，これにとどまらなかった。控訴審で証拠として本件携帯電話を調べたところ，次の事実が判明した。本件携帯電話で画像を撮影すると，画像のタイトル欄（画像の上部に表示される撮影日時の欄）と詳細表示画像（サブメニュー操作によって表示されるその画像のファイルサイズ，撮影日時等のデータ）に撮影日時が記録される。このタイトル欄の日時は，撮影後に編集できるが，詳細表示画面の日時は撮影後に変更できないのである。

　前記画像の撮影時刻は，入浴前の画像がタイトル欄で午前10時1分，詳細表示画面で午前10時53分，入浴後の画像がタイトル欄で午前10時55分，詳細表示画面で午前10時55分であった。ということは，入浴前の画像を撮影した2分後に入浴後の画像を撮影し，入浴前の画像の撮影時刻を52分遡らせて表示したことになる。これは，入浴前後の画像の撮影間隔が2分しか開いていない不自然さを隠すためであったというほかない。

　このからくりは，検察が携帯電話を操作して発見したもので，裁判所が携帯電話を眺めているだけでは，気づかなかったであろう。検察が無罪方向の証拠でもきちんと立証した，よい一例である。

　結局，入浴の間に250円盗まれたというＸの供述は虚偽ということになった。この点と上記の本件の不自然さを総合して，Ｘの被害供述全体が信用できないとして，被告人を無罪とした。一方，Ｘは，偽証罪で起訴され，累犯前科もあったので，実刑に処せられた。ただし，上記の窃盗被害にあったことは事実であり，その確証を求められたので，250円の別の被害を偽装したと弁解したそうである。

被害供述も検討する必要性

　被害申告に関する供述は，特別の事情がないかぎりその信用性が認められるといわれている（石井一正『刑事事実認定入門〔第2版〕』81頁以下（2010年，判例タイムズ社））。しかし，これはあくまで一般論であって，個々の事件で特別の事情があるか否かを検討すれば足りるというものではあるまい。それでは，まさに，立証責任の転換になってしまう。本件をみると，被害供述の信用性についても十分検討する必要が感じられる。250円の撮影については，夕方の5時ごろに撮影したというのに，撮影時刻が午前10時台を表示していたのであるから，この点について捜査段階でももっとXを追及し，携帯電話の機能についてもよく調べるべきであったと思われる。原審の審理も不十分であったといわれてもしょうがないであろう。

　本件では，Xが携帯電話を処分せずに画像が残っていたから真実が明らかになったもので，あやうくえん罪を生むところであった。

証言内容と食い違う発信地

　この第1事件は，携帯電話による撮影データが真実を語っていたという事件であるが，今度は携帯電話の発信地のデータが被告人の無罪を立証したという事件である。その携帯電話決め手・第2事件（平成19年6月25日・判決文59頁）は，被告人が偽造クレジットカードをXに渡し，Xがそれを使用して商品をだましとったというものである。不正作出支払用カード電磁的記録供用と，詐欺という罪名にあたる。前者は，ものものしい罪名であるが，要するに偽造したクレジットカードを使用したという罪である。

　被告人は，実行犯ではなく，共謀共同正犯に問われた。被告人の公判で，実際にクレジットカードを使ったXは，被告人からカードを受け取ったのは，訴因になっているカード使用日の5日前だと証言した。本件事件の使用日よりも4日前にこのカードをP市内で使用しているから，その前日に被告人から受け取ったというのである。

　P市内でのカード使用の事実（16回も使われていた）は，カードの不正利用履歴から明らかに認められる。しかし，Xの携帯電話の通話料金明細内訳票の同日欄をみると，カードの上記使用時間帯にほぼ対応する時間帯に7回の発信

があったが，いずれも発信地は，P市があるP'県とは別のQ県で，P市のあるP'県ではなかった。そうなると，XがP市でカードを使用したという事実は認められないのである。これだけの理由ではないが，結局，Xの上記証言は信用できないとして，被告人を無罪とした。

　以上のように，携帯電話は，有罪・無罪の決定的な証拠になりうる客観的証拠である。現在では，被疑者や参考人の行動をその通話履歴を用いて解明するのが，捜査の一般的手法となっている。まさに，物証は，いろいろなことを語ってくれる。被疑者等の供述だけに依存するような捜査は，このような物証によりもろくも崩れてしまうのである。

2 携帯電話決め手・第1事件

平成18年10月25日宣告
平成18年（う）第1625号

［参考］判タ1223号124頁，今村憲・季刊刑事弁護51号118頁

主　文

原判決を破棄する。
被告人は無罪。

理　由

第1　本件控訴の趣意は，弁護人今村憲作成の控訴趣意書記載のとおりであるから，これを引用する。論旨は，事実誤認の主張である。

第2　本件公訴事実及び原判決の判断

1　本件公訴事実

被告人は，平成17年12月20日ころから同月22日ころまでの間，L県〈町名地番建物名等略〉B棟202号において，X所有の現金4万円及びビール券約7枚（時価合計約3206円相当）を窃取したものである。

2　原判決の判断

原判決は，本件公訴事実において被害者とされるXの供述につき，①Xが被告人を陥れるための工作を弄して捜査機関まで巻き込んで虚偽の被害を申告するとは全く考えられない，②被害現金等が入っていたのし封筒（以下「本件のし封筒」という。）等の発見等に至る一連の経緯に何ら不自然なところはない，③Xは，自己の記憶に忠実に供述しており，その供述内容は本件のし封筒を発見したYの供述とも符合している，として，X供述の信用性を認め，本件公訴事実と同旨の事実を認定した。

第3　前提となる事実

次の事実は，原審証拠により容易に認められる事実である。

1　被告人とXは，人材派遣会社の寮である上記B棟202号（以下「202号室」という。）に居住していた。202号室は，1階に玄関があり，2階に居住スペースがある。2階には被告人が専用する部屋，Xの専用する部屋，共用のリビング，キッチン等があるが，いずれの部屋にも鍵は付いていない。

2　Xは，被告人が202号室に入居してから，共用の流し台の下に置いていた洗剤や米が知らない間に少なくなっているとして，寮の管理担当者であるYに相談していた。

3　平成17年12月22日（以下，平成17年12月の出来事については日にちのみを表記する。）早朝，Xは，共用の流し台で朝食を作っていた被告人に，風呂やトイレの掃除をしろなどと文句を言ったのに続けて，勝手に自分の部屋に入って何をしているのかと問い質した。被告人は，入っていないと答えたが，Xから警察が調べたら指紋が残っていたと言われると，「猫が気になって入った」などと弁解して，同日午前6時30分ころに仕事に出かけた。

4　同日午前8時ころ，Yは，Xから「現金4万円とビール券等が入った封筒がなくなっている」との連絡を受け，202号室に赴いた。Yが玄関に到着した

際，Xが下駄箱を開けると，7枚揃えて置かれているビール券が発見された。さらに，Yが被告人の部屋のゴミ袋を探すと，その中から丸めて捨てられた本件のし封筒が発見された。Xから本件のし封筒の中を確認するよう言われたYは，本件のし封筒を破って中を確認すると，Xが予め書いていた「12／20ビール券8枚と4万円」との記載があった。同日，Xは，警察に被害届を出した。

5 Xは，27日夕方，以前から被告人の窃盗被害に遭っていた証拠として，17日の入浴前には財布に2283円あったところが，入浴後には2033円となったという，カメラ付き携帯電話（以下「本件携帯電話」という。）で撮った2枚の画像（以下「入浴前の画像」，「入浴後の画像」という。）を警察官に示した。入浴後の画像の撮影日時は，17日午前10時55分と表示されていた。また，27日夕方の時点では，本件携帯電話は正確な時刻を表示していた。

第4 X供述の概要

1 被告人が入居してから自分の米や洗剤がなくなるため，16日にYに相談した。その日は，確証がないので，今度，もし，そういうことがあったときには携帯電話で撮影して，それを示しますと話した。そこで，証拠画像を撮るために，使っていなかった本件携帯電話を出してきた。そして，17日，午後5時ごろに入浴する前に財布の中に入っていた現金2283円をこたつの机の上に置いて撮影し，入浴して約40分後に部屋に戻ると250円がなくなっていたため残った現金2033円を撮影した。

18日に新聞の勧誘があり，本件のし封筒に入ったビール券8枚をもらった。20日に3万円を下ろして手持ちの1万円を合わせて本件のし封筒に入れて保管しようと思ったが，盗難防止のために一旦本件のし封筒を開いてその中に「12／20ビール券8枚と4万円」と書き入れ，糊付けした上で，ビール券と現金4万円を入れ，自分の部屋のクローゼットに掛けてあるジャンパーのポケットに保管しておいた。

22日の口論の後，被告人が慌てて出ていった様子だったので，ジャンパーのポケットを確認すると本件のし封筒がなくなっていたので，Yに連絡した。

2 17日午後5時40分ころであるはずの入浴後の画像の撮影日時が17日午前10時55分と表示されており，27日の時点では正確な時刻が表示されていたことについて，Xは，原審では，本件携帯電話は電源を入れると自動時刻補正機能が働くが，その機能が遅れて働いたため，17日は正確な時刻を表示せず，27日は正確な時刻を表示したのではないかと供述する。

そして，Xは，当審では，17日は本件携帯電話に充電をして，時刻合わせの操作をしないままで，入浴前後の画像を撮影したが，24日か25日ころに警察官にその画像を示すと時刻が違うと指摘されたので，その日に自動時刻補正のボタンを押して正確な時刻に合わせたと供述する。

第5 X供述の信用性の検討

1 原判決の理由①について

(1) 所論は，Xは入浴前後の画像をねつ造しており，本件窃盗の被害も同人が

偽装工作した疑いがあるという。

　確かに，入浴後の画像について所論が指摘するとおり，契約中であれば自動時刻補正機能は電源を入れれば直ちに働くものであって（当審弁2），遅れて働いたというXの原審供述は合理的な説明ではない（なお，当審において，本件携帯電話は平成16年8月に解約されており，電源を入れただけでは，自動時刻補正機能が働かないことが判明した。）。また，警察官に指摘されて撮影時刻を補正したというXの当審供述は，不自然な変転というべきである。このようにXが入浴後の画像の撮影経過についてあいまいな供述しかできないのは，真実を語っていないのではないかとの疑いが残るところであった。

　(2)　そこで，当審において，本件携帯電話を証拠として採用し，入浴前後の画像を解析したところ，次の事実が判明した（当審検3ないし9）。

　ア　本件携帯電話で画像を撮影すると，画像のタイトル欄（画像の上部に表示される撮影日時の欄）と詳細表示画面（サブメニュー操作によって表示される，その画像のファイルサイズ，撮影日時等のデータ）に撮影日時が記録される。タイトル欄の日時は，撮影後に編集することができるが，詳細表示画面の日時は撮影後に変更することができない。

　イ　Xが，入浴前後の画像を撮影した時刻の表示は，入浴前の画像がタイトル欄で午前10時1分，詳細表示画面で午前10時53分，入浴後の画像がタイトル欄で午前10時55分，詳細表示画面で午前10時55分である。

　(3)　上記認定によれば，Xは，入浴前の画像を撮影した2分後に入浴後の画像を撮影し，入浴前の画像の撮影時刻を52分遡らせて表示させたことになるが，これは，入浴前後の画像の撮影間隔が2分しか開いていない不自然さを隠すために上記のように撮影時刻を変更したとみるほかない。そうすると，入浴前後の画像は，真実は入浴前と後の画像ではなく，入浴の間に250円が盗まれたというX供述も虚偽ということになる。

　Xは被告人が小銭を盗んだという証拠をねつ造したのであるから，本件についても証拠をねつ造したことが疑われるのであって，Xには被告人を陥れる工作をしたとは考えられないとする原判決の理由①は是認できない。

　2　原判決の理由②について

　本件のし封筒の発見に至る経緯については，所論が指摘するとおり，次のような不自然な点がある。

　本件現場は2階にあり，Xの部屋が物色された形跡もなかったのであるから，Xの物がなくなれば真っ先に疑われるのは被告人であり，しかも，被告人の部屋には被告人不在時でも管理担当者が入ることができるとされていたのであるから（原審甲35），仮に被告人が本件窃盗に及んだとすれば，表に「サッポロビールギフト券」と記載され，それなりに特徴のある本件のし封筒は処分するはずであり，本件のし封筒が被告人の部屋のゴミ袋に放置されていたというのは不自然である。また，ビール券に至っては，なぜわざわざ下駄箱の中に入れられていたのか理解

しがたい。
　このように，本件のし封筒等の発見等に至る一連の経緯に何ら不自然なところはないとする原判決の理由②も是認できない。
　3　原判決の理由③について
　上記のとおり，Xは小銭が盗まれたとの虚偽の供述をしているのであって，自己の記憶に忠実に供述しているとは到底いえない。また，X供述とY供述が符合するのは，XがYに自室から物がなくなると16日に相談したこと，Xが22日にYに現金等がなくなったと連絡し，Yが202号室に到着した際，下駄箱に置かれたビール券がXにより発見されたこと，Yが本件のし封筒を発見したことの3点であり，これらはいずれも被告人が本件窃盗に及んだことを積極的に裏付けるものではない。
　したがって，原判決の理由③も是認できない。
　4　以上によれば，原判決がX供述の信用性を認めた理由はいずれも是認できず，本件公訴事実には合理的疑いがある。原判決は事実を誤認したものであって，その誤りは判決に影響を及ぼすことが明らかである。論旨は理由がある。
　第6　破棄自判
　よって，刑訴法397条1項，382条により原判決を破棄し，同法400条ただし書により被告事件について更に判決することとし，本件公訴事実については，既に検討したとおり犯罪の証明がないことになるから，同法336条により被告人に無罪の言渡しをする。

平成18年10月25日
東京高等裁判所第9刑事部
　裁判長裁判官　　原田國男
　裁判官　　　　　田島清茂
　裁判官　　　　　松山昇平

2　携帯電話決め手・第2事件

平成19年6月25日宣告
平成18年（う）第3011号

　　　　　主　　文
　原判決を破棄する。
　被告人を懲役1年に処する。
　原審における未決勾留日数中50日をその刑に算入する。
　本件公訴事実中，不正作出支払用カード電磁的記録供用，詐欺の点については，被告人は無罪。
　　　　　理　　由
　1　本件控訴の趣意は，事実誤認の主張である。
　論旨は，要するに，原判示第1の不正作出支払用カード電磁的記録供用，詐欺の事実（以下「本件事実」という。）につき，被告人は，偽造にかかるA名義のクレジットカード（以下「本件カード」という。）をXに渡したことはないし，本件カードを使用して商品を騙し取ることを共謀したこともないのであって，これを

認定した原判決には事実の誤認があるというのである。

そこで，検討するに，Xが，平成18年2月23日に，イトーヨーカ堂のB店とC店で自ら本件カードを使って商品を騙し取ったことは，関係証拠から優に認めることができる。

同月23日に使用した本件カードにつき，Xは，同月19日に本件カードが使われていることを理由にして，その前日である同月18日ころに被告人から受け取った旨を証言する。また，これと関連して，受け取った翌日の同月19日に自ら本件カードを使い始め，最後まで使えたことから，新たに手に入れたカードとは別にして持ち歩き，同月20日も本件カードから使い始め，最後まで使えたことから，同月21日も，同月23日も，別に保管して本件カードから使い始めた旨を供述する（原審甲31・一部同意，当審弁33は原審甲31の不同意部分を含む。）。

まず，本件カードの不正利用履歴（原審甲29添付）の同月19日の欄をみると，本件カードは，11時14分から13時55分までの間に合計16回使われており，その場所はいずれもP市内であるが，Xの携帯電話の通話料金明細内訳票（原審甲24添付）の同月19日の欄をみると，Xは，11時19分から13時43分までの間に合計7回発信しているところ，その発信地はいずれもQ〈注：表示されているエリア名〉であって，P'〈注：同上。P市のあるエリア名〉ではないから，Xが同月19日に自ら本件カードを使ったとは認められない。

次に，Xには，YとZという2人の仲間がいたが，Yが一緒に行動をしたのは平成17年12月ないし平成18年2月上旬ころまでであるうえ，Yがいる時もいない時も，偽造カードを使って商品を騙し取る際には一緒に行動をして店舗を回っていたことがうかがわれることからすると（当審弁1，2，25），ZないしYがXと離れて1人でP市内で本件カードを使ったとも認めることはできない。

上記からは，Xはもとより，その仲間であるZとYも，同月19日にはP市内で本件カードを使っていないといわざるを得ず，それ以外の者が本件カードを使ったというべきであるから，同月18日ころに被告人から本件カードを受け取ったというXの上記証言には合理的な疑いがあるといわなければならない。

ところで，上記の疑いは，原審で取り調べられた証拠から導かれるものであって，証人Xに対して，上記の疑問点について尋問はされておらず，したがって，これに対する弁明も未了のままであり，事案の解明としては不十分であったことは否めない。証人Xの弁明，特に受渡の日時如何によっては，その証言の信用性を左右することも考えられるので，以下，この点について検討するに，当初Xが本件カードを被告人から受け取ったと述べていた同月21日の午後11時ころ（当審弁31）についてみると，本件カードは，受け取った時点では，他のカードと同様に使えるか使えないか分からないものであって，同月22日に本件カードが使われていないことからすると，同月23日も同様の状態にあったはずであるのに，他方で

は，Xは，本件カードを使えるカードとして他のカードとは別に保管し，同月23日には初めから使ったというのであるから，そこに矛盾があることは明らかである。また，捜査段階において本件カードを受け取った日時としては全く供述していないが，仮にそれが上記日時前である同月20日，同月19日であったとしても，Xは，同月20日も，同月21日も，同月23日と同様に本件カードを別に保管し初めから使ったというのであるから，やはりそこに矛盾があることは否定できない。

なお，Xが商品を騙し取るために被告人から本件カードを同月21日に受け取ったといいながら，直ぐにでも使うべきカードを同月22日には使っていないこと，被告人から1回につき20から30枚ずつ入手した偽造カードのほとんどが使えるものではなかったこと，かようなカードを渡すことになる被告人からすると，買取方法のほうが合理的で後腐れもないといえるし，Xのいう共謀を前提としても，騙し取った商品を自ら買い取るほうが，売上げの確認と利益の配分からも合理的といえること，Xは，被告人との共謀をいいながら，騙し取った商品を被告人のところに持ち込むことなく，他の買取業者に持ち込んでいることなどからすれば，被告人とXとの偽造カードの授受は，買取であった疑いが強いというべきで，そうであれば，本件は，共謀による詐欺等ではなく，不正作出支払用カードの譲渡等の罪（刑法163条の2第3項）の限度で犯罪の成否が問題になるが，かかる観点からみても，本件カードに限ってみれば，本件カードが使えるカードとして買い取られたことをうかがわせるものはないし，上記からは被告人からの受渡そのものが認めがたいものといえるから，本件カードの買取先が被告人であるとも認められず，そうすると，本件カード自体は，被告人から入手されたものではなく，使えるカードとして別ルートから買取カードとしてではなく入手された疑いが残るのである。

以上からは，被告人から本件カードを受け取ったというXの証言には，合理的な疑いがあるといわなければならず，偽造カードを使って商品を騙し取ることにつき共謀したという点も，本件カードの受渡を前提とするものであるから，これも信用することはできない。

そうすると，本件事実については被告人は無罪であるというべきで，無罪と認定すべき原判示第1の事実は，有罪と認定すべき同第2の事実と刑法45条前段の併合罪であるから，原判決は有罪部分を含め破棄を免れない。

論旨は理由がある。

2　破棄自判

そこで，刑訴法397条1項，382条により，原判決を破棄し，同法400条ただし書により，当審において被告事件について更に次のとおり判決する。〈以下略〉

平成19年6月25日
東京高等裁判所第9刑事部
裁判長裁判官　原田國男
裁判官　田島清茂
裁判官　松山昇平

3　ソープ嬢覚せい剤自己使用事件

　この事件は、ソープ嬢をしていた被告人が覚せい剤を自己使用したというものである。
　被告人は、見知らぬ男性客から自己の意思に反して注射されたと、捜査段階から一貫して主張していた。その弁解は、次のようなものである。その客の承諾を得てソープランド室内のベッドで寝入ったが、右腕に激しい痛みを感じて驚いて起きた。その直後から異変を感じ、抗議したが、「気持ちよくなるから大丈夫だよ」などといい、助けを求める被告人に応じなかった。なおも苦しがっていると、被告人の口を押さえ、被告人が気を失うと、頬を叩き名前を呼びかけ正気付かせた。それから、その男は、被告人の左腕をつかんで引き寄せて、タオルのような白い物か黒い物を巻き付けたうえで、その左腕に注射した。自分は過呼吸であるというと、その旨フロントに電話連絡して姿を消した。その直後に従業員のAが室内に入ってきて、「大丈夫か」と声をかけてきたので、「注射をされた」と話した。誰かに背負われてそのまま病院に連れていかれたというのである。

覚せい剤事犯の特徴
　覚せい剤の自己使用の事件では、「自分の知らないうちに、覚せい剤を飲み物に入れられた」という弁解がよく出される。なかには、会社社長が接見にきた従業員に頼んで、その従業員が社長の飲み物に覚せい剤を入れた旨供述させようとした事件もあった。これは、さすがに、その従業員が警察にそのことを述べてでたので、発覚してしまった。
　このようなケースでは、身体のなかに覚せい剤が入っていれば、通常は、覚せい剤であることを認識して注射等したと推認され、そうではないという特段の事情が認められなければ、合理的疑いを超えて自己使用の事実が認められるとされる。本件の原審も同様な判示をしている。そして、多くの事案では、被

告人の上記のような弁解は抽象的なもので信用できないとされている。

　もっとも，具体的な背景等が出てくれば，疑問の余地も生じてくる。暴力団事務所の電話番をしていた被告人の覚せい剤自己使用の事案では，その自白のなかで，その組の上の者が覚せい剤にうるさく，少しでも様子が悪いと責められ，あるとき，とっさにその者の飲み物のなかに覚せい剤を入れて飲ましたことがあるという供述があった。真偽は不明であり，その上の者は逮捕されなかった。しかし，そんなこともあるかもしれないと思ったものである。

被告人の態度に感じる違和感

　ところで，本件のように強制的に注射されたという主張があるときには，検察官としても，積極的に，「意に反した強制的なものではない」という立証をすべきであろう。本判例を評釈した『季刊刑事弁護』35号172頁以下の匿名の判例レビューも，同じ見解を示している。たしかに，強制的に注射されたという主張があるのに，特別な事情が認められなければ，同意があったというのでは，立証責任を被告人に不利に転換したきらいがあるといえよう。

　では，被告人の上記弁解をどうみるべきであろうか。読者の方もいかにも嘘っぽいと思われるかもしれない。私も記録を読んだ感じでは，きわめていねいに判示している原審の判断に，そう問題はないように思った。原判決は，被告人の弁解が不自然・不合理な理由として，4点を挙げている。すなわち，①静脈注射され，痛みを感じて飛び上がったのに，注射器が刺さったのを見ていないこと，②注射痕は，内出血等をともなわないきれいなものであり，注射されたときに被告人の腕が動かなかったこと，ひいては，意思に反しないものであったことを強く推定させるものであること，③その男は，被告人の意思に反して注射してもなんらの利益はなく，かえって，被告人に騒がれて自分まで処罰される羽目にもなりかねないこと，④被告人がAに対して「何かされたかもしれない」というだけで，「男にされた注射によってこのようになった」と訴え，その逮捕等を求めていないし，被告人のいうその男の行動は不自然で支離滅裂であることという4点である。

　いずれも，それなりにもっともなことであるといえよう。そういう頭で法廷に入ったが，被告人の様子を見て，ひょっとしたらと思った。というのは，被

告人の態度がきわめて真剣で真摯なものだったからである。それは，「あなたがだまされているのだ，そういう被告人はいくらもいるし，その演技を見抜けないようでは素人同然だ」という厳しい意見もあろう。また，原審の裁判官も当然そういう点を含んで考慮しているのではないかともいえる。

本当かもしれないという目でみると

　しかし，被告人がひょっとしたら本当のことをいっているのではないかと考えると，原判決が挙げる上記の4点はいずれも説明ができるのである。①の点については，予期できないものであったから，認識や知覚の能力が低下していたのではないか。②の点については，医師の控訴審での証言では，熟睡または昏睡している者に静脈注射を内出血等をともなわないきれいな形ですることは可能であるというのであり，また，被告人は，身体全体に力が入らず，腕も思うように動かなかったと述べているから被告人の弁解と注射痕の形状とは矛盾しない。③の点については，その男としては，覚せい剤を注射して，性的な快感を増進させようとしたところ，予期に反して苦しみ出したので，その状況を打開するために，追い打ちをしたとも考えられる。④の点については，被告人の状況からすれば，訴えが多少混乱したとしても全体としてはその男の行為により異常な状況になったことを訴えているのであり，その男の逮捕や警察への通報をその時点でしなかったからといって，特段おかしいとはいえない。

証人供述の不自然な変遷

　そして，本件でいちばん気になったのは，被告人のAに対する当初の発言の内容だった。この点について，Aは，本件事件当日に取られた警察官調書では，「お客に覚せい剤でも注射されたのか」と聞いてみたところ，「一緒にいた客に注射でもされたみたい」といっていたという。このAの供述は，検察官調書では，そのようなやりとりがなかった旨の否定に転じ，原審公判での証言では，きわめてあいまいなものになっている。事件当日の供述は真新しいもので，その時点で被告人をかばう心組みができているとは思えないし，被告人から頼まれる機会もなかった。Aの供述の変遷自体疑わしいものである。

　しかも，上記の警察官調書の存在は，Aの証言から明らかになったもので，

その証言後に弁護人の要求ではじめて開示された。このようなことは，今日では類型証拠として開示されるはずであり，考えられない。検察官が被告人に有利になることをおそれて隠していたといわれてもしょうがないであろう。

　結局，本件は，無罪とした。言渡しのとき，被告人は，最初から最後まで泣いていた。その泣き声を聞きながら，言渡しを続けたが，この判断は誤っていない，この人は本当に無実だと確信した。

　この事件の『判例時報』の匿名記事では，微妙な事件だとしている（『判例時報』1822号156頁）。たしかに，表面的にはそうかもしれないが，記録も被告人も見ていない匿名者がどうして微妙だなどといえるのであろうか。被告人が本当に無実であれば，その心を傷つけるコメントだといわざるをえない。それ以来，私は，事実認定に関する判断についてのコメントは慎重にしている。

　最後に，気になったのは，この原審の裁判官がきわめて優秀で，しかも医師の資格のある人であったことである。当然，静脈注射もプロである。私は，注射などしたことがない。その判断は尊重すべきだろう。そこで，控訴審では，被告人が入院した病院の医師の証言を求め，上記の点を確認したのである。無罪にするまでには，本当にいろいろなことを考えなければならない。

3 ソープ嬢覚せい剤自己使用事件

平成14年7月15日宣告
平成14年（う）第180号

[参考] 判時1822号156頁，季刊刑事弁護35号172頁（匿名コメント）

　　　　　主　文
原判決を破棄する。
被告人は無罪。
　　　　　理　由
本件控訴の趣意は，弁護人高村浩作成の控訴趣意書記載のとおりであるから，これを引用する。
論旨は，事実誤認及び訴訟手続の法令違反の主張である。
そこで，所論（当審における弁論を含む。）にかんがみ，記録を調査し，当審における事実取調べの結果をも参酌して検討する。
第1　本件公訴事実，被告人の主張及び原判決の判断
本件公訴事実は，「被告人は，法定の除外事由がないのに，平成13年1月下旬ころから同年2月8日までの間に，P県内，Q県内又はその周辺において，覚せい剤であるフェニルメチルアミノプロパン又はその塩類若干量を自己の身体に摂取し，もって，覚せい剤を使用したものである。」というものである。
被告人は，自分は覚せい剤を使用したことはなく，尿中から覚せい剤が検出されたのは，同年2月8日に，当時ソープ嬢として勤務していた原判示ソープランド「L」の2階客室10号室において，接客中，見知らぬ男性客（以下，男性客あるいは男という。）から自己の意思に反して注射されたことによるものである旨主張して争ったが，原判決は，一般的に，被告人の尿中から覚せい剤が検出されたということは，被告人が自分の意思で覚せい剤を使用したことを強く推認させるものであるところ，被告人が男性客に覚せい剤を注射されたという弁解は，仔細に検討すると，不自然，不合理であるとして排斥し，公訴事実と同じ罪となるべき事実を認定した上，被告人に対して懲役2年，未決勾留日数中150日算入，4年間執行猶予，訴訟費用負担との判決を言い渡したものである。
第2　事実誤認の論旨に対する判断
そこで，原判決の判断について，関係証拠に照らして検討するに，所論がいうように，本件においては，被告人がその意思に反して覚せい剤を注射されたものであることを裏付ける事情も種々認められる一方，原判決が被告人の弁解は不自然，不合理であるとして排斥した根拠には，必ずしも首肯することができない点が含まれていることからすると，被告人の弁解はあながち排斥することはできず，所論が主張するところは，当裁判所においても首肯できるものである。そうすると，本件公訴事実について，被告人が自己の意思によって覚せい剤を体内に摂取した旨認定するには，合理的な疑いを差し挟む余地が多分にあるから，被告人は

無罪であるといわなければならない。
　以下，検討する。
　1　被告人の原審公判における供述は，大略以下のとおりである。
　(1)　被告人は，本件当日午前7時10分過ぎころから，「Ｌ」10号室において，初対面の男性客を接客した。男性客は当初から通常の70分のサービス時間をさらに70分延長するように求め，被告人はそれに応じてフロントにその旨連絡した。男性客は途中で自動車の駐車場所を移動させるために中座し，被告人も室外に出たことがあった。
　(2)　被告人は男性客の接客中の午前8時50分ころ，男性客の承諾を得て同室内のベッドで寝入ったが，右腕に激しい痛みを感じて驚いて起きた。その際に注射器や注射針などは見ていない。その直後，被告人は身体に異変を感じ，男性客に抗議したが，男性客は「気持ちよくなるから大丈夫だよ」などと言い，室内で飛び跳ねるなどして，助けを求める被告人には応じなかった。
　(3)　なおも被告人が苦しがっていると，男性客は「やばいな。」などとつぶやき，フロントへのコールを求める被告人に対し，「誰も来るわけねえじゃねえかよ。20分もあるんだから。」などと言って，被告人の口を押さえ，被告人が気を失うと，頬を叩き名前を言えと呼びかけて正気付かせた。
　(4)　さらに，男性客は，いったん被告人に背を向けて何かしてから，赤いものを口にくわえ，逃げようとする被告人の左腕をつかんで引き寄せ，上腕部にタオルのような白い物と何か黒い物を巻き付けた上，被告人の左腕に注射をした。
　(5)　被告人は目の前が暗くなり，手足も動かず息もできない状態となったが，突然息ができるようになり，男性客は驚いた様子を示した。
　(6)　被告人が自分は過呼吸であるというような話をすると，男性客は袋を手渡し，フロントに，女の子が過呼吸ではあはあいっている旨連絡して，そのまま10号室を出た。
　(7)　その直後，「Ｌ」従業員のＡが室内に入って来て，大丈夫かと声をかけられたので，注射をされたという話をした。その直後に誰かに背負われて病院に連れて行かれたような気がする。
　2　被告人は，男性客に注射をされたという点については，捜査段階からほぼ一貫して供述しており（なお，供述の細部に若干のそごがある点については後述する。），その内容中，男性客が「Ｌ」10号室に入退室した際の状況，フロントへのコール内容及び被告人が同室で苦しんでいるところを発見され，原判示Ｍ病院に搬入された際の状況等については，「Ｌ」の従業員であるＡの原審証言とほぼ合致している。そして，被告人が男性客に注射をされた状況及び注射されたものが覚せい剤であった点については，被告人が，男性客の接客中に室外へ出た際の様子に特段通常と変わった点が見当たらなかったにもかかわらず，原判示Ｍ病院に搬入された際，被告人の両腕には，後述するとおり，真新しい注射痕が認められ，急性覚せい剤中毒の症状を呈していたこと

や,「L」10号室から,被告人の供述と一致する黒色のバンド（原審平成13年押第1590号の1）が発見される一方,注射器,覚せい剤等は発見されていないことなどの客観的事実に沿うものであるといえる。

3　そして,被告人の原審公判供述をみると,男との接客状況,殊に男の様子や会話等について自然で極めてあり得ることを話しており,さらに,男が車を移動して戻ってから,急にテンションが高まり,様子が変わって,嫌に思った心の動きを素直に述べ,そして,眠ってしまい,痛みを感じて飛び起きてからの状況については,苦しみもだえて男を突き飛ばしたこと,吐き気がしたこと,気持ちよくなるから大丈夫だからだよという男の態度を感じたこと,男がショータイムだと言って,ジャンピングしたこと,早くコールを呼んでというのに,男はにやにやしており,「こいつはばかなんだ。ばかな客について運が悪かった」と思ったこと,名前を聞かれたこと,男が猫背になって何かしていると思ったら,テーブルの上に赤い物が見え,コンタクトレンズの左側が外れたこと,そして,男に左手を引っ張られて,黒いものと白いものが巻かれ,注射器が刺されて,一瞬のうちに暗くなり,目が飛び出しそうになる感覚でもう死ぬんだと思ったことなどを述べている。これらの供述を予断を持たずにみれば,苦しみもだえる中での極めて自然な心理の流れを語っており,自ら注射したり,他人から無理なく覚せい剤を注射された者がここまで迫真性のある虚偽の状況を作出して供述するのは難しいというべきである。そして,Aに注射されたと言った場面も,Aが「〇〇ちゃん〈注：被告人のLでの名前〉,大丈夫か」と言ったのに対して,「左手を見せて,された。」と言ったら,Aのほうから,「注射か何かされたんじゃないか。」という話になったので,されたということを,一生懸命,彼に伝えようとしたというのであって,これまた目に浮かぶような状況であり,納得できる。この点について,Aも本件事件当日に取られた警察官調書によれば,「お客に覚せい剤でも注射されたのか」と聞いてみたところ,「一緒にいた客に注射でもされたみたい。」と言っていたというのである。この供述がその後の検察官調書では否定に転じ,更に,原審公判では,検察官の主尋問に対しては,「答えるも何も,もがき苦しんでいますから,そんな話を自分で明確にしゃべるようなことは,恐らくできなかったんではないかと思いますが。」と問いに直接答えず,その理由を述べて,答えをはぐらかし,弁護人の質問には,「それは,言ってました。何かされたかもしれないというようなのは,ちらっと言ったような気もあるんですね。」とあいまいにしつつ,嘘はいえないという言葉振りの証言をしている。事件当日の前記供述は,記憶が真新しい時点でのもので,しかも,この部分以外は,後に収集された客観的証拠とも符合し,信用性に疑問の余地がなく,その時点では,被告人をかばう心組みもできているとは思えないし,被告人から頼まれる機

会もなかったのであるから，十分信用できるというべきである。その後のAの供述の変化には，疑わしいものがある。そうすると，Aに男から注射されたことを一生懸命伝えようとしたという被告人の供述には否定できない真実性があると思われる。

　もっとも，注射されたのは事実であったとしても，それは被告人が無理矢理されたのではなく，同意があったのだという反論もあろう。しかし，ここで，問題なのは，被告人も同意していたのだろうということではなく，間違いなく同意していたといえなければならないのである。この局面で，特段の事情がなければ同意があったものと強く推認すべきであるという経験則はない。そうでなければ，疑わしきを罰することになってしまう。そして，前後の状況や被告人の前記供述等に照らせば，同意の下に注射されたと断ずる根拠はない。原判決が被告人の供述が信用できないとして指摘する点は，後述のように，反対の見方が十分できるものばかりであって，有罪とする根拠としてはいずれも薄弱である。以下，所論に即して検討を進める。

　(1)　原判決は，被告人が「本件客室において眠っていたところ，右肘内側に刺されたような痛みを感じて目が覚めた」際の状況として供述するところは，静脈注射に必要な一連の動作に照らすと，被告人が痛みを感じて飛び起きたのに，痛みの部分に注射針が刺さっているのを見たようなことがないのはもとより，男は裸で被告人のすぐ近くの足元にいたのに，注射器等の存在にも気付いていないというのは，不自然・不合理である旨説示している。

　しかしながら，所論が指摘するように，被告人の弁解によれば，被告人は，当時寝入っていたところを突然の右手の痛みで起きたというのであり，そうであれば，被告人にとってはまったく予期できない侵襲であると考えられるし，その際に覚せい剤の注射が行われたとすれば，被告人の健康状態にも照らすと，注射針を刺入した直後には一気に覚醒せず，また，覚醒直後で被告人の認識や知覚等の能力が低下していた可能性も否定できないことからすると，被告人が，右腕に注射針が刺さった際の状態や注射器の存在を明確に認識できなかったとしても特に不自然・不合理であるということはできない。原判決は，この点に関する被告人の供述の表現が変わっていることや供述自体の曖昧さをも指摘しているが，前記のような経緯を考慮すると，記憶に多少の不正確さや混乱があるのは当然であり，若干の表現の相違やあいまいさはやむを得ないものであって，この点が被告人の弁解の信用性に疑いを容れるものとも考えられない。

　なお，被告人が接客中に寝入ったという点については，接客の時刻が早朝であり，延長を含めて合計140分という長時間の接客中既に相当時間が経過していた時点であったこと，本件当日，被告人は風邪を引いていて風邪薬を飲んだと述べており，実際，本件後に運び込まれたM病院での検査の際に肺炎であると判明し

たことに加えて，前記Aの原審証言によれば，ソープ嬢が接客中に眠るということもままあるということからすると，格別不自然ではないものと考えられる。

(2) 原判決は，本件直後に原判示M病院に入院した際に被告人の腕に認められた真新しい注射痕は，いずれも静脈の上に乗っており，内出血等を伴わない，きれいなものであったことが認められるところ，この事実は，静脈注射の際に，注射される被告人の腕が動かなかったこと，ひいては注射が被告人の意思に反しないものであったことを強く推定させるものであり，この事実は，右腕への注射について，痛みを感じてびっくりして飛び起きたという被告人の供述に疑問を抱かせるものであるばかりか，その後の左腕の注射についても，被告人が目を覚ましていることになるにもかかわらず，腕を動かして抵抗する等のことがなかったことを推定させる旨判示している。

原判示M病院の国民健康保険被保険者診療録（当審職1），外来診療録（当審職3）及び同病院の看護婦であるBの原審及び当審証言によれば，M病院に入院した直後，被告人の右腕正中に1個，左腕正中に2個の真新しい注射痕が認められ，これらはいずれも内出血等を伴うようなものではなく，漏れた形跡もなかったことが認められるところ，これらの事実によれば，原判決が説示するように，被告人がこれらの注射痕を伴う注射の際に腕を動かさずにいたことが推測されるといえる。

しかし，所論が指摘するように，被告人の弁解によれば，右腕への注射は被告人が寝入っている間にされたものであるというのであるところ，M病院の医師Cの当審証言によれば，睡眠中の者に静脈注射をする場合，普通であれば針を刺した際にびっくりして騒ぐと思われるが，熟睡又は昏睡している者に対して静脈注射をすることは可能であるというのであるから，右腕の注射を受けた際に被告人が熟睡していたとすれば，被告人の弁解と右腕の注射痕の形状は矛盾しないといえる。原判決は，被告人が右腕に痛みを感じて飛び起きた旨の弁解と照らしても疑問があるというが，被告人が熟睡していたとすれば，注射針を刺されて注射液を注入されている間に，その刺激で徐々に覚醒し，刺入直後の痛みの記憶がないということも考えられるから，一概に疑問視することはできない。

同様に，被告人の弁解によれば，左腕への注射は右腕への注射の後にされたものであり，その時点では身体全体に力が入らず，腕も思うように動かなかったというのであるところ，この被告人の弁解と左腕の注射痕の形状も矛盾しないといえる。

原判決は，被告人の前記弁解は，M病院での被告人の状況が身の置き所もなく暴れており，興奮状態にあったことや，覚せい剤の一般的な薬理作用及び覚せい剤中毒の一般的な症状に照らしても措信できない，というが，前記Aの原審証言によれば，Aが発見した当時の被告人の状態は，「L」10号室の接客用のベッドにうつぶせに横たわって苦しがり，ほと

んど言葉にもならないような状態であったというものであったことからしても，被告人が注射をされた直後からM病院で見せたような興奮状態にあったものと即断することはできないし，覚せい剤の急性薬理作用には虚脱，筋力低下，呼吸困難等も含まれていることからすると，被告人の弁解中に表れている症状は，むしろ覚せい剤の薬理作用や覚せい剤中毒の症状と合致しているものといえる。人にはじめて覚せい剤を打たれた際に被告人のような症状を呈した事例は他にも見受けられるところである。また，原判決は，左腕に注射をされた時点の前後における被告人の捜査段階及び原審公判における供述経過を対比検討して，被告人の弁解は信用性に乏しい旨判示しているが，所論がいうように，被告人が右腕に覚せい剤を注射されたことを前提とすれば，その後に生じた症状の詳細や前後関係について知覚や記憶が多少混乱していたとしても不思議ではなく，被告人が「抵抗した」という供述についても，きれいな注射痕が左腕に残っているということは被告人が抵抗していない，ひいては自らの意思で注射を受けたという証左ではないかと追及する捜査官及び原審検察官の質問に対して，「抵抗しようとして自分では精一杯腕を動かしていたつもりである，それが意のままにならず，客観的には十分な動きができなかったとしても，決して自らの意思で注射を受けたわけではない。」という返答をした趣旨であるとすれば十分理解できるのであって，被告人の表現が委曲を尽くしきれず，表面的には一貫していないように見える点はあるとしても，変遷や矛盾があるということはできない。

そうすると，この点に関する原判決の認定説示も，必ずしも首肯し難いものといわなければならない。

(3) 原判決は，被告人の供述にかかる男性客の行動は，全体としていかにも不自然な感を免れ難いとして，①そもそも被告人の意思に反して覚せい剤を注射しても，そのことが男性客に何らかの利益をもたらすとは考え難く，かえって被告人に騒がれて「L」の者や警察官が駆け付け，自身が処罰等の不利益を受ける羽目に陥りそうなものであって，敢えてそのようなことをする合理的理由は見当たらず，むしろ被告人と男性客との間で覚せい剤の話が出て，被告人から注射を依頼されたなど，被告人の意思に沿うものであったという方が明らかに自然である，②被告人の供述によれば，男性客はあたかも当初は被告人を気持ち良くさせるために右腕への注射をしたのに，予想に反して被告人が苦しがり続けると，今度は被告人に対する強い害意を抱いたようなことになり，また，気を失っている被告人をわざわざ正気付かせた上で，改めて注射道具等を取出して左腕への注射をしたようなことになるのであって，いかにも不自然である，③さらにその後，被告人が目だけは開いているが手足は動かず息もできない（瀕死の）状態から息を吹き返すと，男性客は驚いた様子を示したが，それから被告人が自分は過呼吸だと言って助けを求めると，今度は被告人に

対して過呼吸の処置のための袋を手渡すと共に,「彼女が過呼吸で調子が悪いようだが,私も時間がないので帰ります。」などとフロントに内線で連絡していたというのであって,ここで今度は被告人を助けると共に,自己の犯行を早期に発覚させるような行動を取ったことになり,全体として支離滅裂な話である旨判示する。

しかし,所論が指摘するように,被告人の供述に表れた男性客の行動は,合理的な解釈が可能であり,必ずしも不自然であるとか支離滅裂であるなどと評価できるものではない。

すなわち,被告人がソープランドで接客中に寝入ってしまったという事態を前提とすれば,男性客が覚せい剤の常用者であった場合,被告人に覚せい剤を注射して覚醒させると共に,性的な快感を増進させて,自分の思うような性的サービスを受けようと思い付くことは十分考えられることであるし,当初は被告人の承諾がなかったとしても,一旦覚せい剤を注射して快感を味わわせさえすれば,事後的な承諾も得られ,被告人に騒がれるなどすることはないだろうと考えることもあり得ると思われる。その上で,被告人が眠っている間に右腕に覚せい剤を注射し,当初は被告人が多少苦しんでも,間もなく快感が得られるであろうと考えて様子を見ていたものの,予期に反して被告人が苦しみ続けていたことから,まず外部に知れることへの危惧感を抱き,騒ぐ被告人の口を押さえたが,被告人が気を失ったことでいっそう不安を抱き,被告人の意識の程度を確認するため,頬を叩いて自分の名を言わせたとも考えられる。その上で,男性客が,予期に反した状況を打開するために,いわゆる「追い打ち」をしようと考えたとすれば,左腕への注射についても説明がつくものであるし,その後も被告人の状況がいっこうに好転せず,延長した時間も迫って来た段階に至れば,男性客が被告人への覚せい剤注射の事実の発覚を恐れて,店の従業員等にとがめ立てされる前にできるだけ平穏な態様で店を出ようと考え,そのための手段を取ろうと考えるのも当然であるといえる。

このようにみると,男性客の挙動に関する被告人の弁解は,原判決がいうような支離滅裂なものとはいえないばかりか,それなりに合理的な解釈が可能な,筋目立ったものであるといえるところ,この弁解の内容が具体的,詳細かつ通常では考えにくいほど異常な事態を含むものであることを考え併せると,むしろ被告人の弁解の信用性を裏付ける事情であるということができる。

(4) 原判決は,仮に被告人が真に原審公判で供述したような体験をしたのであれば,Aの前述した問いかけに対しては端的に男にされた注射によってこのようになった旨訴えて,男を捕まえるよう求めたり,警察への通報を求めたりしそうなものであるにもかかわらず,被告人の返答はたった今被害に遭った者のする返答とは考えにくい旨判示している。

しかし,所論が指摘するように,被告人が供述するような状態で男性客に注射

をされ，苦しんでいるところをAに発見されたことを前提とすれば，訴えが多少混乱した表現であったり，語尾があいまいであったとしても，全体としては男性客の行為によって異常な状態になったことを訴えたという趣旨と解することができるものであるし，被告人が男性客の捕捉や警察への通報を求めることまではしなかったとしても，特段異とするに足りない。

むしろ，前述したように，被告人が当初からAに対して男性客に注射をされた趣旨の話をしていたとみるべきであるところ，被告人がM病院において薬物中毒の話を耳にして，男性客に注射された旨初めて訴えた可能性を示唆するかのような原判決の説示は，M病院における前記のような被告人の状態に照らしても，首肯し難い。

4 そうすると，原判決が，被告人の弁解の信用性を疑うべき点として説示している諸点は，いずれも首肯し難いものであり，前記のように，被告人の弁解を裏付ける諸事情があることと併せ考えると，被告人の弁解はにわかに排斥できないものといわざるを得ない。

なお，原判決は，被告人の急性覚せい剤中毒様の症状の原因として，「L」10号室内での注射による疑いは強いものの，フラッシュバック又は被告人が当日勤務を始める前に覚せい剤を摂取した可能性も否定できない旨指摘しているが，被告人には覚せい剤事犯にかかるものを含めて，前科前歴がなく，本件記録上，本件以前に覚せい剤を使用した形跡が一切認められないこと，及び，男性客が被告人の状態にもかかわらず，被告人の症状を過呼吸であるなどと言ってそのまま「L」から出て行ったこと，及び，前記のとおり，「L」10号室から被告人の供述に沿う黒色バンドが発見されたことなどに照らしても，考え難いものといわなければならない。

5 そうすると，本件において被告人の尿中から覚せい剤が検出されたのは，被告人の弁解どおり，被告人がその意に反して男性客に覚せい剤の注射をされたためである疑いが濃厚であるといわざるを得ず，被告人が覚せい剤を自己の身体に摂取したのは，その意に反した他人の強制によるものであると合理的な疑いを差し挟む余地があるといわなければならず，本件公訴事実については，被告人は無罪であると認められるから，原判決には事実の誤認があるものといわなければならない。

論旨は理由がある。

第3 破棄自判

よって，その余の所論について検討するまでもなく，刑訴法397条1項，382条により，原判決を破棄し，同法400条ただし書により，当審において被告事件について更に判決する。

本件公訴事実は，前記第1において判示したとおりであるところ，前記第2において詳細に検討したとおり，被告人が本件公訴事実について，覚せい剤を自己の身体に摂取したのは，その意に反した他人の強制によるものであるとの合理的な疑いを差し挟む余地があるといわざる

を得ず,結局,本件公訴事実については犯罪の証明がないことに帰するから,刑訴法336条により無罪の言渡しをする。
　よって,主文のとおり判決する。

平成14年7月15日
東京高等裁判所第9刑事部
　裁判長裁判官　原田國男
　裁判官　大島隆明
　裁判官　田邊三保子

4　巨乳被告人事件

　この事件は，被告人が巨乳のタレントであり，そのために彼女がドアの壊れた穴の部分から通り抜けてきたという重要証人の証言が信用できるかが問題となったものである。一種笑える要素があったため，マスコミでも取り上げられた。無罪後，被告人がたびたびマスコミに登場し，私の判断を讃えたこともあって，私も高校の同窓会等でずいぶんとからかわれたものである。巨乳判事というありがたくないネーミングまで頂戴した。私が巨乳であるわけはないから，これも笑える話である。
　しかし，この事件は笑えない問題点をいくつも含んでいる。公訴事実は，被告人がマンション玄関出入口ドアを数回足蹴りして破損させたというものである。原審では，ドアの損害額は2万4575円と認定されている。

蹴破られたドアの穴をくぐり抜けられるか？
　被告人は，当時付き合っていた外国人男性Aのマンションにかなり酔っぱらって入り込み，寝入ってしまった。しばらくして目を覚ますと，その前に部屋に来ていた女性Bがいることに気づき，髪をつかみ合う喧嘩となった。そこからであるが，Aの供述によれば，女性が2人いて，Aはどうしたらよいかわからなくなった。とりあえず，Aは1人でコンビニへ買い物に行って帰ってきたところ，被告人とBが部屋の前の通路に出てきて喧嘩を続けていた。
　そこでAは両者を引き離し，被告人をドアの外に出したが，被告人は，ドアを押したり引いたり叩いたりして開けようとしたので，両手でドアのノブを押さえていた。すると，被告人がドアを蹴り始めた。5，6回蹴ると，ドアの下部にあるブラインド部分が壊れ，被告人が頭を通してなかの通路に入ってきたというのである。
　この「ブラインド部分」というのは，縦2m，横70cmの木製ドアの中央部にある通気用の切込みである。縦161.5cm，横24.4cmのもので，30枚ほどの小板が

ブラインド状にはめ込まれていた。問題は，被告人がこの壊れて穴が空いたブラインド部分を頭から通り抜けることがはたしてできるかという点である。

捜査官もこの点は当然気にしており，ジャンパーを着た男性警察官がくぐり抜ける様子を写真撮影した実験報告書を提出していた。被告人の胸囲は101cmで，胸板（背中から乳首までの距離）は29cmである。警察官のそれは約21cmであった。ブラインド部分の横幅は，上記のように，24.4cmであった。

ドアの模型を作ってくぐり抜け実験実施

原審では，弁護人から，ブラインド部分と同じ大きさの穴を開けたドア模型を被告人がくぐり抜けることができるかどうかを実験した弁護人作成の写真撮影報告書が請求されたが，検察官が不同意意見を述べ，却下されている。さらに，弁護人から同じ趣旨の検証請求があったが，検察官が不必要意見を述べ，却下されている。

控訴審でも，弁護人がドア模型を提出して検証を請求したので，非公開で実施した。そうしたところ，被告人がその言い分どおりダウンジャケットを着ていたとしたら，くぐり抜けることはまずできない。ダウンジャケットを着ていなかったとしたら，仮にくぐり抜けることができたとしても，相応の時間がかかり，しかも着ている服に相当な傷がつくはずであることがわかった。しかし，ダウンジャケットにもシャツにも傷は見当たらなかった。しかも，被告人がダウンジャケットを着ていた可能性は高かった。

検察官は，原審では，ブラインド部分から採取された繊維と被告人のシャツの繊維が同一であるという科捜研研究員作成の鑑定書を請求していた。しかし，弁護人の不同意で撤回したままで，作成者の証人尋問を求めなかった。控訴審でも鑑定書の証拠化を求めなかった。この証拠は，決定的な証拠の一つとなりうるものであるから，通常ならば当然証拠化を求めるはずである。裁判所は，この鑑定書の内容を見ていないからわからないが，証拠として不十分なものであったのではないかと推測される。

控訴審での検証でも，ことの性質上，被告人の体が穴に詰まれば，それ以上に強制することはできないが，上記のようにくぐりに抜けが困難であるという心証はとれる。原審で，どうしてこれを行わなかったのかは，疑問である。控

訴審で行ったように非公開で容易に実施できることである。

小さな疑問の積み重なり

　本件では，この点だけではなく，疑わしい点がいくつかある。たとえば，被告人が足で蹴破ったというのに，被告人の素足には打撲痕がなかった。ブラインド部分は，木製とはいえ，女性の素足で蹴って簡単に壊れるような作りではなかった。

　ところで，マンションの家主の娘さんＣが本件を目撃しており，被告人がブラインド部分を足で蹴破って，穴からすんなりなかに入ってきたと原審で証言している。この人は，被告人とは関係のない第三者であり，その証言は，本来であれば信用できるものといえよう。しかし，Ｃは，被告人がくぐり抜けるという印象的な出来事を，警察官調書でも検察官調書でも述べていない。捜査官が聞きそこなったのかもしれないが，検察官取調べより前に，警官による上記のくぐり抜け実験は行われている。その点の確認すらしていないというのは疑問であろう。

　控訴審での再尋問では，頭が出てくるところは見たが，その後のことは思い出せないという。上記の控訴審での検証からしても，とてもすんなりと抜け出るとは思えないし，肝心の場面が控訴審では思い出せないというのも理解しにくい。Ｃは，本当は，抜け出たという場面は見ていないのではという疑いも生じる。

　さらに，細かい点であるが，ほかにも疑問がでてくる。Ｃは，Ａが両手を広げて本件ドアを押さえていたともいうが，本件ドアは外に開くのであるから，Ａが両手で押さえても意味がないのである。こうしてみると，抜け出たという事実は，ＡとＣの供述からも認めることができない，ということになる。

客観的証拠を検討する必要性

　もっとも，被告人が足蹴りしてドアを蹴破ったという点は，ＡもＣも述べている。たしかに，Ａが自分の住むマンションのドアを壊すはずはないともいえよう。しかし，被告人は，ドアを壊したのはＡであり，自分ははめられたと主張している。

上記のような種々の問題点がある以上，蹴破ったという部分だけを信用することはできないし，少なくとも被告人の弁解は否定できていないというほかない。この事件も供述に頼らない客観的証拠の検討の必要性を痛感させるものである。

　なお，この事件の弁護人も先の「2　携帯電話決め手・第1事件」（平成18年10月25日・判決文56頁参照）と同じ人である。若いのに二つも逆転無罪を勝ち取ったのは，たいしたものだ。よい刑事弁護人として成長することを期待したい。

4 巨乳被告人事件

平成20年3月3日宣告
平成19年（う）第2136号

　　　　　主　文
原判決を破棄する。
被告人は無罪。
　　　　　理　由
　本件控訴の趣意は、弁護人今村憲作成の控訴趣意書及び控訴趣意補充書各記載のとおりであるから、これらを引用する。論旨は、被告人は本件犯行の犯人ではないのに、犯人とした原判決の認定には誤りがあるというものである。
　第1　本件公訴事実及び前提となる事実
　　1　本件公訴事実
　被告人は、平成18年11月18日午前7時10分ころ、Ｐ県〈町名地番等略〉Ｌマンション玄関出入口において、同所に設置されたＶ所有の玄関出入口ドアを数回足げりして破損させ（損害額合計8万2162円）、もって他人の物を損壊したものである。
　　2　前提となる事実
　(1)　被告人は、平成18年11月当時、Ａと交際していた。Ａは、公訴事実記載のＬマンション102号室に住んでいた。同マンションの1階は、南北が長い長方形の形をしており、南側の半分程度が大家のＶが住む101号室となっており、北側にワンルームタイプの102号室と103号室があった。同マンションの西側には幅が1ｍ弱の通路があり（以下、「本件通路」という。）、101号室の裏口ドア、102号室と103号室の各玄関ドアが本件通路に面していた。本件通路の出入口には縦2ｍ、横70cmの木製ドア（以下、「本件ドア」という。）が設置されており、本件ドアの中央には、縦161.5cm、横24.4cm（原審での証拠では、正確に測定されておらず、横22cmとされていた。）の通気用の切込みがあり、その部分には、縦数cm、横約20cmの板が30枚ほどブラインド状にはめ込まれていた（以下、「本件ブラインド部分」という。）。
　(2)　平成18年11月18日（以下、「本件当日」という。）早朝、Ａの部屋にはＢという女性がいた。ＡとＢの関係は証拠上不明であり、被告人とＢは面識がなかった。
　(3)　被告人は、本件当日午前6時台に（以下、本件当日のことについては時刻のみで表記する。）、Ａの部屋に入った。
　(4)　Ａは、午前7時ころ、被告人とＢを残して外出し、午前7時10分ころ、コンビニで、アメリカンドッグなどを買い、数分で、同マンションに戻った。
　(5)　Ａが部屋を出た後、被告人とＢはつかみ合いの喧嘩になり、両者とも負傷した。そして、被告人はＢを押し付けた上で、午前7時10分から11分までの間に、携帯電話機のカメラで同人の顔の画像を5枚撮影した。さらに、被告人は、午前7時12分、本件通路を102号室のドア方

向に逃げて行くBの後ろ姿を撮影した。

(6) 午前7時20分ころ，Vないしその娘Cが「Lマンションで男女が殴り合いをしている。」旨の110番通報をした。

(7) 午前7時30分ころに現場に到着した警察官は，本件ブラインド部分の下半分が72cmにわたって壊され，ブラインド部分が全て抜け落ち，穴が開いていること（以下，「本件損壊部」という。）を確認した。そして，警察官は，Aの「被告人に本件ドアを壊された。Bが被告人から暴行を受けた。」旨の供述，Bの「被告人に髪を引っ張られ殴られ，首も怪我させられた。」旨の供述，Cの「被告人が本件ドアを足蹴りにして壊したのを見た。」旨の供述を基に，午前7時35分，被告人をBに対する傷害及び本件ドアに対する器物損壊の被疑事実で現行犯人逮捕した。逮捕当時の被告人は，ダウンジャケットを着ていて，両足とも素足であった。また，被告人は，逮捕当時，警察官に対し，「壊したのはAです。」「私はやっていない，はめられた。」と述べていた。

第2　原判決の判断

1　原判決の認定した事実

原判決は，AとCの目撃供述及び被告人の捜査段階の自白に信用性を認めて，本件ドアの損害額を2万4575円としたこと以外は，公訴事実のとおりの事実を認定した。なお，犯行時刻の「午前7時10分ころ」というのは，携帯電話機による画像撮影の時刻と110番通報の時刻からみて，午前7時12分ころから午前7時20分ころまでの間をいうものと解される。

2　原審で取り調べられた証拠の概要

(1)　Aの原審供述

Bは単なる知人であったが，同人の荷物を預かっていたところ，同人が勝手に訪ねてきて，部屋の中で寝てしまった。被告人が午前6時くらいに部屋に入ってきて，上に乗って甘えてきたが，酔っておりそのまま寝てしまった。どうすればいいのか分からなかったので，とりあえず外に出てコンビニに行った。帰ってくると，102号室の前で，Bが被告人にまたがり，両者で髪をつかみ合っていた。被告人を落ち着かせようと思い，抱きかかえて本件ドアの外まで連れ出したが，被告人は本件ドアを押したり引いたり，叩いたりして開けようとしていたので，両手でドアのノブを押さえていた。その後，被告人が本件ドアを蹴り始め，5～6回蹴ると本件ブラインド部分が壊れた。そして，被告人は，本件損壊部に頭を通して中に入ろうとしたので，押さえようとしたが，どんどん進んで本件通路に入った。

(2)　Cの原審供述

本件当日，101号室で寝ていると被告人とBの騒ぎ声が聞こえ，だんだんエスカレートしてきたので，様子を見ようと裏口のドアを半分くらい開けると，Aがコンビニのビニール袋を下げて帰ってきたのが見えた。そして，裏口ドアの前付近で被告人とAはもみ合いになり，Aが被告人を本件ドアの外に出し，万歳をするような格好で本件ドアを押さえていた。すると，被告人が本件ドアを蹴り始め，何回か蹴っている間に本件ブラインド部

分が弱ってきて，最後の蹴りで穴が開いた。その後，被告人は，本件損壊部に頭を通して，すんなり中に入ってきた。

(3) 被告人の検察官調書における自白
本件ドアを蹴ったのは私だと思う。しかし，どういう流れで私が本件ドアを蹴って壊したのかについて，思い出すことはできない。私より酔っていなかったAなどが私が壊したと話をしているのであれば，そちらの方が正しいのではないかと思うようになったので，本件ドアを蹴って壊したのは私だと認める。この件は厳しい罰に値すると検事から言われて，そのことが分かったので話すことにした。検事に迎合しているわけではない。私が反省していることを分かってほしい。

(4) 供述証拠の信用性の判断に影響しうる客観的証拠

原審で取り調べられた客観的証拠としては，平成18年12月2日に本件現場で行われた実験において，ジャンパーを着た男性警察官が本件損壊部をくぐり抜けた様子を写真撮影した結果をまとめた同日付実験結果報告書がある。なお，原審では，科捜研研究員作成の鑑定書（同年11月25日に本件損壊部から採取された繊維と被告人が本件当日着ていたシャツの繊維が同一であることを示すものと思われる。）が検察官により請求されたが，弁護人が不同意意見を述べて，検察官が撤回している。また，本件損壊部と同じ大きさの穴を開けたドア模型を被告人がくぐり抜けることができるかどうかを実験した様子を撮影した弁護人作成の写真撮影報告書が請求されたが，検察官が不同意意見を

述べ，原審はこれを却下している。さらに，上記ドア模型を被告人がくぐり抜けることができるかどうかの検証が弁護人により請求されたが，検察官が不必要意見を述べ，原審はこれを却下している。

(5) 被告人の弁解（警察官調書における供述及び原審供述）

午前6時50分ころ，約束していた目覚まし時計を届けるためにAの部屋に入ると，同人が「ねんねして」と言うので，ダウンジャケットを脱ぎ寝たところ，同人は外に出てしまった。すると，後ろからBが覆い被さってきて，髪をつかまれたり，シャツを脱がされたりした。被告人はBを振りきって何とか部屋の外に出ると，Aがアメリカンドッグを食べながら帰ってきた。同人に助けを求めようとしたが，声がかすれて出なかったところ，同人は顔をゆがめて笑ったような表情をした後，外に出て，本件ブラインド部分を蹴って壊した。そして，同人は，101号室のドアを叩いてVを呼んだ。そのとき，Bがダウンジャケットとかばんを外に投げたので，ダウンジャケットを着て，かばんの中から携帯電話機を取り出し，Bの顔を押さえ付けて3〜4枚画像を撮影した。AはVとCに被告人が本件ドアを壊した様子を説明していた。再びBが近づいてきたが，被告人が携帯電話機のカメラを向けると，背を向けてBが逃げて行ったので，その姿を撮影した。AはVに警察に電話するよう頼んでいた。

3 原判決の理由付け

(1) A供述は，その内容が具体的かつ自然であり，供述態度も真摯であること，

C供述の裏付けがあること，Aは被告人と別れたくないと述べており，被告人を陥れようとする理由がないことからすれば信用できる。弁護人は，被告人が素足で本件ブラインド部分を蹴り破ることができるか疑問であるというが，本件ブラインド部分は頑丈な材質のものとまでは解されないこと，被告人は激情していたことから，被告人が蹴り破ることは可能である。また，弁護人は，ダウンジャケットを着た被告人が本件損壊部をくぐり抜けるのは不可能であるというが，ジャンパーを着た男性警察官が本件損壊部をくぐり抜けられたこと，ダウンジャケットの大きさや材質などが不明であること，被告人の精神状況を考えれば，くぐり抜けることは可能である。

(2) C供述は，その内容が具体的かつ自然であり，Aの供述と主要な部分で合致していること，Cに被告人を陥れるような理由はないことから信用できる。Cは，警察官調書において，本件通路に出た動機について公判供述と別の供述をしているが，同人は警察では緊張していたからと了解可能な理由を述べており，上記のような変遷があるからといって同人の供述の信用性が減殺されるわけではない。また，Aが本件ドアを押さえている状況について，A供述とC供述とに食い違いがあるが，これは両者が自己の記憶に従って真摯に供述していることの証左である。

(3) 被告人は，検察官に対して自白しているが，否認から事実を認めるに至った経緯について詳細に録取されている上，被告人の弁解とも読みとれる内容も録取されていることからすれば，被告人の自白は信用できる。これに対して，被告人の弁解は，Aが自分の住居のドアを壊すはずがないことから信用できない。

第3 控訴趣意に対する判断
1 原判決の問題点
(1) C供述について
Cは，本件当日録取された警察官調書において，本件ドアを蹴っているような音で木が割れるような大きな音がしたので本件通路に出てみるとAが本件ドアを押さえていたと供述している。また，Vは，本件当日作成された被害届において，ドアを壊しているような木が割れる音がしたので，Cに外の様子を見てもらったと供述している。CとVが揃って本件当日に木が割れる音がしてCが本件通路に出たと供述している以上，本件当日のC供述を信用すべきといえる。このことと，A自身，101号室の裏口ドアの前で被告人ともみ合ったと述べていないことを併せ考えると，被告人とBの声が聞こえたから本件通路に出た，被告人とAが裏口ドアの前でもみ合っていたというCの原審供述に対しては，同人が体験していないことを供述しているのではないかという疑問を指摘することができる。

また，同人は，Aが本件ドアを両手を広げて押さえていたと供述するが，原判決が認めるとおり，Aの供述と食い違うし，本件ドアは外に開くのであるから，Aが両手で押さえても意味がないのであって，この供述部分は信用できない。

C供述とA供述に上記のような食い違

いがあることからすれば，両供述は必ずしもお互いを裏付け合う関係にあるということはできない。

さらに，同人は，検察官調書及び警察官調書において被告人が本件損壊部をくぐり抜けた場面について全く言及していないが，同人自身，原審公判廷において，くぐり抜けの事実を見て驚いたと述べているような印象的な出来事であったのであるから，検察官に対して全く言及しなかったというのは不自然といえる。平成18年12月4日に行われた検察官による取調べにおいては，その2日前に本件現場で実験が行われており，捜査機関としてもくぐり抜けの事実の有無に相当の関心を持っていたのであるから，検察官調書において確認が全くされていないというのは，検察官の落ち度といえる。

この点に関し，原判決は，被告人が本件損壊部をくぐり抜けられることの裏付けとして，男性警察官が本件損壊部をくぐり抜けられたことを挙げるが，そもそも男性であっても被告人より胸板が厚いとは限らないし，原審被告人質問で被告人は体の横の厚さが28cmあると述べていたのであるから，幅が22cmの本件損壊部をくぐり抜けられるのかどうかは，原審の証拠からだけでも疑わしかったというべきである。

これだけの疑問点を指摘できるC供述は具体的かつ自然な内容とはいえない。確かに，同人に敢えて被告人を陥れる具体的な動機は見当たらないが，そのような事情も供述の信用性を基礎付ける一つの理由でしかないのであって，上記で挙げた疑問点を全て解消するほどのものとはいい難い。

(2) A供述について

Aは，被告人とBの2人を部屋に残して外出しているが，このようなことをすれば，ただでさえ気性の激しい被告人とBとの間にトラブルが発生するのは目に見えていたのであり，Aには，わざと被告人をトラブルに巻き込もうとする意図があったとみるほかない。そうすると，同人が被告人を陥れるような供述をしないとはいえない。

また，原判決が弁護人の主張を排斥する理由はいずれも是認できない。まず，被告人が本件損壊部をくぐり抜けられるかどうかについて疑問があることは前述のとおりである。次に，本件ブラインド部分の材質は頑丈なものではないと原判決はいうが，本件ブラインド部分は，ブラインドの板の両側が凹凸型に木の枠にはめ込まれ，更にその木の枠が本件ドアの中にはめ込まれているものであるし，損壊状態をみてもその木の枠が粉々に壊れており固く接着されたものが無理矢理壊されたと認められるのであって，女性が素足で蹴って簡単に壊れるような作りになっているとは認められない。ブラインド状になっていれば，一枚の板よりは壊れやすいといえるが，そこから直ちに頑丈なものではないとはいえないはずである。なお，これに関連して，本件当日の6日後に撮影されたものであるが，被告人の両足の裏に打撲痕がみられないことも軽視できないであろう。

(3) 自白について

　被告人の自白は、結論だけ認めるものであって、内容が漠然としており、本件公訴事実の認定に資するほどの信用性を備えたものとはおよそいえない。

(4) 被告人の弁解について

　被告人の弁解は、上記自白を除けば、捜査段階から公判段階まで一貫しているし、Ａがコンビニでアメリカンドッグを買った事実、被告人がＢの後ろ姿を撮影した事実、被告人が逮捕当時ダウンジャケットを着ていた事実という客観的事実に符合するもので、容易に排斥することはできない。なおこれらの事実とＡ、Ｃ両者の供述との符合についてみると、両者の供述では、Ａが本件当日にアメリカンドッグを買ったことを被告人がいつ知ったのか説明が付きにくい。被告人がＡともみ合った際などにコンビニの袋の中を偶然見たということも考えられないではないが、アメリカンドッグをほおばるＡに助けを求めようとしたが、声がかすれて出なかったという供述は、相応の迫真性を持つものであって、あながち苦し紛れに作った話とみることはできない。また、被告人がＢの後ろ姿を撮影した事実からは、被告人とＢの喧嘩はその時点で終わっていたとみるべきであり、両者の供述から説明が付きにくい。さらに、両者の供述では、被告人がいつダウンジャケットを着たのかという説明も付きにくい。

　原判決の指摘するとおり、Ａが自分の住居のドアを壊すのは、普通に考えれば不自然ではあるが、前述したようなＡの本件当日の不審な行動に照らすと、同人が自分の住居のドアを壊すという非常識な行動には出ないと当然にいうことはできないのであって、被告人の弁解を排斥する理由として不十分である。

2　当審における審理

　当審における書証の取調べにより、本件損壊部の正確な横幅は24.4cmであること、被告人の胸囲が101cmで、胸部前後径（背中から乳首までの距離、以下、「胸板」という。）が29cmであること、くぐり抜けの実験を行った男性警察官の胸板が約21cmであることが判明した。

　また、当審において、本件損壊部と同じ大きさの穴を開けたドア模型を被告人がくぐり抜けることができるかどうかの検証を行った。ことの性質上、被告人の体が一旦詰まればそれ以上無理にくぐらせることはできないものではあったが、被告人がダウンジャケットを着ている場合、くぐり抜けることはまずできないこと、ダウンジャケットを着ていない場合、仮にくぐり抜けることができたとしても、相応の時間がかかり、着ている服に相当の傷がつくものであろうことが判明した。

　さらに、当審において、Ｃを再尋問した。同人は、「被告人がドアを蹴破って足が出てくるのを見た。その後、頭が出てくるところを見た。その後は、思い出せない。今思い出せるのは、その後に被告人とＡが言い争いになったところである。」としか述べず、検察官による取調べにおいてどのように供述したかについて説明を求められると、「検察官に対しては、頭が出てきて抜けてきたと説明し

た。」と答えたが，検察官調書にくぐり抜けの事実が記載されていないことについて説明を求められると，「じゃあ，検察庁で，言ったとおりです。」と供述した。

3 当裁判所の判断

当審における審理を踏まえると次のことがいえる。

被告人の胸板が本件損壊部の横幅より相当程度広いという事実からだけでも，被告人が本件損壊部をくぐり抜けるのは相当に困難といえる。男性警察官の胸板は約21cmなのだから，男性警察官が本件損壊部をくぐり抜けることができたことは，被告人がくぐり抜けることができることの裏付けとはならない。また，当審における検証結果や被告人が本件当日に着ていたダウンジャケットにもシャツにも傷が見当たらないことをみても，被告人が本件損壊部をくぐり抜けたことに反する客観的証拠しか見当たらない。なお，シャツに傷が見当たらないこと，そもそも被告人は本件犯行時刻にはダウンジャケットを着ていた可能性が高いことからすれば，本件損壊部から被告人のシャツの構成繊維が採取されたこと自体が疑わしく，原審において請求された鑑定書もAらの供述を裏付ける証拠足り得ないというべきである。すなわち，原審の検察官において鑑定書について前記のように弁護人が不同意としたところ，これを撤回したまま，作成者の証人尋問を求めなかったのは，それで立証十分と考えたからであろうが，当審においても検察官が作成証人を請求して鑑定書の証拠化を図らないのは，鑑定書に前記のような問題点があったからと推測される。そうでなければ，決定的な証拠の一つとなりうる鑑定書の証拠化を求めるはずであるからである。

さらに，Cの当審供述は，最も印象深いはずである被告人によるくぐり抜けについて思い出せないというのは信じ難いところである。前記のように，くぐり抜けることは，相当に困難であり，仮に可能としても，相応の時間がかかるから，その場面が記憶に残らないはずはないというべきである。同人の原審供述のように，すんなり中に入ってきたとはいえないはずである。しかも，原審供述時点と当審供述時点とでは，時間が経過しているが，それにしても，すんなり中に入ってきたというその場面についての具体的な記憶が当審では失われたというのも理解しにくい。結局，同人は被告人がくぐり抜けたところを本当は見ていないのではないかという疑問が深まるものでしかない。だからといって，Cがあえて記憶に反して偽証をしたとまでいうつもりはない。証人の記憶は，事件後に他の種々の情報に接して変容してしまうことはよくあることである。被告人が本件ブラインド部分を蹴破ったことと本件損壊部をくぐり抜けたことは一連の出来事であって，くぐり抜けを見たという部分に信用性がなければ，蹴破ったことを見たという部分にも信用性がないことになる。

これまで述べてきたとおり原判決の認定には相当の疑問点が残っていたが，当審における審理によって，その疑問点は

解消することはなかった。本件公訴事実を認めるには合理的疑いが残るというべきである。したがって，原判決には，明らかに判決に影響を及ぼすべき事実の誤認がある。なお，原審裁判所は，くぐり抜けの可否という本件で最も重要な客観的な証拠評価について，前記の警察官による再現証拠（甲17）を根拠にし，かつ，激情している被告人の精神状況を理由に安易にくぐり抜けが可能であるとしているが，当審でも実施したように被告人による非公開の再現検証が容易なのであるから，これを行うべきであった。もちろん，前記のように，被告人の体が一旦詰まれば，それ以上無理にくぐらせることはできないとしても，相当に困難であることは判明するし，その状況を踏まえた上での判断も可能であったと思われる。できれば，CやAの証人尋問に先立ちこれを行っていれば，尋問の状況も変わってきたと思われる。現在では，公判前整理手続を実施し，重要な客観的証拠の確定から審理に入ることが望まれる。なお，以上の点は，審理不尽とまではいえないが，原審の訴訟手続の問題点として指摘しておきたい。

　論旨は理由がある。

　そして，上記疑問点を解消する更なる証拠調べの手段は見当たらないのであって，当審において自判するのが相当である。

　第4　破棄自判
　よって，刑訴法397条1項，382条により原判決を破棄し，同法400条ただし書により被告事件について更に判決することとし，本件公訴事実については，既に検討したとおり犯罪の証明がないことになるから，同法336条により被告人に無罪の言渡しをする。

平成20年3月3日
東京高等裁判所第9刑事部
裁判長裁判官　　原田國男
裁判官　　田島清茂
裁判官　　松山昇平

5 痴漢無罪事件

　この事件は，満員の通勤電車内の痴漢（強制わいせつ行為）について無罪としたものである。西武新宿線事件ともいわれる。この事件の特徴は，被害者が被害にあったことは間違いないが，犯人の特定が不十分であったというケースである。

　痴漢えん罪事件といわれるもののなかには，被害があったかどうか自体疑わしいとされたものもある。最高裁判所が逆転無罪とした最高裁平成21年4月14日（刑集63巻4号331頁）の事件では，痴漢被害があったとする証人の供述の信用性を疑問であるとした。また，関西にある私立大学の学生が女性と共謀して痴漢被害を演出した事案も報道されている。それらとは違い，本件は，被害事実に疑いの余地はない。そこで，判文でも明確に被害者という表記をしている。この点に疑いのあるときには，そうは表記しない。

明白な被害と供述の問題点

　それでは，被害者の供述にはどんな問題点があったかである。まず，この当時高校生であった被害者の証言については，原審だけではなく，控訴審でも職権で証人として取り調べたが（この決定には，弁護団も驚いたようである。有利なのか不利なのか見極めが難しかったのであろう），感情の高まりなどまったくみせることはなく，むしろ，終始冷静で，できるだけ客観的に質問に答えるという証言態度で一貫していた。裁判所で2度にわたり，証言を求められたのであるから，いくら，いずれも遮蔽処置がとられていたとしても，大変であったと思われる。控訴審の判文でも，「あやふやなところやありもしないことをあると述べるなどといった不審なところはみじんもなく，誠実で真摯な証言であると評価できる」としている。

　そうであれば，普通は，被害者の証言どおりに被告人が犯人であるといえそうなものである。しかし，いちばんの問題点は，被告人が犯人であるとした理

由の一つがパンティーのなかで陰部を触れているときの指の感覚が左手だと思った，そして左後ろに女性がおり，男性（被告人）が右後ろにいたから，被告人が犯人だと思ったという点である。しかし，この点について，被害者は，左手で触れられているから，右後ろにいる男性が犯人と思ったのか，右後ろに男性がいるから左手で触られていると思ったのかはっきりしない旨を控訴審で供述した。この事件に関して書かれた『左手の証明』（小澤実著，2007年，ナナ・コーポレート・コミュニケーション）という本の題名も，ここからとられていると思われる。

決めつけの危険

そうすると，左の女性と右の男性（被告人）との間を通って真犯人の手がパンティーのなかに入ってきたという可能性が考えられる。この点について，捜査官は，そうであれば被告人のほかに他の乗客も気付くはずだとして，一つの実験をした。ただし，被告人役の警察官らが警棒等の装備をしたまま実験したもので，混み具合についての緻密な計算をしたものとはいえなかった。被害者は，原審と控訴審でも，この実験をした警察官から，「被告人のいうような後方の人物が犯人であるとすると，手が被害者の陰部に届かない」といわれ，控訴審でも，後方の人の手が届くのであれば，考えはちょっと変わると思うと述べていた。

この警察官の強引ともいえる決めつけが，被告人を犯人と考えつつも，その時点では訂正可能であった被害者を，「被告人が犯人に間違いない」という確信へと誤導してしまった可能性があった。

心理学的な分析

被告人も被害者から犯人と名指しされた当初から，「後ろの外人の人がやったのではないか」と述べていた。もしそうなら，その外国人の痴漢行為に気付いていたのではないかという疑問も生じる。しかし，被告人は，自分の関心は，前にいた男の服装の珍しいマーク（どくろマーク）に集中しており，気付かなかったと述べている。

このような心理現象については，自白や供述の心理分析で著名な心理学者の

浜田寿美男・奈良女子大学教授に，控訴審で心理鑑定を依頼した。浜田氏の鑑定で，その時々の関心に沿った「図」を取り出し，それ以外のものは「地」として背景に沈めるという認知心理学の図地分節により説明できることがわかり，心理学的に十分ありうるものであることが明らかになった。

　裁判でこのような心理分析について専門家から意見を聞く例はそうない。しかし，やはり，このような分野については，心理学者の専門的な知見が必要で，裁判官の素人的な経験則では不十分であると思う。これからは，このような心理分析の活用が必要であるし，裁判員裁判も想定すると，説得力のある立証方法といえよう。

傘はどちらの手に？

　もう一つの大きな論点は，被告人が傘をどちらの手に持っていたかである。被告人は，一貫して左手に持っていたといい，被害者は，左手には傘など持っていなかったと明言している。被告人のいうとおり，左手に傘を持っていたとすれば，パンティー内にそのまま手を入れることは困難となる。この点は，両者の供述は真っ向から対立している。

　普通に考えれば，被害者の言い分のほうが信用でき，したがって，この点について嘘をいっている被告人の供述全体が信用できないということになるであろう。しかし，被害者の目撃情況は一瞬のことであり，しかも犯人をいよいよ捕まえようとしてかなり興奮していたことからすると，あまりこの供述を決め手のように重視するのは問題に思われる。しかも，上記のように被告人の弁解をこの1点で否定し，だから犯人でないという弁解全体も信用できないというのは，いわゆる心証のなだれ現象と呼ばれるものであって，事実認定にあたって十分注意すべきことである。

事件の与える影響

　このようにして，本件は無罪となった。本件の弁護団の一員であり，多くのえん罪事件を手がけた今村核弁護士は，その著書『冤罪弁護士』（2008年，旬報社）のなかで，「『裁判不信』に悩みながら，控訴審を必死の思いでたたかった。2006年3月，東京高等裁判所が無罪の判決をくだしたときは，本当に久しぶり

の安堵感をおぼえた」と述べている。

　本判決では，最後に，「被告人と被害者の言い分を当初から冷静に吟味すれば，あるいは本件は起訴には至らなかった事案ではないかと考えられる。被告人が本件起訴後に受けた数多くの苦難を考えるとき，この種事案を，たかがちかん事件として扱うのではなく，当然のことながら，慎重な上にも慎重を期した捜査を経た上での起訴が必要であるというべきである」と判示した。被告人は，この事件で職を失い，妻も本件の影響で重度のうつ病を患い，自殺も図ったというのである。幸い，本件逆転無罪により，会社に復職できたと聞いている。その点はよかったと思うが，本当に悲惨なことが起こったのである。

身近にあるえん罪

　今まで，えん罪というと，強盗殺人とか殺人のような凶悪犯罪のことで，たいていの人は自分には関係ないと考えていたかもしれない。しかし，朝，元気に妻に送られて出かけた夫が，満員電車のなかで被害者から間違って腕をつかまれ，駅事務所に連れていかれ，夕方には留置所に入れられ，会社は首になり，家族は崩壊するというおそろしいことも起こる。痴漢えん罪事件は，国民に身近なえん罪のおそろしさを教えたといえる。

　そして，裁判員裁判となり，国民の皆さんも今度は裁判員として刑事裁判に直接かかわる。場合によっては，えん罪なのに有罪の判断をしてしまうかもしれない。幸い，報道によると，裁判員の方々はいずれもきわめて真剣にえん罪を出さないように誠実に仕事をされていることがうかがわれる。しかし，結局，普通の国民の皆さんが，いつでもえん罪被害者にもえん罪加害者にもなりうる社会になったといえる。この点でえん罪への認識は深まってきたと思いたいものである。

　本件の公判には，『それでもボクはやってない』という痴漢えん罪を扱った名画を作られた周防正行監督も，たびたび傍聴においでになった。この映画は多くの人を啓発した必見のものである。周防監督による同名の本も出ている（2007年，幻冬舎）。この本のなかにある，木谷明さんとの対談が，大変興味深い。ぜひ読んでいただきたいと思う。

　このような痴漢えん罪を防止するためには，被害者の供述に頼るだけではな

く，客観的な証拠を収集すべきである。たとえば，指に付いた粘液の分析や被害者着衣の繊維等の分析が不可欠であろう。それから，被疑者が否認したからといって，罪証隠滅のおそれがあるとして，逮捕・勾留するのも避けるべきである。被疑者には普通の会社員等が多く，逃亡のおそれも考えにくい。また，被害者に圧力を加えるということもあるようには思えない。この事件は，以上のさまざまの意味で心に残るものであった。

5 痴漢無罪事件

平成18年3月8日宣告
平成17年（う）第620号

［参考］加藤健次・季刊刑事弁護47号125頁

　　　　　主　文
原判決を破棄する。
被告人は無罪。
　　　　　理　由
第1　控訴の趣意に対する判断
　1　本件控訴の趣意は，弁護人加藤健次（主任），菅俊治，原和良，今村核，秋山賢三及び荒木伸怡連名作成の控訴趣意書その1ないしその3（それらの訂正申立書を含む。）並びに被告人作成の控訴趣意書記載のとおりであり，いずれも事実誤認の主張である。
　その論旨（当審弁論要旨における主張を含む。）は，被告人は本件犯人ではなく無罪であるというのであり，被告人も捜査段階以来一貫して犯行を否認している。
　2　本件公訴事実と原判決の判断
　原判決は，罪となるべき事実として，本件公訴事実とほぼ同旨の，「被告人は，平成15年10月22日午前8時15分ころから同日午前8時23分ころまでの間，東京都〈町名地番等略〉所在の西武鉄道株式会社西武新宿線P駅から同都〈町名地番等略〉所在の同線Q駅に至る間を進行中の電車内において，すぐ前に立っていた乗客のA（当時16歳，同女がちかん被害自体を受けたことは疑いの余地がないので，以下，「被害者」という。）に対し，背後から，同女の意に反して無理やり，同女着用のパンティーの上から左手でその陰部をなで回すなどした上，引き続き，同パンティー内に左手を差し入れてその陰部を触るなどし，もって強いてわいせつな行為をした」と認定した。
　そして，その認定の理由として，おおむね，①被害者の犯人識別に関する供述は，走行中の本件電車が大きく揺れて被害者が左側に体が傾いた折に右後方を見て，男性の左腕の肘から上（前腕部）が少し上がり，左手のひらがほぼ上向きになっているのが見えた，Q駅で降車する際，右後ろを振り向き，その男性の左手首辺りを，その男性の着ていたトレーナーの上からつかんだが，そのとき男性の左手は，私の腰の下くらいの高さで，肘が少し曲がった感じで前に出ており，手のひらが軽く開いて私のほうを向いていたなどという内容であり，被害者が左側に傾いたときに確認して，本件強制わいせつ行為の犯人であると考えた男性を，Q駅に到着して降車する際に捕まえたところ，その男性が被告人であったというもので，具体的かつ明確なものであるのみならず，迫真性や臨場感もあり，反対尋問を受けても動揺のないものであることなどから，これに高い信用性を肯定することができる，②被害者が，Q駅で降車する際に，その男性を捕まえたのは，本件強制わいせつ行為に及んだ犯人が，被害者のパンティーから手を抜いた直後

であったというのであるから，被告人を別人と見誤ったり勘違いして捕まえた可能性があるという事案ではないことなども考え合わせると，被害者が被告人の手をつかんだ時の状況や被告人のトレーナーのマークに気づかなかった点は，その信用性を左右し得るものではなく，一連の被害者の行動に，電車内の混雑状況，被告人の着衣，被害者の陰部から床までの距離が被告人の左手指先から床までの距離とが大差のないものであることなどを総合すると，被告人の犯人性を強く推認することができる，③他方，被告人の，犯人と疑われる第三者がいたという趣旨の供述は，被害者が述べる継続的な被害状況とは整合性を有さないし，第三者の犯行の状況の現実味の希薄さ，あるいは，そうした行為の実行可能性の乏しさなどを考慮すると，被告人の供述には重要な点で不自然，不合理な点が多々あり，全体としてこれを信用することができないので，被告人以外に本件犯人が別に存在するのではないかとの合理的な疑いが生じる余地はない，④被告人の傘や腕時計等の当時の携行品に関連して検討しても，被告人が犯人であることに合理的な疑いを生じさせるような状況は見当たらないとした。

3　当審においても，被告人は，原審供述と同様のことを述べている。そして，その供述等に関する心理鑑定を行った心理学者浜田寿美男を尋問し，併せてその鑑定意見書（当審弁8）や弁護人らの行った実験及び見分結果に基づく写真撮影報告書ないし報告書（当審弁1，2，4，10），同趣旨のビデオテープ（当審弁3，11）を取り調べた後に，職権で被害者の証人尋問を改めて実施した。この証人尋問は，控訴審として直接証人に接して心証を得るために行ったものである。

これら当審での事実取調べの結果をも踏まえ，本件記録を精査した上で再検討すると，被告人を犯人として識別した被害者の証言は，所論指摘のもろもろの疑問を入れる余地のないほど確実なものではないことが明らかとなり，原判示の前記2①②の点は，被告人の犯人性を肯定する有力な根拠とはなり得ないことが判明した。また，同③の点に関しても，原判決が実行可能性が乏しいと判断した，被告人の背後にいる第三の人物による犯行についても，必ずしもその可能性がないとはいえないことが明らかとなった。そうすると，これらを改めて総合すると，被害者の原審証言を前提として被告人の有罪を認定した原判決の判断には，結果的に事実の誤認があったことになる。

以下，説明する。

4　まず，被害者の証言について検討する。

(1) 原審証言

被告人を犯人と識別した被害者の証言のうち原審で述べるところは，およそ以下のとおりである。

すなわち，①被害を受けている最中に首をひねって後ろの右左を見たときに，後ろの左が女性で右が男性（被告人）だった，その男性が犯人だと思った，②電車が揺れて左に傾いたときに，パンティーに入っていた手が抜け，右を向くよう

な感じで右後ろの人を確認した，その人（被告人）の左腕の肘から上が上がっているのが見えた，そのときの動作は，上腕部はほぼ垂直のままで，前腕部のみが上側に曲がっていて，前腕と上腕の角度は90度より狭いが60度よりは大きいくらいで，手のひらは，ほぼ上向きで軽く卵を握るような形であった，その男性は白いトレーナーを着ており，左手には何も持っていなかった，③同じ位置に戻ってから，すぐ1秒経たないぐらいのときに手がパンティーの中に入ってきた，④Q駅に着き，左右のドアが開いて，押されて少し前方に1，2歩歩きながら，右後ろを向いて被告人の手首をつかんだ，手がパンティーから出てすぐだった，肘がちょっと曲がり，手は自分の方を向いて軽く開いていた，⑤被告人の左手が自分の体に触っているというのは，見たことはない，右後ろだからと思った，警察官に指の配列で左手だって分かったかと聞かれて，何となくだが分かったと言った，触られたのは中指か人差し指だが，左か右かが分からない，右側の人かな，たぶん左手なんだろうなと思った，⑥被告人がバッグと傘を持っているというのは何となく記憶にあるが，捕まえたときは左手には何も持っていなかったというものである。

(2) 当審証言

ところで，当審において，職権で被害者を取り調べたところ，被害者は，原審と同様に遮蔽の措置をとったものの，感情の高まりなどは全くみせることはなく，むしろ，終始冷静で，できるだけ客観的に質問に答えるという証言態度で一貫していた。この態度からして，当審証言には若干の忘却や混同はあるとしても，あやふやなことやありもしないことをあると述べるなどといった不審なところはみじんもなく，誠実で真摯な証言であると評価できる。

前記原審証言のうち，注目される特徴的な点は，被害者が体勢を崩して右後ろを見たときに被告人が左手を上げており，ついで，Q駅に到着後被害者が被告人の左手首をつかんだときも左手を上げていたとする供述で，前記2で触れた原判示の①の点である。

被害者の当審証言は，まず，この点につき，左に傾いた体勢で右後方の被告人を見たときの被告人の左上腕部の形について，原審での説明内容と若干異なり，現在の記憶では当審証人尋問調書速記録添付の写真1の形，すなわち，左上腕部はやや斜めに自然な形で広がり，わきが若干開いている状態の形で再現した。しかし，これが原審と違うと指摘されると，原審で，「上腕部はほぼ垂直のままで」としているのならその方が正しいとも述べた。なお，被害者が捜査段階で供述するところにより警察官によって再現された状況は，電車内再現状況報告書（原審弁25）の写真3ないし6であり，どちらかといえば当審での形状に類似している。この点は，所論が指摘するように，重要な点での供述の変遷であるところ，さらに被害者は，その左手の形状自体は，被害者が，その男性（被告人）を犯人と認識した上では特に強い意味は持たないと

述べるに至った。この意味するところは，被害者は，この手を見たから，後記の傘の点はさておき，まさに自分にちかんをして，パンティーから出てきた直後の手だと思ったというわけではないということである。つまり，被告人の左手の形状がちかん行為と結び付いていると判断して，その左手を有する被告人を犯人として識別したのではないということになる。そうなると，被害者自身の認識方法が，被害事実と被告人を結び付けるものとして，被告人の左手の形状を考慮していたものではないことが明らかとなった。要するに，被害者の原審証言では，被告人の左手の形状がちかん直後の状況を示すように受け取れるものであったのが，当審証言では，そのようなものではなく，しかも，その形状に特別の意味がある訳でもないことが判明したのである。そうすると，これは，Ｑ駅到着後の，被告人の左手の形状，すなわち，肘が少し曲がった感じで前に出て手のひらが軽く開いて被害者の方に向いているとした点についても，同様に，特に意味を持たないこととなってしまう。

その上で，被害者が改めて供述する，被告人を犯人として認識した根拠はほぼ以下のようなものである。

ア　触られているときの指の感覚が左手だと思ったし，右側に立っていたら左手がくると思うので，右後ろにいる男性（被告人）が触っていると思った。

イ　倒れて戻った後，すぐ再度触ってきたのも，この男性が犯人であると思う根拠である。被告人が左手に傘を持っていなかったのははっきりしており，もし持っていれば違うのかなと思ったかもしれない。

ウ　Ｑ駅到着後，パンティーから出ていった犯人の手を，すぐつかまえようと思ってすぐつかまえた。

(3)　検討

ところで，アの点に関し，被害者は，犯人の触っていた手が左手であることについては，触られていた指の並びが左手親指の感じとかでわかったと，ほぼ明言するのであるが，他方，「左右を確認して右後ろの男性が犯人であろうと，とすれば左手で触っているだろうという風に思ったのが事実でしょう。」と弁護人から問われると，「そうです。」とも答えている。

被害者は，原審では，この点について，前記(1)⑤のようにも述べていた。この点は，所論が指摘するように，被害者が捜査機関の誘導に影響されやすいことを示すものとまではいえないであろうが，結局のところ，被害者は，左手で触られているから，右後ろにいる男性が犯人と思ったか，右後ろに男性がいるから左手で触られていると思ったかのいずれかの思考過程を経て，犯人を被告人と認識していたことをうかがわせるものである。ところで，皮膚の感覚に関し，２点弁別閾で決定される空間的分解能（触覚）では，体幹部の２点弁別閾はかなり大きいことが認められ（当審弁13），臀部の触知覚能力は高くはないとも推測される。そうすると，前者の推論は，「左手で触られた」という不安定な前提に立っている可

能性が大きいことになる。そして，前者の推論に拠ろうと，後者の推論に拠ろうと，いずれにしろ，その後は，所論が指摘するように，被害者は，右後方に男性がいるということで，その男性を犯人と推定し，以後その推定が覆されるような状況が起きず，かえってイのような，被害者の仮説を実証するような状況も起きたことから，犯人は右後方の男性すなわち被告人であると考えてしまったという可能性が高くなる。被害者は当審でも，真後ろを振り向いたことはないとしているところ，被害者としては当時犯人として被告人以外の第三者の可能性を考慮に入れる余地はなかったといえ，浜田証言及び鑑定意見書（当審弁8）においても，前記推論過程につきほぼ同様の可能性が指摘されているのである。

ところで，イの傘の点は，かなり有力な有罪の根拠といえる。被告人は，原審・当審を通じて，左手には傘を持っていたと一貫して具体的に述べており，他方，被害者も，被告人の左手を2回見て，いずれも傘など持っていなかったと明言し，しかも，傘が目に入れば被告人を犯人とする推測を訂正したであろうとすることからして，この点は確度の高い目撃供述のようである。

しかしながら，所論もいうように，被害者の当時の観察状況を考えると，高校生である被害者が，本件のようなかなり悪質なちかん被害にあって驚くとともに，困惑・狼狽したことは容易に想像がつき，相当の興奮状態にあったものと推測することができる。そうすると，自然，周囲の状況に関する冷静で緻密な観察は期待し難いといってよい。被害者自身，当審で，「倒れたときも犯人だと思っている男の人だけを注意していたと。」との弁護人の問いに，「はい。」と述べ，「一瞬，じっくりは見ていないです。」，「ちらっと見ました。」との答えにとどまっている。なお，原審においても，左手の中は見えないし，指の先は見えなかったとも述べている。そして，Q駅に到着後も，被害者は，犯人をいよいよ捕まえようとしている瞬間であり，被害者自身もかなり興奮していたことを認めている。しかも，つかんだ手をすぐに被告人によって振り払われたというのであるから，客観的にも，果たして冷静な観察をなし得る状況であったかには疑問がある。

本件全体の証拠状況を見ると，被告人がこの時左手に傘を持っていたか否かは，持っていれば極めてちかん行為がしにくいことから，重要な論点の一つではある。この点で，左手に持っていなかったとする被害者と持っていたとする被告人の言い分が真っ向から対立している。被害者が，被告人が傘を持っているかどうか冷静に観察できたかについては，前述のような疑問がある一方，傘の持ち方などは，そう意識している訳ではないから，被害者が見た時には，被告人が無意識のうちに傘を右手に持ち替えていた可能性もないわけではない。また，被害者の認識に間違いがないとしても，これに反する被告人の供述が故意に自己に有利に嘘をついているものとして，有罪の有力な証拠とするのも問題である。心証が拮抗して

いる場合に，この点で被告人が嘘を言っているから有罪だとするのは，まさに心証のなだれ現象を起こすことになるから，被告人の弁解が成り立つのか否かのみを重視するのは，事実認定上慎重でなければならない。左手に傘を持っているか否かについて，被害者と反する供述をしたから，被告人はちかんの犯人であるとは到底なし得ないのである。そして，また，いったん手がパンティーから出た後，すぐにまた入ってきたことについても，被害者は，その背後を的確に見通せる直近の男性は被告人のみであるから，被告人がやったはずだと思ったものである。しかし，仮に犯人が被告人であるとするならば，直前に体勢が倒れて図らずも手がパンティー内から出て，被害者から顔を見られ，いわば犯行が露見したというのに，そのまた直後に堂々と同じ犯行に及ぶであろうかという素朴な疑問も出てくる。そうすると，むしろ，視野が利かないために，被害者に顔を見られたとは思わなかった，もう一人背後の人物であれば，平然と同じ犯行を再開して継続することもあり得ると考えられるのである。

そのように考えると，この点もさほど確固とした有罪の根拠ではなくなる。

さらに，ウの点を見ると，これは，被害者が原審・当審を通じ，一貫して証言している点である。しかしながら，これには客観的に疑いを入れる余地がある。すなわち，被害者及び被告人ともに乗り換えを予定していたQ駅は，主要乗り継ぎ駅であり，同駅に電車が到着した後は，降車する多数の乗客が車内で出口に向い移動を始めていた状況であったことは，関係証拠上優に認められる。被害者も，原審において，前記(1)④のとおり，押されて少し前方に1，2歩歩いたと述べている。そうすると，当然ながら，降車しようとする被告人はそのまま出口ドアに向かって前に進んでおり，犯人も降車しようとすれば同様であるし，そうでないとしても，押されて多少は位置に移動があったはずである。被害者が，いくらパンティーから手が出て1秒も経たないうちに振り返って，後方の犯人の手をつかもうとしたといっても，その犯人の手はもはや識別ができなくなっている可能性があるというべきである。そのような状況の下で，被害者が，その右後方にいて，直前に顔を確認したところの被告人の手を正しくつかんだからといって，それは，振り向きざまに犯人の手をつかんだなどとはいえず，ちかん直後の手をつかんだことにはならないという所論はもっともというべきである。この点は，およそ，被害者が，犯人と思った右後ろの男性を，正しく捕まえたとの意味しか有さない。

結局，被害者が当審で改めて述べる根拠は，いずれも，異論を差し挟む余地のあるものであり，被害者の犯人識別の思考過程には問題があるということになる。

5　そこで，被告人の否認供述について検討する。

すでに，被害者の供述を検討する上で被告人の供述にも触れたが，そのほかにも，本件犯行の犯人性を認定するにあたり，被告人の否認供述には信用性をあながち否定し難いところがある。

まず，所論が指摘するように，被害者は，被害を受けた最初の時点を，P駅のホーム上であるとする。原審及び当審において，被害者は，P駅のホームで本件電車に乗車しようとしたときから既に臀部を触られており，電車内でも引き続き触られ，この犯人は同一人であるというのである。この点，被告人は，西武新宿線電車にL駅で乗車し，P駅では，降車する乗客に押されてホーム上に降り，再び押されるようにして乗車したというのであって，この点の信用性を否定するに足る特段の立証もないところ，もしそうであれば，再乗車するためだけにホーム上に降りた乗客が，先に待っていた乗客である被害者に対しちかん行為に及ぶといった可能性は考え難い。もちろん，被告人にそのような種類の性的行為に及ぶ性癖があったなどといった立証は本件においては何らなされていない。そうすると，ホーム上で乗車待ちの被害者にちかん行為を始めた人物が本件犯人であるとすると，たまたまP駅で押されて降車したにすぎない被告人が犯人であるとするには，やはり大きな違和感があるということになる。

次に，第三者の犯行の可能性に関しての供述である。

被告人は，被害者から犯人として名指しされた当初から，自己の犯行を単に否定するのみならず，ハーフ風の男性の話をしていた。この点は，被害者も，被告人が当初から後ろの外人の人がやったみたいなことを言っていたとしており，本件当日接見に赴いた弁護人菅俊治の原審証言からしても明らかといえる。そして，浜田証言及び前記鑑定意見書によると，心理学的知見からして，自らが現実に体験したことを語っているものと考えてよいというのであり，原判決が不自然，不合理であるとしてその信用性を否定する根拠の一つとした，被告人が電車内での第三者のちかん行為に気づかなかったなどとする点についても，被告人の関心が前の男性の服装，しかも，その珍しいマークに集中していれば，その時々の関心に沿って「図」を取り出し，それ以外のものは「地」として背景に沈めるとの認知心理学の図地分節によって説明でき，心理学的に十分にあり得るというのである。そして，被告人がデザイン等に関心が深いということも，被告人の妻の原審証言や被告人の所持品等によって裏付けられているのである。

その上で，所論指摘のとおり，物理的な実行可能性として，本件電車内と同様の混み具合の車内では，被告人の後方にいた人物でも，本件犯行に及ぶことが可能なことが認められる（当審弁1ないし3，原審弁3，21）。なお，捜査段階においても，被告人の弁解に従い，その旨の再現実験が行われ（甲25，26），捜査担当者らは，その結果隙間ができず，無理矢理割り込んできて腕が入れる隙間を作り手を伸ばさない限り，被害者の陰部に触れることは難しい，後方から手が伸びてくれば，被告人のほかに他の乗客も気付くはずであるとか，乗客の下の隙間から被害者を触ろうとすれば足を屈めて不自然な態勢になるから，被告人の供述に

は信憑性が認められないとの判断をしたことが認められる。しかし、このうち一つの実験では、被告人役の警察官らは、警棒等の装備をしたままで実験をしており、また、いずれも弁護人らのように、混み具合についての緻密な計算もした上でのものとはいえない。その実験結果はにわかに信用できず、後方にいた第三者の犯行である可能性を否定するに足りない。なお、被害者は、原審及び当審において、この実験をした警察官から、被告人の言うような後方の人物が犯人であるとすると、手が（被害者の陰部に）届かないことを言われたと思うとしており、当審においては、もし、そのようなことが可能となれば、考えはちょっと変ると思うとも述べている。本件では、この警察官の強引ともいえる決めつけが、被告人を犯人と考えつつも、その時点では訂正可能であった被害者を、被告人が犯人に間違いないという確信へと誤導してしまったという可能性がある。

さらに、被告人が当時左手首に若干厚みのある腕時計をはめていたことに関連しても、弁護人側の実験の結果、被告人がその左手で犯行に及べば、被害者のパンティーがずれ、特に、予期しない機会に突然手が抜けたような場合には、パンティーの上部が乱れる可能性もあり得ると認められる（当審弁2，3，10，11）。被害者がいう、そういう感覚はなかったということにもやや違和感が感じられないでもない。

これらを総合すると、第三者の犯行の可能性等を含む、被告人の否認供述は、容易には排斥することができないというべきである。この点の所論は理由がある。

6　結論

本件においては、被害者が述べるちかん被害の事実と被告人とを結び付ける直接証拠はないところ、被害者が犯人として被告人を識別した供述には、結局のところ、被害事実と被告人とを結び付けるに足りる合理性が欠けていることが明らかになった。そして、被告人の否認供述がその信用性を否定しきれず、第三者の可能性も排斥できないこととなったのであるから、その余の所論について検討するまでもなく、本件においては、被告人を本件の犯人と認定するには合理的な疑いがあるというべきである。

なお、本件では、原審で取り調べた証拠だけからでは、あるいは、原判示のような有罪判断もあり得たともいえるが、当審で取り調べた各証拠、ことに、被害者の職権による再尋問により、被害者の言うとおりであったとしても、なお、有罪とするには足りないことが判明したのである。それも、被害者が当審で、記憶があいまいになったとか、正しい証言をする意欲がなくなったとかいうのではなく、むしろ、前述したように、淡々と冷静に当時のことを振り返って、まさに、客観的に自分の証言を見直して述べているところから、極めて信用性が高く、あえて嘘を言っているわけではないことが明らかとなった。この点、所論は、被害者の証言を否定しようとするあまり、必ずしも適切でない批判をしているようにも思われるが、本件の本質は、再確認す

るように，被害を受けたことには間違いのない被害者が言うとおりだとしても，被告人を犯人だとするには足りないという点にある。あえて簡略化していうと，被害者が，パンティーの中に入ってきた手が左手だと思ったところ，右後ろにいた男性が被告人だったことから，更に背後の人間による可能性等を全く考慮しないまま，被告人が犯人だと思い，以降は，警察官による当初の強引な決めつけもあって，被告人が犯人であるという考えで一貫してしまったにすぎないといえるのである。所論もこのことに賢明にも気づき，適切に指摘しているとおりである。何も，被害者がいい加減なことを言っていたがために，被告人が一旦は犯人とされてしまったとみるべきではないのである。この点は，被害者の名誉のためにも，あえて付言しておく。また，そうすると，被害者が当初必ずしも確信がなかったのに，本件起訴に至ったのは，前述したように，警察官がずさんともいえる犯行再現などにより，強引なまでに被告人の弁解を封じて一顧だにしないという態度をとったためであり，このため被害者は，次第に被告人が犯人だと確信するようになってしまったということができるのである。被告人と被害者との言い分を当初から冷静に吟味すれば，あるいは本件は起訴には至らなかった事案ではないかと考えられる。被告人が本件起訴後に受けた数多くの苦難を考えるとき，この種事案を，たかがちかん事件として扱うのではなく，当然のことながら，慎重な上にも慎重を期した捜査を経た上での起訴が必要であるというべきである。

したがって，被告人を有罪と認定するに足りる証明がなされたとはいえず，本件公訴事実については被告人は無罪であるといわざるを得ない。

そうすると，原判決は破棄を免れない。

論旨は理由がある。

第2　破棄自判

そこで，刑訴法397条1項，382条により，原判決を破棄し，同法400条ただし書により，当審において被告事件につき更に判決する。

本件公訴事実については，すでに詳細に検討したとおり，被告人が犯人であると認めるに足りる証拠がないので，犯罪の証明がないことに帰するから，刑訴法336条により無罪の言渡しをする。

よって，主文のとおり判決する。

平成18年3月8日
東京高等裁判所第9刑事部
裁判長裁判官　原田國男
裁判官　池本壽美子
裁判官　森　浩史

6 窃盗犯人誤認事件

　本件は，奇妙な事件であった。被告人とよく似た別人Xが犯人であるという合理的な疑いがあるとして，3件の窃盗について無罪としたものである。
　無罪となった3件の窃盗事件というのは，共犯者らによる8月の同じ日になされた2件の建設機械（油圧ショベル）各1台の窃盗と，9月になされた1件の建設機械（油圧ショベル）1台の窃盗である。被告人は，捜査段階から一貫して犯行関与を否定していた。

関係者の供述からみた概要

　被告人が盗んだ建設機械の操作役であったかどうかについて，現場共犯者のBは，捜査段階から被告人であると供述し，原審証言でも同様の供述をしていた。しかし，控訴審では，被告人とXとの区別はつかないと証言した。同じく現場共犯者のDとEも原審までBと同様の供述をしていた。現場共犯者Cは，捜査当初，被告人ではなくXではないかとしていたが，その後，被告人であると供述し，原審では「違うんじゃないかなというような，今気がします」として，「はっきりしません」と証言した。控訴審では，被告人ではなく，Xであると明確に証言していた。
　そして，本件の首謀者である共犯者Aは，いずれの現場にも行っていないが，C，DおよびEを手配した者である。捜査当初，現場に行かせたもう1人はXであり，被告人は関係ないとしていたが，その後，被告人であると供述し始めた。原審では，証人尋問前の事前打ち合わせで検察官に被告人が関与していないといい，尋問当日になって，検察官が証人尋問請求を撤回したため，裁判所から証言せずに帰された。控訴審では，明確にXであったと証言した。また，Aの妻も9月の窃盗のためAと一緒に行き，待ち合わせ場所のインターチェンジにやって来たのは「BとXだった」と警察官の事情聴取に答えていた。
　被告人とXとは，風ぼうが似ていた。本件では，被告人と同じ車に長い時間

一緒にいたBが「被告人がいた」というのであるから，普通に考えれば，その供述の信用性は高いはずであろう。しかし，逮捕後，警察官からXが含まれていない写真帳を示され，被告人を指示したというのである。そして，このBの調書にもとづいて，もともとAのグループに属さず，被告人とは関係が薄かったDとEも被告人と特定した。さらに，Cは，警察官からほかの3人も被告人といっている旨説得されてそう述べたというのである。Aも同様に警察官から説得されてそう供述したという。

供述合わせの落とし穴

この事件は，結局，当初のBの誤った犯人特定を元にして，それを根拠に共犯者の間で次々と供述合わせがなされていった典型的な事件といえよう。問題は，検察官が自己に不利益な供述を予期してAの証言を撤回した点である。そのため，原審裁判所は，被告人と似たXの存在自体まったく知らなかったのである。

この点について，本件の後に被告人から国に対して提起された国家賠償請求事件では，国側は，別途検察官の証人尋問といった特信性の立証を要することになり，それだけ審理が長引く可能性があったからであると主張した。国賠事件の高裁は，違法な公権力の行使に当たるとは評価できないとしたが，その妥当性に多大な疑問を抱かせるものといわざるをえないとしている。

検察官が被告人かXかという最大の争点を隠したことは，いくら迅速な裁判のためとはいえ，問題であろう。きちんと，XであったというAの証言を法廷でさせて，裁判所の判断を求めるべある。なお，肝心のXは，原審当時から所在不明となっていた。その妻がアリバイ証言をしたが，いくつかの疑問点があり，採用できるものではなかった。

6 窃盗犯人誤認事件

平成17年2月16日宣告
平成15年（う）第2655号

[参考] 匿名コメント・季刊刑事弁護47号150頁，寺崎昭義・季刊刑事弁護47号121頁

　　　　　主　文
　原判決を破棄する。
　被告人を懲役2年及び罰金30万円に処する。
　原審における未決勾留日数中600日をその懲役刑に算入する。
　原審における未決勾留日数のうち，1日を金5000円に換算してその罰金額に満つるまでの分をその罰金刑に算入する。
　この裁判が確定した日から3年間その懲役刑の執行を猶予する。
　本件公訴事実中窃盗の点については，被告人は無罪。
　　　　　理　由
第1　本件控訴の趣意
　本件控訴の趣意は，弁護人寺崎昭義作成の控訴趣意書及び弁論要旨（2通）記載のとおりであり，論旨は，盗品等保管及び窃盗の各事実についての事実誤認（法令解釈の誤りの主張を含む。）の主張である。
第2　原判示第1の事実（盗品等保管）についての事実誤認の論旨について
　〈略〉
第3　原判示第2の各事実（窃盗3件）についての事実誤認等の論旨について

　所論は，いずれの窃盗にも被告人は関与しておらず無罪であるのに，原判決は，本件各窃盗の中心人物であり，被告人を犯行に加担させたとするAの証人尋問が不自然に検察官から撤回されたのを看過し，その証人調べをしないままで，かつ，被告人の犯行の動機・報酬等についても解明しないで，安易に，B，C，D，Eら共犯者の，不自然・不合理で相互に矛盾のある自白により有罪を認定したもので，審理不尽の違法があり，証拠評価の判断を誤り，事実を誤認している。当審でのAの取調べにより，本件各窃盗事件に関与したのは被告人ではなく，X'ことXであることが明らかとなり，Xのアリバイを供述するFの当審証言は信用できないというのである。

　被告人は捜査段階以来窃盗への関与を全て否認して争っている。

　原判決は，B，E及びDの共犯供述がいずれも信用できるとし，併せて被告人の否認供述及び証人Gのアリバイ供述の各信用性を全て否定して，いずれもほぼ公訴事実に沿う事実を認定した。

　そこで，当審における事実取調べの結果をもふまえて本件記録を精査した上で，原判決の認定判断について検討すると，本件各窃盗への被告人の関与を肯定するB，E及びDの各原審証言の信用性には疑問があり，原判決のこの点についての認定説示は肯定できない。また，当審において取り調べた各証拠を総合してみても，結局のところ，犯人と被告人との結

び付きを示す十分な証拠を欠いており，本件窃盗の各公訴事実につき，被告人が犯行に加功したことが合理的な疑いを超える程度の証明がなされたとはいえない。したがって，原判決には判決に影響を及ぼすべき事実の誤認があり，破棄を免れない。以下，理由を述べる。

1　公訴事実の要旨

まず，窃盗に関する公訴事実の要旨は以下のとおりである。

(1)　平成13年12月12日付け起訴状記載の各事実（以下，アを「α事件」，イを「β事件」，2件を合わせて「8月事件」ということがある。）

被告人は，Dら数名と共謀の上，

ア　平成12年8月2日ころ，P県P'市〈町名地番名称略〉造成地において，L1社代表取締役Y1管理に係る建設機械1台（時価約850万円相当）を盗んだ。

イ　前同日ころ，Q県Q'市〈町名地番略〉畑内において，L2社代表取締役Y2管理に係る建設機械1台（時価約600万円相当）を盗んだ。

(2)　平成13年5月1日付け起訴状第1記載の事実（以下「9月事件」ということがある。）

被告人は，Eら数名と共謀の上，平成12年9月23日ころ，Q県Q"市〈町名地番略〉L3社破砕石作業所において，同社代表取締役Y3管理に係る建設機械1台（時価約250万円相当）を窃取した。

2　当審における証拠状況

関係証拠により認められる各犯行態様は，原判決が「事実認定の補足説明」の「3　争点2について」(1)の項で説示するとおりであり，要するに，いずれの犯行も，他から建設機械の調達を依頼されるなどしたEが，Dと共謀の上，Aに窃取行為の実行役の手配を依頼し，Aに指図されたB，Cらのいわゆる「Aグループ」が，Eらの手引きによって各建設機械を窃取したという事案である。原審では，各犯行の実行役を担った「Aグループ」のB及びCと，Aに犯行を依頼するなどしたE及びDがそれぞれ証人として供述し，Bは，本件各犯行において建設機械の運転手役をした共犯者は被告人であったと明確に証言し，E及びDもこれに符合する供述をした。原判決は，これらの供述に依拠して，本件各犯行に建設機械の運転手役として加担したのが被告人であったと認定している。

しかしながら，原審においては，「Aグループ」の一人であり8月事件に加わっていたCは，同事件における建設機械の運転手役が被告人であったかについて問われて，「違うんじゃないかという気がする。」旨述べて，あいまいな言い方ではあるが被告人が共犯者であることを否定する供述をした。そして，各犯行の実行役の指揮者であり，8月事件及び9月事件の実行役について最もよく知り得る立場にあったと考えられるAについては，その証人尋問が採用されていながら，当日になって取り消され実施されないままであったことは所論指摘のとおりである。このAは，当審での期日外での尋問において，大要，以下のように供述して，本件各犯行において建設機械の運転手役を担ったのは被告人ではなく，「X'」と

呼んでいたX(以下「X」という。)である旨供述している(このAの供述を,以下「Aの当審供述」ということがある。)。すなわち,8月事件も9月事件も,すべて自己の従業員であるB,C及びX'ことXに自分が指示し,Xは重機の運転手役として行かせた,9月事件については,被告人に電話をして回送車(セルフトラック)を借りたが,被告人を行かせたということはない,BとXとを被告人方へ回送車を借りに行かせた,自分が現場に行く途中のMインターでもBとXが待っており,二人が回送車に乗って現場へ行った,Xは同人所有のワンボックスカー(ワゴン車)を運転して行ったと思う,Cに落ち合うよう指示した,数多くの建設機械窃盗を行っているが,その運転手役はHかあるいはXである,被告人には3,4回同様の窃盗に使うため回送車を借りたが,犯行に加わることは依頼してないというものである。

また,原審においてはあいまいな形で被告人が共犯者であることを否定していたCは,当審での再度の証人尋問においては,被告人ではなくXが共犯者である旨明確に供述するに至っているほか,当審で取り調べた警察官作成の平成13年5月29日付け捜査報告書(検3同意部分。以下同。)によれば,9月事件の際Aに同行した同人の妻Iが,警察官の事情聴取に対し,「X'」という50歳代,痩せ型で夫の知り合いで,家の便利屋で引っ越しの手伝いをするときに時々来ていた男の人が現場にいたと申立て,同年5月10日に実施されたA方の捜索においては,

電話帳等にXの電話番号が記載されていたことが認められる。

そして,関係証拠からは,本件に関係して以下のような事実も認められるところである。

(1) 8月事件で使われたワゴン車は,Xが所有するステーションワゴン〈車種名ナンバー等略〉である(C原審及び当審各供述,Aの当審供述,検3,警察官作成の平成13年7月10日付け捜査報告書・検4)。なお,平成13年5月28日ころ,Xは同車の整備を依頼したまま所在不明となった。同車の荷台には,ハンマー,バールなどの工具とともに他車の物と思われるナンバープレート2枚が積載されていた(検4)。

(2) 本件3件の窃盗で,共犯者である建設機械の運転手役(オペレーター。以下「本件共犯者」という。)は同一人物である(C原審及び当審各供述,B及びAの当審各供述)。

(3) 9月事件に使用された回送車は,被告人の子が代表者である有限会社Z建材所有のものである。

(4) Xと被告人とは風貌が似ている。なお,Xは,昭和14年11月S県生まれの男性であり,平成12年当時,R県R'市内で内妻Fと同居して,Aの便利屋事業を手伝っていた(A及びFの当審各供述,平成16年4月13日付け捜査報告書・検23及び同月12日付け写真帳・検24)。

このような当審における新たな証拠状況にかんがみると,本件においては,8月事件及び9月事件で建設機械の運転手役を務めた共犯者が被告人か,あるいは,

X'ことXなる人物である可能性があるのかということが，被告人の有罪か無罪かを決定づける事項である。

ところで，原審においては，その審理経過全体を通じて，Xという人物が存在していることについて全く触れられるところがなく，ましてやその人物が，被告人と風貌がよく似ており，Aグループによる窃盗事犯における建設機械の運転手役の一人であった疑いのあることなども何ら明らかにされていない。被告人が共犯者であったと認めているB，E及びDの証人尋問においても，Xという人物の存在については何ら言及がない。

そうすると，原判決が被告人と犯人の結び付きを認定する上で依拠しているこれらの者の原審供述は，Xの存在をふまえた上で，再度，その信用性を吟味する必要がある（なお，Bについては当審において再度証人尋問を実施したところ，原審供述を後退させ，被告人とXとの区別はつかない旨供述するに至った。）。その上で，当審で取り調べた他の関係証拠をも総合して，被告人による犯行が合理的疑いを超える程度に証明されているか否かを検討する必要がある。

3　B供述の検討

原判決が主として依拠したBの原審供述は，本件共犯者を，他の人物と混同せずに区別して被告人と認識して供述したものであるかという観点からの吟味が重要である。そこで，犯行態様以外の被告人の識別及び犯行関与の経緯等からB供述を再検討する必要がある。

〈略〉

ク　検討

〈略〉

BにX及び被告人の面識がともに明確でないことからすると，検察官が主張するとおり，Bに，同僚であるXをかばうため，あるいは被告人に恨みがあるなどの個人的な理由から，故意に被告人を罪に陥れる動機は全くないといわざるを得ないが，このことは同時に，いずれも中途半端なXと被告人についての知識が，Bの供述の中で「共犯者としての被告人」の知識とすり替わり混和した可能性を否定できない。すなわち，Bは当初本件共犯者として被告人の写真を選んだために，以後はこれに沿って，自己の記憶の中にあるか，又は捜査官から誘導的に教示された被告人の特徴を，「犯人である被告人の特徴」として供述した可能性がある。

(2)　被告人の犯行参加経緯について

〈略〉

(3)　小括

結局，Bの原審供述及び2号書面の評価としては，犯行態様の内容は具体的で迫真性があり，捜査段階から一貫していて信用性が高いというべきであるが，内容が被告人の関与を供述する共犯者らの供述とも整合せず，被告人の特定経緯につき，前記のような問題点があることからすると，このようなB供述でもって，被告人の犯人性を認定することは困難といわざるを得ない。

4　E，Dの原審供述の信用性について

続いて，原判決が依拠したE，Dの原

審供述について検討する。

E，Dに関しては，原判決が指摘するとおり，被告人とは利害関係を有してはおらず，これは取りも直さず，被告人と深い交流等はないと推認される。所論が指摘するように，Eは，A方で被告人がお茶を淹れてくれたというが，後記のとおり，被告人がA方に出入りしたと認めるに足りる事情はないから，これはAの従業員であるXと見間違っている可能性が高い。検察官は，Dは，この際Eと同行したのに，被告人とはA方で会っていないと述べるのは，本件での共犯者とA方で茶を淹れたXとがまさに別人であったからであるなどともいうが，要はEらと被告人との面識が問題となっているのであり，そうであれば，EはXと被告人とを混同していることになる。Dは，被告人の姿を見ての面割りで，（本件共犯者か）「ちょっと瞬時にはわからなかったですね。よく見て考えると，そうでした。」と供述しており，微妙に被告人とXとの違いを認識していた可能性もある。

そもそも，前記のとおり，Xと被告人とは風貌が似ているのであるから，逮捕後の犯人識別で，Eらが誤認している可能性を否定できない。Eも，犯行現場で，被告人の顔をよく見たとは言うものの，当時名前は知らず，会話も交わしたことがないと言い，Dにしても同様である。なお，E，Dらが，犯人識別に使った写真に，被告人とともにXの写真があったかどうかは明らかではないから，捜査官が，Bに対する当初の面割りと同様，Xと被告人とをことさらに意識しては識別させなかった可能性が多分にある。そして，Bの，前記のような（Xの写真があったとは認められない）写真帳から被告人の写真を選び，その写真の人物を被告人と知らされたという経緯が，EやDの被告人識別にも大いに影響を及ぼしている可能性も否定できない。〈略〉

6　Cの供述について

〈略〉

(5)　検討

まず，弾劾証拠の供述内容を，捜査段階におけるCの供述経過として見直してみるに，Cは，平成13年5月15日にβ事件で逮捕された当初，Aグループの共犯者についてはBの名前を挙げたが被告人の名前は挙げていなかったばかりでなく，被告人が共犯者であることを認めるに至った同月25日における供述内容からすると，逮捕当初，共犯者は被告人ではなくXである旨捜査官に供述していたことも優にうかがわれる（検35，36）。そして，Cが，その共犯者はXではなく被告人であることを認める上申をし，その供述内容が録取されるまでには約10日間を要している。そうすると，Cは，捜査段階における供述内容を公判段階に至って全面的に覆したというよりも，捜査段階の当初では当審と同様の供述をし，これを一旦変更したものの，当審公判段階に至り，供述内容を捜査段階当初のものに戻したとみるのがむしろ自然である。

ところで，Cと被告人とが親しい関係にあったことを示す証拠はなく，他方，CとXとはAの下で働いていた従業員であり，Cは，警察に出頭する際にはXと

会って相談をしたとも当審で供述していることを考え併せると、ＣがＸをかばってその名前を伏せようとすることは十分に考えられても、反対に、被告人をかばうためにＸを共犯者に仕立て上げて供述するとは考えにくい。Ｃが、そのようにあえて虚偽の供述をしてまで被告人をかばわなければならないような動機も認め難い。そして、Ｃが、本件共犯者はＸではなく被告人であると供述を変更した理由については、自分以外のメンバーについて色々と聞かれ、混乱したりして曖昧な言い方だったが、弁護士からよく思い出して全部正直に話すように言われ、自分でも考えて正直に話すことにしたとの記載が認められるだけであって（検35、36)、その内容は必ずしも説得力のあるものではない。

　Ｃの当審供述すなわち、捜査官に共犯者はＸであると供述したが、それは、先に逮捕された者が本件共犯者は被告人であると供述していると言われ、自分の意見を全く聞いてくれないので、その話に合わせたなどという内容は、仮にそのとおりであれば、無実の被告人を罪に陥れるという極めて重大な事柄であり、合理的とは容易に認め難いものである。しかし、上記の事情を考慮すると、これをあながち排斥することもできない。そして、このような観点からＣの検察官に対する前記供述内容をみると、Ｂの供述以上に具体的かつ詳細であり、被告人の関与についても具体的状況を述べるものではあっても、その内容自体から本件共犯者がＸではあり得ず、被告人であることを決

定づけるに足る事実が述べられているわけではない。要するに、Ｃは、Ｘと被告人とを見間違えるはずはないということに尽きる。そうすると、被告人の行動として供述されている部分を全てＸに置き換えたとしても何ら矛盾しない内容であるともいえる。

　以上によれば、Ｃの前記検察官調書における供述に信用性を認めて、被告人を本件共犯者と認定するには、いささかちゅうちょがあるといわなければならない。

７　Ａの供述について
〈略〉
(4)　検討
　これらの供述内容を捜査段階におけるＡの供述経過として見直してみると、とりわけ検17、18の内容からすると、Ａが取調べの当初において９月事件の共犯者はＸであると供述していたことが優にうかがわれる。しかも、共犯者はＸではなく被告人であったと供述を変更した理由としては、よく考えてみたら思い出したというにすぎない。何か特段のきっかけがあって被告人が共犯者であったことを思い出したというものでもなく、供述変更の理由として説得力は全く感じられない。

　また、Ａは、自らの裁判の公判においても、８月事件及び９月事件に被告人も加わっており、被告人はＨの知り合いで回送車を借りる際に知り合ったが、犯行に加わらせたのは自分であると供述する一方で、自分としては被告人ではなく「Ｘ'」を行かせたと思っていたが、後で聞いたら被告人みたいな感じであり、自

分は「X'」に言ったつもりだったが現実には被告人が行ったとも供述している。すなわち，被告人が本件各犯行に加担したことを認めながらも，Aの記憶としてはXに指示したと思っていたというのであり，被告人が共犯者であると供述しながらもその歯切れの悪い点は，捜査段階における供述と同様であり，その限度ではAの供述態度に一貫性を見て取ることができる。しかも，原審において，第8回公判期日で採用されたAの証人尋問が，平成14年10月24日の第9回公判期日において，証人不出頭により，検察官が証人請求を撤回して，取り消され，同月31日付けの被告人宛の手紙（当審弁1）のなかには，Bが被告人と車の中で色々話をしながら長い間乗っていたとのことで，被告人がQ'に行ったのかと思ってしまった，私の方からは被告人には何も頼んでいないなどとしたためられている。

これらはいずれも，捜査段階で被告人の関与を認めるに至った経緯に関するAの当審供述を裏付けているというべきである。

以上を総合すると，Aの当審供述を信用できないとして排斥することは困難であるといわざるを得ない。

他方，Aの前記検察官調書における供述については，8月事件に関して，プレハブ物置を譲る交渉の際に犯行への加担を依頼したという重要な部分について（検14），被告人は原審公判で，平成12年8月ころ，Hの口利きで，倒産した材木屋の材木をもらうことになり，R'〈注：地名〉のA方近くの材木屋に行った，2回にわたり，Aが積み込むのを手伝ってくれたと供述しているが，A方そのものを訪問したとは供述せず，他にAの前記供述を裏付ける証拠はない。また，AはEから人と車の手配を頼まれて，C，B及び被告人の3人に，それぞれの役割を決めてやらせようと決めていたとし，プレハブ物置のことでやって来た被告人に対して，「今夜重機を積み込むのを手伝ってくれ。Q'の方に行ってくれるか。CやB'ちゃん〈注：Bのこと〉も一緒に行くよ。」と言ったというのであるが，平成12年8月の時点でAがこのように被告人に重機窃盗への加担を当然のように依頼するような関係にあったかどうかについては何ら供述をしていない。被告人は平成13年4月10日に逮捕されたが，Aがその半年前に逮捕されていることも知らなかったというのであり，Aの自宅ないしは事務所に被告人が頻繁に出入りしていたことを認めるに足りる証拠はない。被告人とAとの面識に関しては，Aの当審供述は被告人の捜査段階からの供述にほぼ沿っており，両者間にこれ以上の懇意な付合いがあり，ましてや被告人に対しAが何かを指示するような人間関係があったとは認められない。このような両者の人間関係からすると，Aがわざわざ虚偽の供述をしてまで被告人をかばわなければならない事情もこれまた見い出せない。

そうすると，8月事件に関するAの検察官調書における供述をにわかに信用することはできないというべきであり，また，9月事件に関する供述についてはB

の供述と整合性を欠いていることは前述のとおりであり，やはりにわかに信用することはできない。

以上によれば，Ａの前記検察官調書における供述に信用性を認めることはできないというべきであり，これに依拠して被告人を本件共犯者と認定することはできない。

〈略〉

10　結論

以上検討してきたところを総合すると，本件共犯者はＸであった疑いが払拭できず被告人が本件共犯者であるとするＢの供述は，Ｘと被告人とを誤認したものである疑いがあり，被告人の関与を述べるＥ及びＤの各原審供述もこれに引きずられた可能性が高く，原審において取り調べた証拠によっては，被告人の犯人性を認めるには足りないというべきである。また，本件共犯者は被告人ではなくＸであるとするＡ及びＣの各当審供述は，両名が捜査段階においては被告人が本件共犯者であることを認めており，その検察官調書がいずれも録取されていることをふまえても，その信用性を完全に排斥することはできない。両名の捜査段階における供述（前記検察官調書）及びＡの自らの公判における供述（裁判官面前調書）並びにＢの捜査段階における供述（検察官調書）の信用性にも前述のとおり種々の疑問点があり，これらを十分に信用することができない。

そうすると，被告人のアリバイ等その余の点について検討するまでもなく，被告人が本件共犯者であることの立証は合理的な疑いを容れない程度に達していないといわざるを得ない。

以上の検討により，原判決には事実誤認があり，これが判決に影響を及ぼすことも明らかである。論旨は理由がある。

第４　破棄自判

よって，刑訴法397条１項，382条により原判決を破棄し，同法400条ただし書により，当審において被告事件につき更に次のとおり判決する。

〈略〉

よって，主文のとおり判決する。

平成17年２月16日
東京高等裁判所第９刑事部
　裁判長裁判官　　原田國男
　裁判官　　池本壽美子
　裁判官　　佐々木一夫

7 防犯ビデオ決め手事件（第1事件・第2事件）

　第1事件（平成16年1月21日・判決文116頁）は，現場付近を撮影していた防犯ビデオの映像が決め手となった事件である。被告人は，Q空港で航空機に搭乗するために，出発ゲートで手荷物検査を受けて通過しようとしたところ，金属探知機が反応してしまった。その際，検査員に提出した所持品に催涙スプレーがあったことから，警察官Aらによって隣のゲート脇の警戒詰所へ連れていかれた。

　事件はそこで起こった。

警察官の証言と被告人の主張

　Aの原審および控訴審における証言では，まず，Aと警察官Bとでいったん詰所を出て，AがBに，被告人の所持していた催涙スプレーを見せながら，それまでの経緯を説明して，一緒に詰所に戻って2人で被告人に質問を続けていた。そこへ，手荷物検査に従事していた警備会社勤務のCが，被告人から頼まれた水を紙コップに入れて持ってきたので，詰所出入口付近でAが受け取った。その水を被告人の目の前にあった机の上に置いて質問を続けると，被告人は何も答えず，落ち着かない態度になっていった。そして，突然，目の前にあったメモ紙の一部を右手でつかんで紙コップの水に浸そうそうとしたため，これを制止しようとしたところ，被告人がAの腹部を1回殴打し，さらに左手でAの制服左襟部分をつかんで押し倒そうとする暴行を加えたというのである。最後の暴行の点が公務執行妨害の罪で起訴された。

　これに対して，被告人は，原審以来，紙コップの水が詰所に届けられた後に，AがBを詰所の外に連れ出したと主張する。詰所内にいた警察官Dと同Eが被告人を見張ることになった。そこで，他人に見せたくないメモの一部だけでも処分しようと思い，ポケットホルダーから抜き取って紙コップのなかに突っ込んだところ，見張っていたDとEから暴行を受けたとして，上記のAに対する

暴行を否定した。

　要するに，被告人によれば，紙コップのなかにメモを突っ込んだ時点で部屋にいたのは，DとEだけであったというのに対して，Aらは，4人の警察官が部屋いて，Aが椅子に座り，被告人と対峙していたというのである。この状況については，Aだけではなく，Bも原審および控訴審で，原審では調べなかったDとEも控訴審でほぼ同様の事実を証言した。これだけであれば，4対1の状況で，被告人の弁解がとおる可能性は乏しいといえよう。原審もAとBの証言の信用性を認めて有罪とした。

ビデオとの食い違い

　ところが，原審でも取り調べられたゲート付近を撮影していた防犯ビデオを詳しく検討したところ，紙コップの水が詰所内に届けられた後にAとBが詰所の外に出ている姿が映っていた。つまり，ビデオには，AとBと一緒に映っている場面が最初にあり，次いでAの姿がCとともに映っている場面があった。そして，Aの姿が消えてからもCの姿が映っていて，Cがゲートの閉鎖を指示している様子が確認できたのである。

　Aの証言によると，AとBが詰所に戻ってからCが水を持ってきたというのであるが，ビデオを見るかぎり，AとBが詰所の外で話をし，詰所に戻っても，Cはゲートにいて，閉鎖の指示をしており，ほどなく被告人が詰所から逮捕されて連れ出された。この間の映像ではCが紙コップを渡した場面は認められず，Cが紙コップの水をAに届けたのは，AとBが詰所の外に出る前とみるほかない。Cの証言もそのようにしか理解できない。被告人のいうとおりということになる。

　この違いは，ささいなことではない。被告人が暴行を加えた場面が違ってきてしまう。Aが被告人と対峙していなかったとなれば，Aに対する暴行は成り立ちえない。部屋に警察官が4人いたか2人いたかも重要である。しかも，4人の証言は，肝心の暴行場面だけで一致し，その他の点では，四者四様で相互に矛盾する様相を示していた。さらに，詰所自体とても狭い部屋で4人の警察官と被告人がいたというのも不自然な感じがあった。

検討する順序のおかしさ

　こうしてくると，無罪もやむをえないであろう。そうすると，4人の警察官が目の前で起こったことなのに，実際の事実と異なる証言したことになる。

　真相はよくわからない。ともかく，検察は，AとBの原審証言が終わってから防犯ビデオを提出した。これは，順序が逆で，防犯ビデオを提出した後に両者の証言を行い，そのなかでビデオ画面との照合を図るべきであった。そうすれば，客観的矛盾があったのだから，これを踏まえてDとEとの証人尋問もすべきであったであろう。しかも，捜査段階からビデオ画面を十分に検討しないまま，AとBの供述を得ていたのである。防犯ビデオという客観的な証拠を軽視したといわざるをえない。

　近時，防犯ビデオは，いっそう解像力を高め，被告人に有利にも不利にも働く有力な証拠となっている。その検討が不可欠である。

　本件とは違い逆転有罪の事件もあった。原審は，被告人がその想う相手の家の植木鉢1個を盗んだという証拠はないとして無罪とした。ところが，被害者宅に設置されていた防犯ビデオを控訴審でコマ落としにして見たところ，被告人の犯行が写っていたのである。原審は支部の裁判所で，防犯ビデオをコマ落としで見る機材がなく，見落としたのであった。これは，客観的証拠の無視とは違い，裁判所の機材の不足を示すもので恥ずかしいことである。この事件があったので，東京高裁の裁判長として管内の各地裁に行ったときには，所長さんに機材整備をお願いするようになった。

映像を読み解く難しさ

　また，逆転無罪（主文無罪）ではなく，窃盗の訴因について無罪として，盗品等無償譲受けの訴因で有罪とした事件があった。これが第2事件（平成14年12月11日・判決文126頁）で，共犯者A（女性）がコンビニ店内で現金約1万円と携帯電話1台等が入ったビニール袋（客が忘れたもの）を見つけ，盗ろうか盗るまいか迷い，何度か同店を出たり入ったりしたが，結局，店外に持ち出して窃取した。

　Aは，迷っているときに店内でそれまで行動をともにし，店にも一緒に入った被告人（女性，小中学からの仲のよい友達）と行き合い，その際に被告人に対

して,「あそこでビニール袋を見つけたんだけど持っていっちゃおうか」と持ちかけたところ,被告人から「持っていっちゃおう,持っていっちゃおう」といわれ,2人でビニール袋のところに行ったのだと供述した。そこで,窃盗の実行者はAであるが,共謀共同正犯者として被告人が起訴された。

被告人は,捜査段階から一貫して,ビニール袋はAが単独で窃取したもので,被告人自身は,事後に盗品の一部である現金5000円を受領しただけだと供述していた。

両者の言い分は真っ向から対立していた。Aは,被告人とは仲のよい友達だったから,わざわざ嘘をいって被告人を陥れる理由は見当たらない。そこで,Aが被告人に窃盗を持ちかけた場面があったかが問題となった。そのため,店内の防犯ビデオの検討が必要となった。原審もこれを検討してAの供述は,ビデオ映像と合致して信用できるとした。

たしかに,このビデオ映像によると,Aが何度か同店を出たり入ったりしている場面や,Aと被告人が連れ立って奥の通路に向かい,Aがビニール袋の付近でかがみ込むしぐさをしている場面は映っていた(ビニール袋自体は床の上に置かれており,映像には映っていない)。そして,Aは,連れだって奥の通路に向かった際に,上記の話が出たと証言している。

さらに,Aは,それに引き続いてビニール袋の中身を被告人と一緒に確認して,Aがビニール袋を持ち出した際に被告人が近くにいたと証言していた。しかし,それに相応する場面はなく,Aがかがみ込んだ時点で被告人はAと行動をともにすることなく,そのまま通り過ぎている。それ以降,Aがビニール袋を手にして出入り口付近に近づいた際に被告人がAに声を掛けた場面(このことは,被告人も認めている)まで,両者の接点はなかった。

こうしてみると,Aが被告人とのなんらかの接触を契機に窃取の意思を生じてビニール袋付近にかがみ込んだことは認められるものの,それ以上のことは認められない。被告人による見張りや合図等のAの窃取行為に呼応する行動がないならば,上記の会話もAが勝手に話しかけ,被告人から返事があったと思い込んだか,被告人が生返事または軽い承認をした程度であり,さして気にとめるほどの会話でなかったとみる余地もある。Aと窃盗の共謀をしたというには,被告人の行動は肝心のビニール袋に関心を示しておらず,そのままAを放

置して1人で通路の右端に歩いていっているのである。

　こうして，この第2事件も窃盗については無罪となり，被告人も認めている5000円の無償譲受けのみで有罪とした。覚せい剤取締法違反等の罪で執行猶予中の犯行ではあったが，上記の罪だけでは情状が軽いとして再度の執行猶予をつけた。原審は，懲役8月の実刑であり，執行猶予も取り消され長期の服役となることからすれば，被告人としてはありがたい判決であったであろう。

　この事件では，ビデオ映像を軽視したというのではない。その見方が問題となったものだ。防犯ビデオも一定時間ごとにカメラを切り替えて撮影しており，場所によっては撮影されていない時間帯もあるので，原審の裁判官も苦労されたものと思う。

7　防犯ビデオ決め手・第1事件

平成16年1月21日宣告
平成14年（う）第1197号

主　文

原判決を破棄する。
被告人は無罪。

理　由

第1　本件各控訴の趣意等

被告人及び弁護人の控訴の趣意は，事実誤認及び法令適用の誤りの主張であり，検察官の控訴の趣意は，量刑不当の主張である。

すなわち，弁護人及び被告人の所論（当審弁論を含む。）は，要するに，職務の執行中に被告人から暴行を受けた旨の警察官A（以下「A」という。）の原審公判証言は信用することができず，他方，同人に対する暴行の事実を否定する被告人の原審公判供述は他の客観的な証拠関係とも合致していて十分に信用できるにもかかわらず，前記A証言の信用性を全面的に認めて被告人に公務執行妨害の事実を認定した原判決には，明らかな事実誤認があり，また，本件公訴事実におけるAの職務行為は違法なものであるから，前記事実には公務執行妨害罪の「罪となるべき事実」が包含されておらず，刑訴法339条1項2号により公訴棄却の決定がされるべきであるにもかかわらず，これを排斥した原判決には，法令適用の誤りがある，というのである。検察官の所論（当審弁論を含む。）は，被告人に対しては実刑に処するのが当然であるのに，原判決は量刑判断を誤った結果，被告人を検察官の求刑を大幅に下回る懲役1年に処した上，執行猶予を付したもので，量刑が著しく軽く，不当である，というのである。

本件公訴事実は，「被告人は，平成13年2月8日午後7時ころ，P県〈町名地番等略〉Q空港〈略〉出発口Gゲート警戒詰所において，ハイジャック防止等のための警戒警備に制服で従事中のL署所属の警察官Aから，挙動不審者として職務質問を受け所持品の提示を求められた際，所持していた水溶紙片を水の入った紙コップの中に入れようとして同警察官から制止されるや，同警察官の腹部を左手で1回殴打し，さらに左手で同警察官の制服左襟部分を摑んで押し倒そうとする暴行を加え，もって同警察官の職務の執行を妨害したものである。」というものであり，被告人及び弁護人は，前記暴行の事実はない旨主張するとともに，前記の理由から公訴棄却（刑訴法339条1項2号）を申し立てて争ったが，原判決は，被告人に対して所持品検査を含む職務質問を実施していた際に同人から暴行を受けた旨の警察官Aの公判証言及びその状況を目撃したとする警察官B（以下「B」という。）の公判証言に信用性を認め，本件犯行を否認する被告人の公判供述は信用できないなどとして被告人によ

る公務執行妨害の事実を認定するとともに，本件公訴事実の記載は公務執行妨害罪の構成要件の記載として十分であるなどとして公訴棄却の主張も排斥し，被告人に対して，懲役1年，4年間執行猶予の判決（求刑・懲役1年6月）を言い渡した。

第2　事実誤認の論旨について

1　そこで，記録を調査し，当審における事実取調べの結果をも踏まえて検討すると，A及びBの各原審証言の信用性には疑問を抱かざるを得ないのであり，このような証言に信用性を認めて本件公訴事実を認定している原判決の認定説示は首肯することができず，他の関係証拠を併せ考えてみても，本件公訴事実が合理的疑いを超える程度に証明されているとはいえない。被告人及び弁護人の事実誤認の論旨には理由がある。以下その理由を述べる。

2　被告人は，平成13年2月8日午後6時55分発M空港行きスカイマークエアラインズ株式会社の航空機に搭乗するために，Q空港〈略〉の出発口G3ゲートで手荷物検査を受けてこれを通過しようとしたところ，金属探知機が反応し，その際検査員に提示した所持品にいわゆる催涙スプレーがあったことなどから，その対応に当たった警察官Aらによって G4ゲート脇の警戒詰所（以下「詰所」という。）に同行されたが，その経緯については，原判決が「補足説明」第2，2において認定説示するとおりであり，被告人らが入室した同詰所の状況も，同第2，3の(1)において認定するとおりである。本件で問題となるのは，被告人を詰所内に同行してから本件暴行に至るまでの経緯についてのAの原審証言の信用性である。その証言内容は，原判決が，「補足説明」第3，1，(2)に摘示するとおりであるが，被告人が手荷物検査を受けたG3ゲート及びその隣にあり本件当時は閉鎖されていたG4ゲートにそれぞれ設置されていた防犯ビデオ（当庁平成14年押第250号の1及び2，原審甲16及び17）の映像及びG3ゲートにおいて班長として旅客に対する手荷物検査に従事し，被告人への対応を警察官であるAに引き継いだN社勤務のC（以下「C」という。）の原審証言などに照らして子細に検討してみると，その証言の信用性には疑問を持たざるを得ない。

なお，G4ゲート及びG3ゲートの各ビデオの時刻表示の正確性を裏付ける直接的な証拠はないが，Cの原審証言によれば，同人らのG3ゲートでの勤務時間は午後7時までであり，同ゲートを映しているビデオの映像では，時刻表示19時00分55秒ころ，時計を見ながら同ゲートの閉鎖を指示しているCの姿が確認でき，19時01分10秒ころ（当審検17の写真9，10）に同ゲートの扉が閉められていることなどからすると，同ビデオの時刻表示と実際の時刻との間には，多少の誤差はあっても，大きく相違することはないことが認められる。また，両ビデオの時刻表示を対比すると，G3ゲートビデオの方がG4ゲートビデオよりも約40秒進んだ時刻を表示していることが認められるが，以下においては各ビデオの時刻表示

をそのまま引用することとする。
　Aは原審において，本件暴行のきっかけとなった紙コップの水が詰所に届けられた経緯について，上司の警察官Bが詰所にやって来た際，一旦二人で外に出て，Bに被告人が所持していた催涙スプレーを見せながらこれまでの経緯等を手短に説明して一緒に詰所に戻り，二人で質問を続けたが，Bが被告人に質問していたころに，Cが紙コップに入った水を持ってきたので詰所出入口付近で受け取り，被告人の目の前の机の上に置いて質問を続けた旨証言している（なお，水は詰所に同行されてから被告人自身が要求したものである。）。そして，当審公判廷において，A本人に確認を求めたところ，G4ゲートビデオの時刻表示18時58分50秒ころから59分07秒ころまでの映像において，G4ゲートの手荷物検査開披台辺りに映っている制服姿の数名の人物の中にA本人及びBが含まれており（当審検17の写真28ないし32），Aによれば，この場面が，原審で証言したとおり，Bとともに詰所を出て催涙スプレーを確認しているところである，というのである。確かに，ビデオの映像上でもトレイに載せられた催涙スプレーらしき物を確認することができる（当審検17の写真28）。
　ところが，このA証言によると，その後，Bとともに詰所に戻ったAのもとにCが紙コップの水を届けたとすれば，G3ゲートが閉鎖されて以後の時間帯にならざるを得ず，Cの原審証言とは明らかに一致しない。すなわち，G3ゲートビデオの映像上，Aの姿は，少なくとも時刻表示19時00分22秒ころまで確認することができ（当審検17の写真6），同人が詰所に戻ったとしてもこれ以降のことになるはずであるが，同ビデオには，それと同時にCの姿もまた映っており，Cについては，Aの姿が画面上から消えた後の時間帯にもその姿が映っていて，時刻表示19時00分55秒ころにはG3ゲートの閉鎖を指示している様子も確認できる。そうすると，Aの証言に従うならば，Cはその後，すなわちG3ゲートの閉鎖を指示した後に，詰所へ紙コップの水を届けることにならざるを得ないが，同人の原審証言をそのように理解することはおよそできないのである。同人は，被告人らが詰所内に入って数分後にAから水を汲んでくるように頼まれ，班員の女性に指示して水を汲みに行かせ，数分後にこの女性から紙コップに入った水を受け取って詰所出入口付近でAに手渡したというのであり，水を届けてから被告人が逮捕されるまでの間についても数分くらいだったというのであって，時間の経過については大まかで感覚的な証言しかできないでいる。そこで，仮に詰所に水を届けたのがG3ゲートを閉鎖した直後ころであったとすれば，Cがこのような特徴的で記憶に残りやすい事実に言及しないはずはない。ちなみに，同人は，被告人が詰所から連れ出された時刻を問われて，G3ゲートを閉めると同時くらいだったことを根拠に，午後7時くらいだった旨証言しているのである。Cが，紙コップの水を届けた時期を，その証言全体の中で，G3ゲートの閉鎖と何ら関連付けな

いで証言していること自体，それがG3ゲート閉鎖よりも前の時点であったことを端的に示しているというべきである。また，Aが当審において，G4ゲートビデオの時刻表示18時45分06秒から10秒にかけての映像（当審検17の写真17ないし20）を確認した上で，このころに被告人を詰所内に同行したと考えられる旨証言していること，同ビデオの時刻表示18時53分09秒ころから同53秒ころにかけての詰所出入口付近の映像（その一場面は原審甲44のG4-185340.bmp）は，Cの証言中で，同人が詰所に水を届けた後の状況について，ちょっと下がって様子をうかがいながら，上司と話をしていたとする場面と符合しており，それ以後，AとBの姿が同ビデオの映像に現れるまでの間，Cの姿は，両ビデオのいずれかの映像上で確認できることなどからすると，Cの証言内容は，G3及びG4ゲートの各ビデオの映像とも符合し，時間的にもこれに矛盾しないものであって，十分に信用することができる。その他，Cの原審証言の信用性に疑問を抱かせるような事情は認められず，前記各ビデオの映像と併せて考えると，Cが紙コップの水を詰所に届けたのは，AとBが一緒に詰所を出る前の時点であったことは動かし難い事実であるといわざるを得ない（なお，当審で取り調べた後記Eもこの事実を明確に認めている。）。そうすると，両名が詰所に戻ったころにこれが届けられたというAの前記証言はこれとは明らかに符合しないものであって，その信用性に疑いを持たざるを得ないのである。

しかも，このことは，Aの証言内容が単なる記憶違いで客観的な事実経過に符合しないというのにとどまるものではない。紙コップの水が届けられた時期など本件の核心に関係ないなどとはいえないのである。すなわち，Aは原審において，紙コップの水が詰所に届けられた後の様子について，紙コップを被告人の目の前の机の上に置いた後も質問を続けたが，被告人は，何も答えず，そのうち，椅子に座った状態のまま，体を前後に揺するなど落ち着かないような態度を取り始め，突然，目の前にあったメモ紙片のうちの一部を右手でつかんで紙コップの水に浸そうとしたため，これを制止しようとしたところ，被告人から暴行を受けた旨証言しているのであり，紙コップの水が届けられてから被告人の態度が変化し，突然，メモ紙片を紙コップ内へ入れようとしたこと，そして，これを制止しようとしたところ被告人から暴行を受けたことがまさに一連の経過として，思い違いなどとの弁解を入れないほどに具体性を持って述べられているのである。ところが，先に見たとおり，Aが，詰所に紙コップの水が届けられた後に，Bとともに一旦詰所の外に出たことは動かし難い事実であるから，Aの前記証言は，紙コップの水が届けられた後本件暴行まで終始詰所内にいて被告人と対峙しての証言全体の信用性にも疑問を抱かざるを得ないのである。紙コップの水が届いた後にBとともに一旦詰所の外に出たという事実は，黙秘を続けていた被告人と対峙している状況下にあって，Aにとって印象的な出

来事であったはずであり、しかも、Aは、G4ゲートビデオの映像上で確認できるだけでも、時刻表示18時58分50秒ころには既にBとともに詰所から出てきており、その後、同表示19時00分20秒ころまでは詰所の外にいたことが明らかであるから、Aの証言を、記憶のあいまいさであるとか、思い違いなどということで説明することはできないというべきである（なお、A自身も、当審において、紙コップを置いたまま詰所の外に出た記憶はない旨明確に証言しているのである。)。

また、このことは、詰所内で被告人のAに対する暴行を目撃した旨のBの原審証言についてもほぼ同様にあてはまる。すなわち、Bは原審において、Aと詰所に戻った後、再度一人で詰所を出てから戻ると、それまでなかった紙コップの水があることに気が付いたというのであり、それから、被告人がだんだん落ち着きがないように見え、背もたれに背をつけていたのが、だんだん前かがみになり、それまで組んでいた両腕を机の上につけ、周囲をうかがうような目つきになり、Aが目の前にあるメモ紙片について質問を向けたときに、やにわにメモ紙片をわしづかみにしてコップの中に突っ込んだため、Aがこれを制止しようとし、被告人から暴行を受けた旨証言しているのであって、必ずしも明確ではないものの、詰所内に紙コップの水が届けられたのはAと詰所に戻って以後の時点である趣旨の証言をしており、その後の被告人の態度の変化から本件暴行に至る経緯が、一連の経過として、具体性を持って述べら

れている点はAの原審証言と同様であり、このようなBの原審証言の信用性にも同様の疑問を抱かざるを得ない。

そして、被告人は、原審以来、紙コップの水が詰所に届けられた後にAがBを詰所の外に連れ出し、残った2人の警察官（D及びE）が自分を見張ることになった際に、他人に見せたくないメモの一部だけでも処分しようと思い、ポケットホルダーから抜き取って紙コップの中に突っ込んだところ、見張っていた2人の警察官から暴行を受けた旨供述し、本件暴行の事実を否認しているのであり、少なくとも、被告人の供述どおり、紙コップの水が詰所内に届けられて以後に、A及びBが詰所の外に出ていた時間帯が存在したことは、前述のとおり動かし難い事実であり、しかも、G4ゲートビデオの時刻表示によれば、前記のように、その状態が1分半程度には及んでいたことが明らかであって、Bが証言するように、詰所に戻るまでの時間が「1分以内」というような状況でもないのである。被告人の供述するところはその限りにおいては十分に裏付けられているのであって、AとBがいない間にメモ紙片を紙コップの水の中に突っ込んだ旨の被告人の供述もまた、これを虚偽であるとして直ちに排斥することはできないというべきである。ところで、G4ゲートビデオの映像によれば、時刻表示19時01分13秒ころ（当審検17の写真37、原審甲44のG4-190120.bmp)、詰所内で何らかの異変が起きた様子が確認でき、Aら及び被告人のいずれの供述に従うにしても、このころに、

被告人がメモ紙片を紙コップの中に入れようとした，あるいは入れたものと認められる。他方，同ビデオの時刻表示19時00分20秒ころ以降は，詰所の外にいるAやBの姿を映像上確認することはできないから，被告人が前記行為に及んだ際にAとBは詰所内にはいないとして，A及びBの各証言はおよそ信用できないとまではいえないかもしれない。しかし，仮にAとBがG4ゲートビデオの画面上から消えてそのまま詰所に向かったとしても，それから詰所内に異変が起きるまでには1分足らずのわずかな時間（前記19時00分20秒ころから前記19時01分13秒ころまでの間）しかないことに照らすと，この間にAらが証言するような職務質問等の経緯があったとは考え難いというべきで，被告人が供述するように，AとBは，被告人がメモ紙片を紙コップの中に入れようとした時点においても，いまだ詰所の外にとどまっていたのではないか，または少なくともAらが証言するような職務質問等を行う状況には至っていなかったのではないかとの合理的な疑いを入れる余地があるといわなければならない。このように見てくると，A及びBの証言に信用性を認めて本件公訴事実を認定している原判決の認定説示は首肯し難いといわざるを得ない。

なお，原判決は，被告人の前記供述は不自然の感を免れない旨説示しているが，ここでは被告人がその存在を主張し，Aらがその存在を否定する時間帯（紙コップの水が机に置かれたままでA及びBが在室していない時間帯）が客観的には存在することに着目すべきであり，この点を踏まえないで被告人の前記供述を信用し難いとして排斥している原判決の説示は説得力がない。

3 このように，原審で取り調べた証拠によっては，原判決の事実認定は到底支持することができないから，その時点で既に事実の誤認があるといわざるを得ない。そこで，これに当審で取り調べた証拠を付け加えて検討すれば，事後的にも原判決の事実認定が維持できるものであるかを改めて検討する。

まず，再度，当審で取り調べたAの証言は，主として，前記のように，ビデオに映っているA及びBらの姿を確認しているものであるが，その証言の全体の趣旨はその原審証言とほぼ変わらないものであり，原審の前記事実認定を是正するに足るものではない。

次に，当審で初めて取り調べたところの，Aからの応援要請によってGゲートに駆け付け，同人とともに被告人を詰所まで同行した警察官D（以下「D」という。）及び同E（以下「E」という。）の2人の警察官も，詰所内において，メモ紙片を紙コップ内に入れようとした被告人を制止しようとしたAが，被告人から暴行を受けた状況を目撃した旨証言するに至っている。すなわち，Dは，本件暴行が起きる少し前から詰所内にいた旨証言し，紙コップの水が届いてからの被告人について，のどが渇いたと言ってもらったはずなのに口をつけないで前かがみになって水の方を見つめており，そわそわし始めるなど急に落ち着きがなくなって

きたので，何かするのではないかと，思って動静に十分注意していたところ，メモ紙片を紙コップの中に入れようとし，Ａがこれを阻止しようとして被告人から暴行を受けたというのであり，Ａの制止行為及び被告人の暴行行為についても詳細を証言し，本件暴行時に自分のいた場所については，詰所内で，被告人とは机を挟んで反対側に位置し，机から20から30センチメートル，あるいはそれより近い場所にいて，被告人の様子がおかしいと思っていたのでやや前かがみであったと思う旨証言している。また，Ｅも，Ａ及びＢが詰所に戻りＢが被告人に質問していたころから詰所内にいて，Ｂが再度一人で詰所を出た後，被告人が机の上にあったメモ紙片を紙コップの中に入れ，それをＡが制止しようとして被告人から暴行を受けた様子を目撃したというのであり，Ａの制止行為及び被告人の暴行行為の詳細を述べており，その際自分のいた場所については，Ｄの右横の辺りで，机から40センチメートルくらい離れた場所であった旨証言している。そうすると，両名にＢを加えた3人の警察官が，詰所内で，メモ紙片を紙コップの中に入れようとした被告人を制止しようとしたＡが，被告人から暴行を受けた様子を目撃していたことになるのであり，また，それぞれが証言する本件暴行の状況も，Ａの証言するところとおおむね一致していることも併せ考えると，これらの証言は，少なくとも，Ａの原審証言のうち被告人から暴行を受けたとする核心部分を裏付けているということができ，同人やＢの原

審証言の信用性に前述のような疑問があるとしても，本件暴行の事実それ自体についての証言の信用性まで否定することは困難であるかのようにも見える。

しかしながら，本件暴行を目撃したとする3人の警察官の位置関係や目撃状況がそれぞれの証言しているとおりであるとすると，Ａを含めた4人の警察官は，本件暴行の少し前から詰所内にいて，被告人の向かっていた机（大きさは，縦約0.7メートル，横約1メートル）の周りを取り囲むように位置していたことになり，そのうち3人の警察官は，紙コップの水を目の前にして落ち着かない態度の被告人を注視していたはずであるのに，そのような詰所内の状況を証言する者は4人の警察官の中には一人もいないのであり，そのこと自体，まずもって不可解であることを指摘せざるを得ない。

さらに，各証言内容を子細に見てみると，Ｄ及びＥは，それぞれ本件暴行の少し前から詰所内にいて，しかも机から数十センチ離れた場所に立っていた旨証言し，殊にＤにあっては，被告人の態度に不審感を抱いて前かがみになっていたと思うともいうのに対し，Ａは原審で，両名はＢと詰所に戻った際に出入口付近におり，自分たちが詰所内に入ると通路側に移動したと思う旨述べており，被告人がメモ紙片を紙コップに入れようとした時点にも両名は出入口付近にいたと述べたり，どったんばったんということがあったので駆け付けて来て机の上の物を移動したと思う，などと述べているのであり，また，Ｂも，Ａと詰所を出る際に，

DかEのどちらかが詰所の中に入ったが、戻ってからのことはわからないと述べ、本件暴行直後には、気が付くとD及びEの二人が机の上のバッグなどを押さえていたなどと証言している。D及びEの証言どおりだとすれば、他には人の出入りもなく、さほど広くもない詰所内において、A及びBの両名が、D及びE二人の存在について、揃って前記のような証言しかしていないのはあまりにも不可解である。原判決は、Aが、被告人に対する職務質問に注意を集中していたため、Bや他の警察官らの出入りの状況については記憶があいまいであるという趣旨のことを述べている点を捉えて、同人にその点に関する記憶のあいまいさや思い違いなどがあっても無理からぬ面があることは否定し難い旨説示しているが、被告人と机を挟んだ反対側に位置し、机から数十センチメートルしか離れていない場所で被告人の態度を注視していたというDの存在にさえも気付かなかったというのは考え難い。ましてや、Bは、一人で再度詰所を出入りしたとも述べているのであるから、被告人に集中して他の者の存在に気付かない状態だったとは考えられず、同人までもが詰所内にいた二人の存在に気付かなかったというのはおよそ考え難いことである。そうすると、本件暴行時に、D及びEの両名がそれぞれの証言するとおりの場所にいたのだとすれば、その際の詰所内の状況に関するA及びBの各証言の信用性には疑問を持たざるを得ないし、逆に、A及びBの各証言のとおりだとすれば、D及びEの両名が、その証言どおりの状況下で本件暴行を目撃したのかについて疑問を差し挟まざるを得ず、その証言内容をたやすく信用することはできないことになる。

また、Bは、本件暴行時には被告人に質問をしていたAの左側辺りで、机からさほど離れていない場所にいて、その一部始終を目撃していた旨証言しているのに対し、Dは、Bは再度一人で詰所の外に出たが、その後、いつ詰所に入ってきて、どこにいたのかは分からなかったと述べたり、Bが詰所内に戻ってきたのは、ちょうど被告人が紙コップに紙片を突っ込んだ前後であるが、入って来たところは見ておらず、見上げたときには既にいて、被告人がAに再度つかみかかったときくらいに二人の間に割って入った旨証言しており、Eも、Dと同様、Bは再度詰所の外に出ており、その後、本件暴行があって、被告人がAに詰め寄っているときにBが制止をしたというのであるが、同人が詰所内に入って来たところは見ていないというのである。D及びEの証言するとおりであったとすれば、Bは一連の経過の途中でしかもちょうど本件暴行が起きたころに詰所内に戻って来たことになるはずであるから、それ以前の様子についても言及しているBの証言は、その信用性に疑いを持たざるを得ない。逆に、B自身の証言のとおりであったとすれば、D及びEの両名は、一人で詰所を出るBの様子については認識していながら、本件暴行の少し前には同じ位置に戻っていたというBの存在については二人揃って気付かなかったということになり、

あまりにも不可解であって、両名の目撃証言に疑問を差し挟まざるを得ない。

このように、4人の警察官の証言内容は、奇しくも、Aがメモ紙片を紙コップに入れようとした被告人を制止しようとして暴行を受けたという状況だけが一致していて、その余の詰所内の状況についてはまるで整合性がないどころか、むしろ証言内容が相互に矛盾しているといってもよく、A以外の3人の警察官については、一体誰が本件暴行時に詰所内にいて、どこに位置していたのかが全く判然としないのであり、そのような3人の警察官の目撃証言に、たやすく信用性を認めることはできないというべきである。そして、本件は、詰所内で所持品検査等を受けていた被告人が、突然、メモ紙片を紙コップの中に入れようとしたことに端を発した偶発的で、かつ瞬時の犯行であったはずであること、本件暴行の事実を証言している4人の警察官は、いずれも被告人に対する現行犯人逮捕手続書（原審甲1）の作成名義人であり、それぞれの証言時においては、当然、その記載内容を了知していたであろうことなども考え併せると、4人の証言内容が肝心な場面だけは一致しているのは奇妙ですらある。

4 本件においては、4人の警察官の証言の他には被告人による犯行を裏付ける証拠は見当たらず、本件公訴事実を認定できるかどうかは、まさにこれら4人の証言に信用性を認めることができるか否かにかかっているのであるが、以上見てきたとおり、4人の警察官の証言には、容易には払拭できない疑問が種々認められるのであって、Aが被告人から暴行を受けた状況については4人の証言内容がほぼ一致しているということのみをもって、メモ紙片を紙コップの中に突っ込んだのはAとBがいない間である旨の被告人の前記供述を虚偽であると排斥し得るだけの証明力を認めることはできず、そのような証言によって本件暴行の事実を認定することにはちゅうちょを覚えざるを得ない。

そうすると、結局、原判決がその事実認定の主要な根拠としたA及びBの各証言は、原審で取り調べたG3及びG4ゲートの各ビデオの映像と客観的に矛盾する部分があり、信用することができないし、原審裁判所は、この両ビデオを採用していながら、その判文からしても、これとA及びBの各証言とを付き合わせて十分な検討をしておらず、その事実認定は原審で取り調べた証拠によっても支持することができない上、当審で取り調べたD及びEの各証言をあわせて検討しても、原審の事実認定上の問題点が解明されるどころか、かえって四者四様で相互に矛盾する様相を示すに至っている。ことに、被告人がAに暴行を加えたという場面のみ一致し、その直前の状況が極めてあいまいで、心証上一種の空白の時間帯ないし場面を示していることは、四者の間で単に記憶違いや思い違いがあったからでは到底済まされない問題である。裁判所として、ここで、何も捜査側に有利なように各証言を善解すべきいわれはない。ふりかえってみれば、本件では、捜査段

階においても，客観的な証拠である前記ビデオ映像の存在を重視し，4名の警察官の供述を検討すべきであったのであり，原審においても，検察官において最初から前記ビデオの証拠請求をし，その取り調べをした後に，A及びBの証言を求め，この各証言とビデオ映像とで矛盾があったのであるから，当審で取り調べざるを得なかったD及びEも証人として取り調べて，これらの人証及び物証を総合判断していれば，あるいはより説得力のある結論に至っていたかもしれない。なお，本件逮捕時間について，Aは，原審及び当審において，Aの時計で19時であり，それが1分半くらい進んでいたから18時58分30秒ころであると明言しているが，この点も前記ビデオ映像の時刻表示から説明できない逮捕時間であって，あまりに時間がずれているため，弁護人の所論のようにこれを無罪の決め手とすることはできないものの，このような点にも，ビデオ映像という客観的証拠との符合に意を用いていない捜査手法の問題点がうかがわれる。また，原判決も判示するように，本件メモ紙片がどのような形で差し押さえられたかも明らかではないなど証拠物の取扱いにも同様の問題がある。捜査機関において，ビデオ映像という客観的証拠を軽視し，原審裁判所もこのずさんさを是正しなかったために，事案の真相が不明になったといわざるを得ない。本件は客観的証拠の重要性を示唆する一事例というべきであろう。

　かくして，当審に至って，これらの証拠を総合検討してみても，原判決の事実認定の瑕疵は改善されず，かえって，事実誤認の疑いが深まったといえるのである。そうすると，本件公訴事実は合理的疑いを超える程度に証明されているとはいえないから，原判決には，本件公訴事実を認定した事実の誤認があるといわなければならない。

　事実誤認の論旨には理由がある。

　第3　破棄自判

　よって，被告人及び弁護人のその余の論旨並びに検察官の論旨について検討するまでもなく，刑訴法397条1項，382条により，原判決を破棄し，同法400条ただし書により，当審において被告事件について更に判決する。

　本件公訴事実は，前記第1において記載したとおりであるところ，前記第2において詳細に検討したとおり，原審及び当審において取り調べた関係証拠を総合してみても，当該事実が合理的疑いを超える程度に証明されているとはいえず，結局，本件公訴事実については犯罪の証明がないことに帰するから，刑訴法336条により無罪の言渡しをする。

　よって，主文のとおり判決する。

平成16年1月21日
東京高等裁判所第9刑事部
裁判長裁判官　原田國男
裁判官　大島隆明
裁判官　佐々木一夫

7　防犯ビデオ決め手・第2事件

平成14年12月11日宣告
平成14年（う）第981号

主　文

原判決を破棄する。
被告人を懲役3月に処する。
原審における未決勾留日数中，その刑期に満つるまでの分をその刑に算入する。
この裁判確定の日から3年間，その刑の執行を猶予し，その猶予の期間中被告人を保護観察に付する。

理　由

本件控訴の趣意は，事実誤認及び法令適用の誤りの主張である。

第1　事実誤認の論旨について

1　所論は，原判決は，被告人がAと共謀の上，本件窃盗行為に至ったとの事実を認定しているが，被告人はAと共謀した事実がないから，原判決には，事実の誤認がある，というのである。

2　本件公訴事実の要旨は「被告人は，Aと共謀の上，平成13年6月9日午前零時51分ころ，原判示ローソンL店において，B所有の現金約1万円及び携帯電話1台ほか12点在中のビニール袋1個（時価合計約2万8000円相当）を窃取した」というものである。

被告人は，捜査段階から一貫して，本件ビニール袋は，Aが単独で窃取したものであり，被告人自身は事後にAから盗品の一部である現金5000円を受領したことはあるものの，窃盗について共謀したことはないと供述し，原審においても同様の主張をして無罪を争ったが，原判決は，①窃盗の実行犯であるAが，原判示店内で本件ビニール袋を発見し，盗ろうか盗るまいか迷って，何度か同店を出たり入ったりしていた，そのうちに店内で被告人と行き合い，その際被告人に対し，あそこにビニール袋を見つけたんだけど持っていっちゃおうかと持ち掛けたところ，被告人から，持って行っちゃおう，持って行っちゃおうと言われ（以下，単に「本件会話」という。），2人で本件ビニール袋のところに行ったなどと原審において証言しており，これは，原判示店舗に設置された防犯用のビデオテープ（甲24）再生画像（以下，単に「ビデオ映像」という。）と合致しており信用できる，②本件窃盗の犯行後，被告人は，Aから前記盗品の一部である5000円札を受け取っている点や，後日，当時勤務していた居酒屋の関係者であるCから尋ねられて，窃盗はAがやったことで自分は関係ないなどと答え，Aに対しては，真実は被告人とAとは幼なじみの親しい友人であるのに，Aが初めて前記居酒屋に来た客ということにしようと持ち掛けている点などは，被告人とAとの共謀を前提とすればよく理解できる，③これに対して，被告人の弁解は，ビデオ映像と必ずしも矛盾しないように見えるが，前記②の点に照らすと，被告人の弁解はにわかに信用

することができない，と判示した上，被告人とAとの間に窃盗の共謀があったとして，公訴事実と同じ事実を認定し，被告人を懲役8月，未決勾留日数中120日算入，訴訟費用不負担との判決を言い渡したものである。

3　そこで，原判決の判断について，原審において取り調べた関係証拠のほか，当審において取り調べた証拠にも照らして総合検討すると，被告人とAとの間に窃盗の共謀が成立したと認めるには，なお合理的な疑いを差し挟む余地があるというべきであるから，この点で原判決には事実の誤認があるといわざるを得ない。

⑴Aは，原審において，前記のとおり，原判示店内で本件ビニール袋を発見し，盗ろうか盗るまいか迷って，何度か同店を出たり入ったりしていた，そのうちに店内で被告人と行き合い，本件会話をして2人で本件ビニール袋のところに行ったという点については，細かい文言の相違はあるものの，ほぼ終始一貫して明確に証言しており，当審証言においてもこの点は揺らいでいない。

その一方で，Aの原審証言には，所論の指摘するように，Aが本件ビニール袋を発見した時点，被告人と前記会話を交わした後，店内で被告人とビニール袋の中身を確認したか否か，Aがビニール袋を窃取した時点での被告人の位置や挙動等の重要な点について事実の前後関係が不明確で，尋問の仕方によって事実の前後が入れ替わったり，記憶と推測を交えて証言している個所があり，必ずしも事実の推移を明確かつ整然と述べているものとはいえない。この点は当審証言においても同様である。

他方，被告人は，Aがあったとする本件会話については，捜査段階から当審に至るまで一貫して否定しており，店内でAと交わした会話は，被告人らと同行していたDが何でも買ってやると言っているということや，買い物に関するもので，本件ビニール袋の存在については，Aが手に持って店外へ出ていこうとした時に初めて気づき，A，Aと声を掛けたものの，Aはそのまま出ていってしまった旨供述している。

⑵そこで，ビデオ映像と対比して，問題点について検討する。

ビデオ映像の概要は別紙のとおりであるところ，これは，原判示店舗において，防犯用に，本件店内の状況を一定時間毎にカメラを切り替えて撮影しているものであり，そのため，場所によっては撮影されていない時間帯もあるが，この映像が本件犯行前後の店内の客観的状況を立証するものであることは疑いない（なお，ビデオ映像のカウンターの数字は，実際の時刻よりも3分進んだ時刻を表示している（甲6）ものであり，原判決はこの点を考慮して修正した時刻表示で判示しているが，当審ではビデオ映像との照合の便宜上，時刻の修正をせず，カウンターの数字通りに表示する。）。

①Aは，原判示店内で本件ビニール袋を発見し，盗ろうか盗るまいか迷って，何度か同店を出たり入ったりしていたと証言しているが，ビデオ映像によれば，原判示店舗の扉が開いて，被告人，A及

びDが店舗内に入って来た時点から、最終的にAがビニール袋を持って店外に出た時点に至るまで、Aが複数回店舗を出入りしている時間帯（00：52：41〜00：52：59等）があることが認められ、この点はAの証言と良く合致しているものといえる。なお、この時点以前にAが本件ビニール袋を発見した状況を裏付ける映像は見当たらないが、カメラが切り替わっている時間帯があることを考慮すると、この点は必ずしもAの証言と矛盾するものではない。

②Aの当審証言によれば、本件会話を交わした時点は、被告人と連れだって奥の通路方向に行った際（00：53：45〜00：53：49）に当たる、という。

ビデオ映像によれば、被告人及びAが店舗内に入ってから、レジスターの前で会話をしているような場面（00：52：38）及び出入口近くで出会い、連れだって奥の通路方向に行く場面（00：53：45以降）を除く外は、被告人とAはそれぞれ単独で行動していることが認められる。そして、Aの原審証言は、ビデオ映像の、Aと被告人と連れだって奥の通路に向かい、Aが本件ビニール袋の付近でかがみ込むしぐさをしている（00：53：49）ことと合致しており、Aの証言から認められる、被告人との本件会話によって、それまで逡巡していたAが、本件ビニール袋を窃取するとの犯意を生じたという流れともよく合致しているといえる。

③一方で、Aは、ビニール袋の中身を被告人と一緒に確認したとか、Aがビニール袋を窃取した際に、被告人が近くにいたなどとも証言しており、当審においても同様の趣旨と取れる証言をしているが、前記ビデオ映像によれば、Aが最初に奥の通路でかがみ込んだ時点（00：53：49）において、被告人はAと行動を共にすることなくそのまま通り過ぎていることが認められる。その後Aは立ち上がり（00：53：54）、奥の通路に姿を見せている（00：54：01、00：54：21以降）ものの、被告人が奥の通路に姿を見せたことはない。そして、被告人は、レジスター前の通路に姿を見せた（00：54：09）後は、もっぱらレジスター周辺に姿を見せており、Aがビニール袋を窃取したものと推測される時点（00：54：24）前後も同様であることからすると、前記の点に関するAの証言は客観的に十分裏付けられていない。なお、Dの警察官調書（甲19）によれば、Dは、店舗の奥の方でAと被告人が向かい合って、しゃがみ込んで何かをしているのが見えた旨供述しているが、前記のように、ビデオ映像中にこれに沿う部分はなく、店舗奥が撮影されていない時間帯がある点を考慮しても、Aと被告人が一緒にしゃがみ込むというような挙動をしていた時間帯があったものとは考えられず、この供述は信用できない。

④ビデオ映像を見る限り、被告人が本件ビニール袋に関心を示している場面は見当たらず、一方で、Aがビニール袋を手にして出入り口付近まで近づいてきた際に、被告人がAの方に声を掛けるようなしぐさをしている場面（00：54：31）があることからすると、被告人の供述も、

ビデオ映像と符合しており，特段矛盾する点はないといえる。ただ，被告人とAが連れだって奥の通路方向に行く場面で，買い物に関する話をしていたというのは，その直後に，それまで窃盗を逡巡していたAが本件ビニール袋の付近にかがみ込んだことに照らすとやや不可解であり，Aのいうように，ビニール袋窃取に踏み切らせる何らかの接触があったのではないかと理解する方が自然であるといえる。

(3)以上の検討結果によれば，前記のとおり，Aが何らかの被告人との接触を契機として，本件ビニール袋を窃取するとの犯意を生じ，本件ビニール袋付近にかがみ込んだことは認められるものの，その際の被告人の挙動は，本件ビニール袋付近に立ち止まる，かがむ，注視するなど，ビニール袋に関心を示しているものではなく，そのままAを放置して1人で，通路の右端に歩いて行っているというものである。これは，その直前に被告人とAとの間で初めてビニール袋を窃取しようという犯意が形成されたとすれば，いかにも不自然な行動であるといわなければならない。しかも，その後の被告人とAの行動は，Aが奥の通路右端付近から再び本件ビニール袋付近に近づいて窃取し，被告人は，レジスター付近にいて，Aの方向を気にしているようには見えるものの，見張りや合図などAと呼応する行動を取っているようには見えない。

そうすると，Aが被告人の関与に関する重要な前記③の点について従来から供述があいまいで変遷している上，ビデオ映像にこれを裏付ける場面がないことや④の見張りや合図等のAの窃取行為に呼応する行動がないことからすれば，本件会話についても，勝手にAがそのような会話，ことに被告人のそのような返答があったと思いこんだ可能性もあり得るのであり，少なくとも，間違いなく本件会話が両者の間にあったとまでは証拠上確定できないというべきである。

Aは，被告人と小中学校時代からの友人であり，本件当時は仲が良く，その後仲違いをしたことはあったが，それ以上にことさら被告人に不利な虚偽の証言をする理由やそれを疑わせる形跡は認められないけれども，他方では，本件窃盗の直前，Aは被告人及びDらとスナックで飲酒していたこと，本件が，コンビニエンスストアでの買い物中にたまたま目についたビニール袋を窃取するという，日常的な行動の中で起こされた多分に偶発的な態様のものであること，Aは本件犯行直後に逮捕されたものではなく，原審で請求された警察官調書のうち最も早い日付のものでも本件犯行後2か月余り経過した時点のものであり，原審証言は，本件犯行後5か月余り経過した時点のものであることなどの事情も認められる。

結局，本件会話の有無については，Aと被告人の言い分が互いに対立しているところ，いずれが真実であるかを確定させるだけの決め手が本件証拠上ないと言わざるを得ない。そうすると，盗むか否か迷っていたAの決断を促すような何らかの接触がAと被告人との間にあったという限度でしか認定できないのである。

仮に，被告人がAがそう受け止めるよ

うな言動をしたとしても，生返事又は軽い承認をした程度であり，さして気に留めるほどの会話でもなかったとみる余地もあるから，いずれにせよ，共謀があったとするには，合理的な疑いが払拭しきれないものといわざるを得ない。

なお，Aが当初から被告人を本件窃盗の共犯だと考えていたことは，Aが本件犯行直後，被告人に盗品から5000円を渡していることの他，Cの検察官調書（甲21）によれば，Cが本件の数日後，被告人が勤務していた居酒屋の女主人からビデオ映像を見た旨聞いたことがきっかけで，本件犯行に被告人とAが関与しているとの疑いを抱き，それぞれに事情を聞いた際，Aは被告人が犯行への関与を否定したと聞いて，怒ったような口振りで，「あれは〇〇〈注：被告人の名前〉と一緒にやった。〇〇はそんなことをいっているの。」などと言った旨供述していること，Aは後日被告人に対して「あんたも共犯だよね。」などと話しており，この点については被告人も認めていることなどの事実からも窺われるものである。前記のように，Aが窃取をするか否か悩んでいて，Aとしては被告人に話を持ちかけてその承諾があったと思いこんで，それが犯行へ踏み切るきっかけになったことは，その限度で認められるから，Aとしては，被告人も共犯であるという理解をしていたのは不思議ではなく，前記のような対応を取ったのは，共謀を否定することと何ら矛盾しないというべきである。

また，Aは，本件犯行後，知人らを家まで送り届けた後に，被告人に対し盗品の一部である現金7000円中5000円を渡しており，被告人は，原審及び当審における供述を前提としても盗品と知りながら結果的には受け取っていることが認められる。Aは被告人が共犯者であると考えており，いつも奢ってもらうなどしていたことから，少し現金を多めに渡した旨証言している。しかしながら，Aも，現金については被告人から言われて渡したのではなく，Aが自発的に渡したものであると証言しているところ，被告人とすれば，Aが偶発的な経緯で窃取してきた物について，好奇心を持つことはあり得るし，盗品の一部をあげると言われた場合，共犯でなくてもあえて断ることはせず，そのまま受け取るということも特段不自然とまではいえず，被告人が窃盗の共犯者であることを裏付ける決定的な事実とは言い難い。

さらに，被告人は，後日，Aに対して，自分とAは初対面だったことにしようなどと，証拠隠滅とも取れる提案を持ち掛けていることが認められ，これは被告人とAが共犯関係にあったことを疑わせる事情であるといえる。

しかし，被告人はこの点について，Aのみならず自分にも逮捕状が出ていると聞いたため，実際に盗んできたAが，被告人のことを知らない人だといえば，捕まらないのではないかと考えて話した（検察官調書・乙4）とか，本件店舗の店員は被告人のことを良く知っているが，Aのことは知らないので，被告人がAのことを知らない人だといえば，Aが捕ま

らずに済むのではないかと考えて、Aをかばうために言った（原審証言）などと弁解しており、真実どちらの意図であったかは不明であるが、どちらにせよ、被告人とAが疑われている状況下において、被告人やAの逮捕を免れたいという心情から持ち掛けた言葉であるとすれば、筋が通るのであって、被告人が窃盗の共犯者であることを裏付ける事実であるとも解し難い。

なお、被告人は、Aの「あんたも共犯だよね。」と言う言葉に対して、「そうだよね。」と応じた事実はある旨供述している（検察官調書・乙4）が、これは、被告人自身もいうように、盗品と知って5000円を受け取っていることから、自分にも一定の責任があるという趣旨と解することが可能であって、被告人が窃盗の共犯者であることを認めた趣旨とは解し難い。

4　結論

そうすると、Aの原審証言にもかかわらず、被告人とAとの間においては、本件ビニール袋を窃取することについて、互いに意を通じ合うには至っていなかった可能性があり、窃盗に関する共謀が成立したものと認定するには、未だ合理的な疑いを差し挟む余地があるものといわなければならない。

被告人について窃盗の共謀共同正犯と認定した原判決には、結論に影響を及ぼす事実の誤認があるものといわなければならない。

結局、事実誤認の論旨は理由があることに帰する。

第2　破棄・自判

よって、弁護人のその余の控訴趣意に対する判断をするまでもなく、刑訴法397条1項、382条により、原判決を破棄する。

ところで、被告人は、盗品の一部である5000円をそれと知りつつ受領した点については、原審第1回の認否の段階から認めており、原審弁護人も盗品無償譲り受けの限度であれば認めるとの陳述をしており、原審におけるAの証人尋問及び被告人質問においても、これにそう証拠調べを行い、原審の弁論においても同様の主張を維持しており、当審においてもこの点は維持していた。これを前提として、検察官は、当審において予備的に、盗品等無償譲受けの訴因を追加・変更したものである。

弁護人は、この予備的な訴因・罰条の変更に異議をとどめているので、付言するに、予備的訴因・罰条は、本位的訴因・罰条と比較した際、本位的訴因である窃盗の直後にその盗品を譲り受けたというものであって、本位的訴因と公訴事実の同一性の範囲内のものである。しかもその予備的訴因で付加変更された部分についても、事実関係自体は、前記のように原審における証拠調べの結果から既に明らかな事実に包含されているものであるし、被告人も、盗品等無償譲り受けの事実関係自体については一貫して認めているものである。もっとも、弁護人は、当審において、盗品等無償譲り受けの事実を否定する旨陳述し、被告人もこれに沿う陳述をしているが、当審における被

告人質問の結果によれば，被告人は，5000円を受領した後，車のダッシュボードに入れっぱなしにしておき，一部は自分で使用したが，その余はこの車を共同使用していたAが使ったものと思う，というのであって，この供述自体は，原審の被告人質問で既に供述していた内容と同旨である。弁護人の異議は，控訴審の審理の終盤に至って予備的訴因が追加されることは不当であるという趣旨と理解されるが，この訴因変更については，前記の点にかんがみると，弁護人の防御活動の結果を逆手に取るようなものであるとは評価できず，許容すべきものであるといえる。そうすると，当審において，この予備的訴因の変更に従って，予備的訴因事実を認定し処断したとしても，審級の利益を奪うことにはならず，被告人に対して不意打ちとなったり，特段不利益になるものとは解されない。

そこで，刑訴法400条ただし書により，当裁判所において，被告事件について，更に予備的に変更された訴因に従って，次のとおり判決する。

(罪となるべき事実)

被告人は，平成13年6月9日午前3時ころ，P市〈町名地番等略〉付近路上に停車中の車両内において，Aが他から窃取してきた現金5000円をそれが盗品であることを知りながらもらい受け，もって，盗品を無償で譲り受けたものである。

〈略〉

(量刑の理由)

本件は，前記のとおり，被告人が，同行していた知人がコンビニエンスストアから窃取してきた盗品の一部を，それと知ってもらい受けたという事案である。被告人は，前記のとおり執行猶予期間中であって，特に身を慎むべき立場にあるにもかかわらず，安易軽率に本件犯行に及んだものであり，盗品である現金のうち，少なくともその一部は自ら費消していることに照らすと，非難に値するものといわなければならず，その刑事責任は軽視できない。

しかしながら，被告人は，本件犯行自体については基本的に当初から認めて反省の意を示していること，本件の態様は窃盗の本犯者である知人の申し出をきっかけとした，偶発的，受動的なものであること，譲り受けた現金の額はさほど多額でないこと，前科の内容とは異なる犯行であること，窃盗の本犯者の母親が被害弁償をしており，被害の実質的回復はかなりの程度図られていること，本件の審理において相当期間の身柄拘束を受けていること，養育責任のある幼児があることなど，酌むべき事情があることを考慮すると，被告人については，今回に限って刑の執行を再度猶予し，社会内で更生の機会を与えることが相当であるものと判断した次第である。

よって，主文のとおり判決する。

平成14年12月11日
東京高等裁判所第9刑事部
裁判長裁判官　原田國男
裁判官　大島隆明
裁判官　田邊三保子

別紙防犯ビデオ映像の概要（数字は映像のカウンター表示）

00：51：39　原判示店舗の扉が開く（被告人，A及び同人らの知人Dが入店）。

00：51：46〜00：51：58　被告人ら3名がレジスターの前をとおり，立ち止まった後，店舗右側の方向に行く。

00：52：01　出入口方向にカメラ切り替わる。

00：52：14〜00：52：19　被告人が店舗の外に出る。

00：52：21　A，レジスターの前に現れる。

00：52：31　被告人，出入口方向からレジスターの前に来る。

00：52：36〜00：52：38　A，被告人を手招きして，レジスターの前で被告人とAが話をする。

00：52：40　被告人が左端の通路を通って店舗奥に向かい，Aは出入口方向に行く。

00：52：41〜00：52：59　Aが店舗の出入りを繰り返す。

00：53：02　被告人が1人で店舗奥の通路を右から左に通り過ぎる。

00：53：05〜00：53：20　被告人，そのまま奥の通路左端（アイスクリームの冷凍庫）をのぞき込む。

00：53：07　A，店舗の外から入店。レジスター前に行き，再び反転して出入口方向に行く。

00：53：39　A，外から入店。レジスター前に行く。

00：53：41　被告人が左端の通路を店舗奥から歩いて来る。

00：53：45　奥の通路から歩いてきた被告人と，出入口方向から奥に歩いていくAが出会い，すぐに連れ立って奥の通路方向に行く。

00：53：49　被告人とAが奥の通路の棚の陰（本件ビニール袋があった位置）付近を通りかかる。Aは棚にかがみ込むように隠れるが，被告人はそのまま右方向へ通り過ぎる。

00：53：54〜00：53：59　Aが立ち上がり，奥の通路を右方向に移動する。

00：54：01　Aが奥の通路の右端付近から反転して左側に動く。

00：54：02　出入口方向にカメラ切り替わる。

00：54：09　被告人と思われる者がレジスター前通路の右側からDにレジスター前で商品を渡す。

00：54：10〜00：54：14　被告人がレジスター前に現れる。

00：54：21　Aが奥の通路を右から左に移動する。

00：54：22　被告人とAの顔が一瞬合う。

00：54：24　Aが前記奥の通路の棚の陰にかがむ。被告人はレジスター前の通路から中央右側通路の奥をのぞき込むようなしぐさをする。

00：54：29　Aが手に物を持って奥の通路を左に移動し，店舗左端の通路を通って出入口方向に移動する。被告人はレジスター前の通路から中央左側通路の奥をのぞき込むようなしぐさをする。

00：54：31〜00：54：36　Aが出入口方向に向かい，被告人はAの動いていった方向をしばらく見ている。

8　早朝の公然わいせつ事件

　本件は，被告人が夏至に近い日の早朝，墓地の裏に面した道路上で停車中の自動車に乗車していた，いずれも私服の警察官Ａ（男性，運転席）と同Ｂ（女性，助手席）に対して自己の陰茎を露出したうえ，右手で自慰行為を行っていたという公然わいせつ罪（刑法174条）で起訴された事案である。
　被告人は，追尾してきた不審な車両をやり過ごすために立ち小便のふりをしたにすぎず，陰茎を露出して自慰行為をしたことはないから無罪であると主張した。
　これに対して，Ａは，原審で明確に自慰行為の事実を目撃したと証言した。すなわち，巡査長Ａは上司の警部補Ｂと放火事件の捜査のため，自動車に乗り，現場付近を警ら中に，被告人の姿を認めて不審を抱き，これを追尾し，被告人が壁の方を向いて立っているのを発見した。そのとき被告人は，半ズボンを下げ，陰茎付近を露出し，着用していたトレーナーを胸のあたりまで持ち上げ，右手の５本の指全体で自己の陰茎を水平に近い形になるように握り，しごくようにしていた。車が近づくと，被告人は車の方を向いて少しびっくりした表情をし，身体の向きを変えたが，右手は引き続き陰茎を握り，上下させていた。Ｂが降車し，近づいたときも陰茎を握ったままの状態であったというのである。
　この証言からすれば，被告人の弁解にもかかわらず，被告人は有罪ということになるであろう。原審もＡのこの証言の信用性を認めて有罪とした。罰金８万円であった。

女性警察官の証人尋問と男性警察官の目撃証言
　しかし，原審で肝心のＢの証言は求められておらず，被告人の自慰行為は見ていないという検察官調書のみが調べられていた。なぜ，一緒にいたＢは，自慰行為を見ていないのに，Ａは詳細に目撃していたのであろうか。原審は，この点について，Ｂは当時32歳の女性であって，男性の陰部付近に視線をもって

いくことをとっさにためらうことも十分ありうるとした。

　たしかにそうかもしれないが，Bの方が上司で，その場の責任者である。被告人を目撃して近づき，警察手帳を見せる段階になっても目をそらしたままで，自慰行為を自分で見ていないのに公然わいせつ罪として現行犯人逮捕までするものであろうか。もしそうなら，男性のAが見ているのだから，自分は見ていなくても大丈夫と判断したことになるが，それはいくら女性とはいえ無責任な感じがする。

　そこで，控訴審でBを証人として調べることにした。Bは，ほぼ検察官調書と同じことを述べた。最初被告人を発見したときは，被告人の背中や臀部は見えたが陰部は見えなかった，自慰行為をしていたかどうかは気付かなかった，被告人が車の方に体を向けたときは，下半身を見てすぐに目をそらしてしまったが，その陰部を数秒間見た（Bは，公判で陰茎の状態を描いたが，陰茎を握っている指や手は描かれず，勃起状態も描かれていなかった），車から降りて被告人に近づいたとき，恥ずかしかったため，被告人の下半身から目をそむけ，被告人の顔だけ見るようにして近づいたというのである。

　そうすると，次のような疑問が生じる。車の助手席に乗っているBには見えなかった陰部が，右側の角度的にはより見えにくいはずの運転席のAにはなぜ見えたのであろうか。しかも，Aは，見えただけではなく，しごいていたとまでいうのである。これは，不自然で本当はしごくところなど見ていなかったのではないかという疑問がぬぐえない。

　また，Bが目をそむける瞬間に見た陰茎の状況からすると，被告人が陰茎を握っている事実すら認められない。それなのに，Aは，その時点でも被告人は引き続き陰茎をしごいていたというのである。さらに，Bが被告人に近づく場面でも，そのような動作があれば，いくら目をそむけたとはいえ，Bに被告人の手や肩の動きが見えないはずはない。しかも，Aは，陰茎をしごいている状態は，「誰が見ても分かる状態だった」という。

　こうしてみると，Bの目撃状況からして，Aの証言は信用できないといわざるをえない。しかも，Bは，現行犯人逮捕手続書には，Bが目撃していないのに，Aが目撃したところにしたがって，目撃状況を記載したことになる。しかし，その記載は，B自身が最初から自慰行為を直接目撃したように読み取れる

ものであった。Bは、この点について、文章上の間違いであったと証言しているが、公然わいせつ罪の被疑者と認めた警察官が誰であって、いかなる事実を目撃したかはきわめて重要な事柄であり、単に表現方法が不適切では簡単に片付けられない問題である。

公然性とわいせつ性の検討

　現行犯人逮捕手続書の被疑事実の要旨は、「不特定の者であるBら多数人が容易に覚知しうる状態で、ことさら自己の陰茎を露出して自慰行為をし、もって、公然わいせつ行為をしたものである」というのである。ところが、被告人が女性であるBの存在を認めて自慰行為を始めたという事実は、AおよびBの供述のどこからもうかがえない。いったい誰の認識を反映してこのような記載になったのかまったく判然としない。しかも、この表現だと、被告人がいかにもそういう性癖を有する変質者であるというイメージを与え、勾留裁判官の判断を左右しかねない。このようなずさんで、見方によれば意図的な記載は絶対にすべきではない。

　以上からして、被告人が公然自慰行為を行ったという事実は認められないことになった。そこで、残るのは、証拠から認められる、被告人が半ズボンを下げ、陰茎付近を露出し、着用していたトレーナーを胸のあたりまで持ち上げていた行為がわいせつ行為に当たるかである。もちろん、公然性も問題にはなる。夏至に近い早朝、墓地の裏の道路であるから、たまたま、放火事件があって警らでもしていないかぎり、そう人が通るところではない。しかし、そうはいっても、ちゃんとした道路であるから、公然性を法律論で否定するのは難しいであろう。

　次に、わいせつ性である。上記の公然性で述べた道路状況、すなわち、不特定の人が認識する可能性がきわめて低い時間的・場所的状況にあったこと、被告人としてことさら見せたとまではいえないこと、その時間も十数秒程度であったこと、被告人には露出狂の嗜好があったとまでは認められないことなどから、わいせつ性を否定した。

誠実さという救い

　この事件では，Bは，女性とはいえ警察官なのだから，目をそむけてはいけなかったのである。この点は，非難されてもやむをえないであろう。ただ，Bの証言態度はきわめて真摯かつ誠実で，一切嘘はいわないという態度であった。このことが一つの救いであったと思う。それに，Bは，捜査段階から自分は自慰行為を見ていないと正直に述べていた。これが，もしよくみられるように，Aと口裏を合わせて自分も見ていたといっていれば，本件ではこの両者の供述を崩すのは無理であったと思われる。

8　早朝の公然わいせつ事件

平成17年2月7日宣告
平成16年（う）第1400号

　　　　主　文
原判決を破棄する。
被告人は無罪。
　　　　理　由
第1　本件控訴の趣意等
　1　本件控訴の趣意は，弁護人細田勝彦（主任），同坂井眞及び同松田達志連名作成名義の控訴趣意書記載のとおりであり，論旨は理由不備及び事実誤認の主張である。
　所論（当審弁論を含む。）は，要するに，①原判決は，弁護人が，公然わいせつ罪は傾向犯であるにもかかわらず，検察官は被告人に公然わいせつの性的傾向があったことを立証していない旨主張したのに対して何らの判断も示しておらず，判断遺脱の違法がある，というのであり，②被告人は，本件公訴事実記載の日時，場所において，追尾してきた不審な車両をやり過ごすために立ち小便のふりをしたにすぎず，陰茎を露出した上で自慰行為をしたことはなく無罪であるから，被告人が自慰行為をするのを目撃したとする警察官A巡査長（以下「A」という。）の原審公判廷における証言に信用性を認め，これに依拠して被告人に公然わいせつの事実を認定した原判決には明らかな事実誤認がある，というのである。
　2　本件公訴事実の要旨は，「被告人は，平成15年6月29日午前4時30分ころ，P市〈町名地番等略〉所在のL寺東側路上において，停車中の普通乗用自動車に乗車していたB（当時32歳）外1名に対し，自己の陰茎を露出した上，右手で自慰行為を行い，もって公然とわいせつな行為をした。」というものであり，被告人及び弁護人は，本件当時，被告人は，自己の陰茎を露出したことも，右手で自慰行為を行ったこともない旨主張して争ったが，原判決は，被告人の自慰行為を目撃したとするAの公判証言に信用性を認め，本件犯行を否認する被告人の供述は信用できないなどとして，被告人による公然わいせつの事実を認定し，被告人に対して罰金8万円の判決（求刑・罰金10万円）を言い渡した。

第2　事実誤認の論旨に対する当裁判所の判断
　1　そこで，記録を調査し，当審における事実取調べの結果をも踏まえて検討すると，Aの原審証言のうち，被告人が自慰行為をしている状況を目撃した旨の証言部分については，その信用性に疑問を抱かざるを得ず，このような証言に信用性を認めて本件公訴事実を認定している原判決の認定説示は首肯することができない。また，他の関係証拠を併せ考えてみても，本件公訴事実が合理的疑いを超える程度に証明されているとはいえない。事実誤認の論旨には理由がある。以

下その理由を述べる。

2　Aの原審公判廷における証言要旨

Aは，女性警察官であるB警部補（以下「B」という。）を捜査用車両（以下「本件車両」という。）の助手席に乗車させて運転して，付近を警ら中，本件現場近辺を通りかかった際に被告人の姿を一旦認め，その後，再度目撃した被告人に不審を抱いてその後ろを追尾し，本件現場のすぐ北側の交差点（以下「本件交差点」という。）を右折して間もなく，被告人が原判決添付別紙図面2の◎印で示された位置の近辺（以下「本件位置」という。）において東側の壁の方を向いて立っているのを発見するに至った（以下，この時点を「本件発見時」という。）。これに至るまでの一連の経緯については，原判決が「事実認定の補足説明及び公訴権濫用の主張に対する判断」の項の2の(1)ないし(4)において認定しているとおりであるが，本件発見時の時刻が「午前4時30分ころ」であったか否かについては，後記のとおり，当時の周囲の明るさとの関連で争いがあるため除くこととする。

Aは，原審において，被告人による自慰行為の状況を目撃したとして要旨以下のとおり証言している。

(1)　被告人は，本件発見時に，本件位置において，東方の壁の方に向かい，着用していた半ズボンを太股の下部（膝よりは上）あたりまで下げ，陰茎付近を完全に露出した状態で，着用していたトレーナーを左手で胸のあたりまで持ち上げ，右手の5本の指全部で，自己の陰茎を，水平に近い形になるように握り，その握った手を，しごくように，すなわち陰茎の根元と先端との間を往復させるように，多数回にわたって動かしていた。

(2)　本件車両が近づいた際，被告人は，本件車両の方を向いて少しびくっとした表情をし，こちらに身体の向きを変えたが，被告人の右手は引き続き陰茎を握り，上下させている状態であった。Bが降車し，被告人のところへ近づいたが，被告人は，その間，Bらの方を見ながら，引き続き右手で陰茎を握ったままの状態で，一，二歩Bらの方に近づいた。Bが被告人に警察手帳を提示したとき，被告人は，驚いた表情をして，あわててズボンを腰まで上げた。

3　Aの原審証言の信用性の検討

原判決は，主として，以上のようなAの原審証言に信用性を肯定し，被告人が自慰行為をしていた事実を認定しているが，このAの証言部分は，当審において取り調べたBの証言内容などに照らして子細に検討してみると，その信用性に疑問を抱かざるを得ない。以下詳述する。

(1)　Bの当公判廷における証言要旨

Aとともに本件車両で警ら中，被告人の姿を発見し，その後，被告人を現行犯逮捕したBは，当審において，本件発見時の状況等について，要旨以下のとおり証言している。

ア　本件車両が本件交差点を右折したとき，被告人は，本件位置付近で，東側の壁に向かってトレーナーのすそを上げて胸のところまで脱ぎ，半ズボンを太股の真ん中，ひざと足の付け根の真ん中くらいまで下げて，下半身が露出された格

好で，壁の前に立っていた。そのような被告人を，身体の左側やや斜め後方の位置から目撃した。その段階では，被告人の背中，臀部の左側が見え，被告人の陰部は見えなかった。被告人が下半身を露出して公然わいせつ行為をしているという意味で「ああ，やっている。」というようなことをAに言ったところ，Aもこれに相づちを打つような態度を取った。被告人が自慰行為をしていたかどうかについては気付かなかった。立ち小便の振りをしているようには見えなかったが，自慰行為をしているとまでは思わなかった。

イ　本件車両を被告人から約6メートル手前の位置付近に止めたところ，被告人は，下半身が丸出しの状態で，体を同車の方に向けて振り向いてきた。被告人の両手は下に下がっていたが，手がどの位置にあったかはっきり覚えていない。上着は胸の辺りまでまだ上がっていたように思う。ズボンも特に上げるような素振りもなく下半身が丸出しの状態だった。男性が普通に立ち小便をする状態とは違っていた。被告人が本件車両の方に体を向けたとき，下半身を見てすぐに目をそらしてしまったが，被告人の陰部を数秒間，あるいは一，二秒間は見ている（なお，Bは，当審公判廷で，当時の記憶に基づき目撃した被告人の陰部の状態を描いたが，描かれた陰茎にはこれを握っている指や，手は描かれていない。）。

ウ　被告人に対して職務質問をすべく，本件車両から降りて向かったが，恥ずかしさがあったため，被告人の下半身からは目をそむけながら被告人の顔だけを見るようにして近づき，被告人に対して，警察手帳を見せ，「警察だけど，何やってるの」などと声をかけた。被告人は，「ごめんなさい。もうしません，許してください。」などと言って謝ってきた。職務質問中に，被告人は下げていたズボンを正常な位置に戻したように気配で感じたが，どの時点であったか明確な記憶はない。

(2)　Bは，被告人を現行犯逮捕した警察官であり，Aの上司という立場にあって，あえてAの証言内容に反した証言をする動機などおよそ考え難い。そのようなBの前記証言をAの原審証言と照らし併せて見ると，以下のような疑問を抱かざるを得ない。

ア　まず，Bは，当審において，本件交差点を右折した直後の目撃状況につき，被告人は東側の壁に向かって正対しており，自分の位置からは，被告人の陰部は角度的に見えなかったことを明確に証言している。これに対して，Aは，被告人がこの時点において既に自慰行為を行っていた旨詳細に証言している。本件発見時に被告人のいた位置や向き，Bらの目撃地点等の客観的状況に照らすと，Bの証言内容は合理的であってその信用性を疑う余地に乏しい。そうすると，Aは，本件車両の右側運転席におり，Bの位置より右側にいたのであるから，被告人の向いていた方向との関係では，より真後ろに近い背中側の位置から被告人を目撃していたことになり，Bの位置でさえ角度的に見えなかった被告人の陰部付近が

Aのいた位置から見えたとはおよそ考えにくい。にもかかわらず、Aは、被告人の陰部付近が十分に見えたとし、右手で自慰行為をしていた旨その様子を極めて詳細に証言しているのである。しかも、Aは、被告人による自慰行為の状況を詳細に証言しながら、陰茎が勃起していたかどうかについてはわからない旨証言しており、いささか不可解でもある。また、Aは、検察官に対する供述調書中では、被告人は、両手でトレーナーを胸の辺りまで持ち上げ、半ズボンは太股まで下げ、お尻を出した状態で壁の方を向いて立っており、壁の方を向いていたが右手を陰部に当て動かしているのを明確に認めたため、自慰行為をしていると判断した旨供述していたにすぎなかったことも併せ考えると、本件発見時から被告人が自慰行為を行っていたのを目撃したとするAの証言部分は、極めて詳細であるがためにかえって不自然であり、その信用性に疑問を持たざるを得ない。

イ 次に、Bは、当審において、被告人が本件車両の方に体の向きを変え、正対するようになった際の状況について、被告人の陰茎及び陰毛を目撃した旨明確に証言しており、Bが当審証言時に描いた被告人の陰部付近の図には、被告人の手あるいは指は全く描かれていない。Bは、被告人の手がどうなっていたかははっきり覚えていない旨証言するが、「陰茎がはっきり見える状態だった」、陰毛付近を手と見間違えたということはないとまで証言している。そうすると、このようなBの証言によれば、被告人が、Bらの方に向き直った際に自ら陰茎を握っていた事実すら認め難いというべきであるが、少なくとも、被告人が右手の5本の指全部で、自己の陰茎を、水平に近い形になるように握った状況のまま、その握った手で引き続き陰茎をしごいていた旨のAの証言とは明らかに食い違っているといわざるを得ない。同じ状況を目撃しているはずの2名の警察官の証言内容がこのように大きく食い違っていることを合理的に説明することは困難である。

もっとも、Bは、停車した車から降りて被告人に近づく際には、被告人の下半身付近から目をそらし、顔だけを見ていたと証言しており、そのBが下半身から目をそらしている間、Aのみが被告人の自慰行為を目撃したという可能性が全く考えられないわけではない。しかしながら、Aは、被告人の自慰行為は、本件発見時からBが車を降り被告人に近付いて行く間、引き続いて行われていたというのであり、陰茎をしごいている状況は「誰が見ても分かる状態だった」と証言するのに対し、Bは、被告人に近づく際に、被告人の手や肩の動きはなかった、見えなかった旨証言しているのである。いくらBが被告人の下半身から意識的に目をそらし、顔だけを注視していたとしても、Aの証言するような特異な動作を被告人がしていたとすれば、Bが女性であって、その種の行為についての知識が不足していたことを踏まえても、約6.1メートルの距離から被告人に近づく間に、その様子が全く視野に入らなかった、あるいは全く気付かなかったということは

考え難いことである。そうすると，Bが被告人の下半身から目をそらしていたために，Aのみが被告人の自慰行為を目撃したという可能性も低いというべきである。検察官は，当審弁論において，Bが「女性であって，公然わいせつ事犯の検挙経験も男性の自慰行為を目撃した経験もなかったため，被告人が自慰行為を行っていることに気付かなかったおそれがある上，陰部付近（陰茎よりも陰毛付近）を一目見ただけですぐに目をそらしてしまったために，現認が不十分かつ不完全なものとなり，陰茎の状態や被告人の行為を正確に現認できていないのに比し，A証人は，男性であるため，男性が行う自慰行為がどのようなものであるか具体的に知りつしており，被告人が自慰行為を行っていることにすぐに気付き，注意して目撃できた」と主張するが，Bが男性の行う自慰行為を具体的に知りつしていたか否かと，被告人の陰茎を目撃した際，あるいは被告人に近付いて行く際に，同人の手の動きなどの動作に気付いたか否かは別問題であるし，Bの現認状況は，既に見たとおり，検察官が主張するような「陰部付近を一目見ただけですぐに目をそらした」などというものとは明らかに異なっており，右手で陰茎をしごいていたとすればその動作を見落としたとは考え難く，その主張は採用できない。

そうすると，壁の方を向いていた被告人が本件車両の方に向き直った際も，「当初と変わらず，陰茎を握り，上下させている状況でした」とのAの証言についても，Bの証言内容と明らかに整合せず，たやすく信用することはできないといわざるを得ない。

ウ　Bは，当審において，本件現行犯人逮捕手続書（当審検5）の作成経過について，同手続書の記載内容はBが作成したものであり，B自身は自慰行為を直接目撃していないが，同手続書を作成する際，Aから自慰行為の目撃状況を聞き，その内容も加味して作成した旨証言している。そして，その当日から，Aが，原審証言と同様の目撃状況，すなわち，被告人はBらの方に正対する前から自慰行為をしていた旨述べていたかのようにも証言する。ところが，同手続書には，被告人を現行犯人と認めた理由として，「上半身を胸の辺りまではだけ半ズボンを太股の辺りまで下ろし陰部を露出していた。さらに本職等が男に近づいたところ，男は本職等に気付き，助手席に乗車していた本職を認め，身体全体を車両の方向に向けて正対し，陰茎を右手で上下にしごき始めたため，公然わいせつの被疑者と認め，車両から降りて，同人に警察手帳を呈示し，職務質問を開始した。」との記載がなされている。Bの前記証言によれば，この記載内容のうち，自慰行為に関する部分は，BがAから聞いたAによる目撃状況が反映されていると理解するほかないが，その記載内容が，B自身の前記当審証言と整合しないのみならず，Aの原審証言の内容にもそぐわないことは明らかである。この点からも，Aの原審証言には疑問を抱かざるを得ない。

ところで，現行犯人逮捕手続書の前記記載部分について，Bは，そこで用いて

いる「本職」とはBのことを,「本職等」とはB及びAのことをそれぞれ意味している旨証言しており,これによれば,前記記載は,助手席に乗車していたBの存在を被告人が認めて自慰行為を始めたため,Bが被告人を公然わいせつの被疑者と認めて職務質問を開始したと読みとるほかなく,B自身が被告人が自慰行為を始めたことを直接目撃したことを前提とし,それによってBが被告人を公然わいせつの被疑者と認めた趣旨に理解されるものである。ところが,Bは,被告人の自慰行為を目撃していない旨一貫して述べている上,Bが,本件当時,公然わいせつ行為として認識したのは下半身を露出していた行為であった旨当審で証言している。そうすると,現行犯人逮捕手続書の前記記載部分は正確性を欠いていることは明らかであり,B自身も,当審において,前記記載が被告人の自慰行為を目撃したのがBであったかのように読みとれる点については,文章上の間違いであった旨証言している。被告人が現行犯逮捕されている本件においては,被告人を公然わいせつ罪の被疑者と認めた警察官が誰であり,いかなる事実を目撃したことがその根拠となっているのかは極めて重要な事柄であるにもかかわらず,本件現行犯人逮捕手続書の前記記載内容は,まずもってその主体が誰であったかについて,事実とは異なる理解を招く記述であって,捜査官としては,それを単に表現方法が不適切であったなどということで簡単に片づけられない問題であるとの意識を強く持つべきである。

しかも,本件現行犯人逮捕手続書の問題点はそれにとどまっていない。すなわち,同手続書の前記記載によれば,被告人を公然わいせつ罪の被疑者と認めたのは,被告人がBを認めて自慰行為を始めたからであるとされており,同手続書における被疑事実の要旨は,「不特定の者であるBら多数人が容易に覚知しうる状態で,ことさら自己の陰茎を露出して自慰行為をし,もって,公然とわいせつな行為をしたものである。」とされ,本件勾留の基礎となる事実は,被告人が,原判示の日時場所において,「停車中の普通乗用自動車に乗車していたB(当32歳)他1名の男女に対し,自己の陰茎を露出してマスターベーションして見せ,もって公然わいせつの行為をしたものである。」とされている。ところが,被告人がBの存在を認めて自慰行為を始めたとの事実は,Bの捜査段階における供述及び当審証言はもとより,Aの捜査段階における供述及び原審証言からも全くうかがわれない事実関係であって,当該記載部分についてはAの話も加味して作成した旨のBの当審証言を踏まえても,一体誰の認識が反映されてこのような記載内容になったのかは全く判然としない。しかも,本件は,その罪質に照らすと,被告人が女性であるBの存在を認識して自慰行為を始めたのか否かは,その犯情に大きく影響し,検察官が本件について勾留請求をするか否か,ひいては裁判官が被告人を勾留するか否かの判断を左右しかねない重要な事実である。この記載内容が本件捜査の方向性を決定づけてい

るといっても過言ではないであろう。このような犯行の現認状況に関する重要な事実についての記載が、一体誰の認識内容を記載したものであるのかが判然とせず、その作成経過が後の検証にも耐えられないなどということは、刑事手続における現行犯人逮捕手続書の重要性に照らすと、あってはならないことといわざるを得ない。

4 以上のとおり、被告人の自慰行為を目撃したとするAの原審証言部分には、その信用性に種々の疑問を差し挟まざるを得ないのであって、これに信用性を認めて被告人による自慰行為の事実を認定した原判決の認定説示は首肯し難いというべきである。

原判決は、Bの検察官に対する供述調書（甲2）中のBが被告人の自慰行為を見ていない旨の供述とA証言との食い違いについて、Bは「そもそも被告人の陰部付近の様子を見ていない旨述べているのである。」との前提をとり、「Bは当時32歳の女性であって、男性の陰部付近に視線をもっていくことをとっさにためらうということも十分あり得るし、仮にいくらか視界に入ったとしても、これこれのような状況であったとはっきり供述できるような見え方でなかったということも考えられること、Bが見たと述べる状況だけでも被告人に対する職務質問を決意させるに十分なものであり、あとは一刻も早く声をかけることを考えていたとみる余地も十分にあることなども考慮すると、Bが本件行為を目撃した旨の供述をしていないからといって、A証言の信用性を否定すべきであるとまではいえない」旨説示するが、既に見てきたとおり、Bの当審証言によって、その前提とするところを欠いていることは明らかであり、是認することができない。Bの当審証言は、同人の検察官に対する供述内容と同趣旨ではあるものの、その詳細を見てみると、Aの原審証言の信用性を大きく揺るがすものであって、ひいては原判決の事実認定に重大な疑問を生じさせるものであるといわざるを得ない。

そこで、Aの原審証言が信用できないとしても、なお関係証拠を総合すれば、原判決の事実認定が維持できるものであるかを次に検討しておくと、検察官は、当審弁論において、本件現場近くに「M劇場」というポルノ映画館があり、当日オールナイトの上映を行っており、被告人も職務質問を受けた際に、「Mに行ってきたので我慢出来なくなってやった、男なら分かるでしょう。」などと言っていたのであるから、被告人が自慰行為をしていたと認めるに十分であるなどと主張する。検察官の指摘する被告人の言動についても、被告人自身は否定するものの、B及びAの両名の証言が一致しているところであって、その内容からすると被告人が自慰行為をしていたことを認めた趣旨と理解できないでもない。

しかしながら、被告人が同劇場に行ってポルノ映画を見たことを裏付ける直接的な証拠はない。〈略〉被告人が前述のような格好をしていたところを警察官に見とがめられ、放火犯という疑いをももたれながらあれこれ職務質問をされた際

に，本名や〈略〉身分を明らかにしないまま何とか逃れようとして，警察官に必死に謝罪したり，また，警察官に迎合し，目撃された際の格好に沿う話をしてその場を取り繕い，理解を求め許してもらおうとして，上記のようなことをAに述べたと見ることも十分可能である。また，被告人がこれから自慰行為をしようとしていたともいえないことはない。そうすると，少なくとも，被告人がAに述べた内容から，被告人が自慰行為を自認したと認定することはできないというべきである。

その他関係証拠を精査しても，被告人が自慰行為を行っていた事実をうかがわせるに足る証拠を見いだすことはできない。

そうすると，結局，関係証拠を総合しても，本件当時，被告人が自慰行為を行っていた事実を認めるには足らないというべきであり，「罪となるべき事実」として被告人が「右手で自慰行為を行い」と認定している原判決には事実の誤認があるといわざるを得ない。この点において，原判決は破棄を免れない。

5 被告人に対する公然わいせつ罪認定の可否

以上検討してきたところを前提として，被告人に公然わいせつ罪に該当する事実を認定できるか否かを更に検討する。

(1) まず，当審で取り調べた証拠も含め，関係証拠により認めることができる被告人の行為は，以下のとおりである。

ア 被告人は，本件発見時に本件位置において，東側の壁に向かって立って，トレーナーのすそを上げて胸のところまで上半身を露出し，半ズボンを太股の真ん中，ひざと足の付け根の真ん中くらいまで下げて下半身を露出した状態であった。この段階では，被告人が体の正面を壁の方に向けていたため，Bらからは，露出された被告人の背中，臀部付近は見えたが，陰部は見える状況になかった。

イ 被告人は，近づいてきた本件車両の気配を感じて，トレーナーが上がり，上半身が胸の辺りまではだけ，下半身を露出したままの状態で，本件車両の正面方向に正対するような形で振り向いた。そのため，Bらによって被告人の陰部が露出しているのを目撃された。

被告人は，追尾してくる不審車両をやり過ごすため，左手を陰部にあてて立ち小便のふりをしていただけであり，ズボンの前のベルトの部分を陰部の上付近までVの字のように下げたが，陰茎を出してはおらず，ズボンの後ろ側は下げていない旨供述する。しかしながら，Bらが目撃したとする被告人の格好は極めて特異であり，しかも先に見たとおり，本件において重要と思われる事実についてのB及びAの証言は大きく食い違っているのに対して，この点については両名の証言は完全に符合している。本件においては，B及びAの両名がそれぞれの立場から証言していることは明らかであり，警察官同士であるからといって口裏合せをしたり，互いに証言内容を符合させようとする様子は全くうかがえない。そうすると，両名の証言は前述の限度においては，互いに補強し合う関係にあって十

分に信用できるというべきである。被告人の供述は，少なくとも本件当時の着衣の状況に関しては前記認定を揺るがすには足らない。

(2) そこで，関係証拠によって認められる前記の「トレーナーを胸のところまで上げ，半ズボンを太股の真ん中まで下げて下半身を露出し，それに伴い陰茎を露出した」行為（以下においては，これを「本件行為」という。）が，本件において「わいせつな行為」と認定できるかが問題となる。当該行為が「わいせつな行為」に当たるか否かは，その行為がなされた具体的状況如何にかかるのであって，公然性が否定できない本件のような事案においても，その具体的状況によっては，「わいせつな行為」とは認めるに足りないことも十分あり得るところである。例えば，本件のような行為が子供が小便をするために衣服を上下に下ろしたとしても，それが「わいせつな行為」だという者はいないであろう。被告人のような成人男子の場合には，もとより，子供と同列に扱うことはできないが，なお，具体的状況によっては，「わいせつな行為」とまでは認められない場合があり得るというべきである。そこで，本件においては，以下のような事情を考慮しなければならない。

ア 関係証拠によれば，本件行為が行われたのは，夏至の約1週間後の午前4時ころから午前5時ころにかけての早朝の時間帯であり，その場所は，幅員約5.7メートルの一方通行の裏通りで，寺院の墓地前の壁沿いの場所であった。被告人は，Bらの乗った本件車両に気付くまでは，道路脇の壁から約1.5メートル程度離れた地点で，壁に正対した状態で立っており，露出された陰茎は当該道路を通行する者からは見えにくい状況にあった。また，本件行為を目撃したのは2名の警察官だけであり，本件当時，現場付近には，Bらの車両のほかに通行人がいたり，走行車両があったなど，Bら以外の者が被告人の行為を目撃する具体的な可能性があったことを認めるに足る証拠はない。

そうすると，本件行為は，当該道路を通行する者やその近隣に居住する不特定の者によって認識し得る状況にあったことは否定し難いものの，その可能性は極めて低い時間的・場所的状況下においてなされたというべきである。

イ 被告人が，陰茎を露出した状態のままで，本件車両で近づいてきたBらの方向に体を正対した事実は動かし難く，被告人の当該行為は，単に陰茎を露出していたにとどまらず，これをことさらBらに示したのではないかとの疑いを抱かせる行動である。Aは，車から降りたBが警察手帳を示すと，被告人が一瞬ひるんだ様子を示し，あわててズボンを上げた旨証言しており，被告人がBらが警察官であることに気付くまで自己の陰茎をことさらに見せていたことをうかがわせるような証言をする。しかしながら，被告人に職務質問しようとしたB本人は，被告人の顔を見ながら被告人に近づき，警察手帳を示したが，被告人が一瞬ひるんだ様子を示したことは覚えておらず，

ズボンを上げたのは職務質問中にその気配を感じたがどの時点だったかははっきりしない旨証言しており,「こちらを向いたときに全く隠すそぶりがなかった。」,「こちらに見せたと理解した。」という程度のものであって,この点についてもやはりAの証言をそのまま信用するわけにはいかない。また,仮に,被告人がことさら他人に自己の陰茎を見せようと考えていたのであれば,そもそも人通りのない路地で早朝に壁に向かって陰茎を露出していたという態様自体がその意図とそぐわないともいえる。さらには,B及びAの一致して証言するところによれば,被告人は一旦大きな通りまで行き,左右を確認するような挙動をした後に,本件現場に向かい,本件行為に及んだというのであるから,あたかも人気がないのを確認したかのようでもあり,これら一連の挙動からすると,被告人の行った行為が他人にことさら示す意図の下に行われたものであったとは考えにくいところである。被告人の警察官に対する供述調書中には,「陰茎を見せた」という記載があるが,「陰茎を出したまま,陰茎を見せてしまったのです。」などという表現によるだけのもので,具体性がなく,どのような態様で行われたのか,Bに対してことさら見せようとしたのかもその供述内容自体からは不明である。また,被告人の検察官に対する供述調書中には,「右手で陰茎を握ったまま体を捻るようにしてその車の方を向き,小便を切るのを見せるため,右手で陰茎を振ったのです。車の中の2人には見えるようにしま

した。」との供述があるが,当該供述は,そもそもBが目撃した状況と全く符合しないものであり到底信用できない。

そうすると,被告人がBらの方向に陰茎を露出した状態のまま正対した事実を捉えて,それがことさらに示した行為であると認めることもできないというべきである。

ウ 被告人が陰茎を露出していた時間については,B,Aのいずれの証言においても,せいぜい十数秒程度であって,それほど長い時間であったとはいえない。

エ 検察官は,本件行為は,上着のトレーナーをめくり上げるなどいわゆる露出狂による行為態様に完全に符合するものであり,被告人が公然と陰茎を露出し,ことさらBらに見せようとしていた行為であるかのように主張するが,当該主張を裏付けるに足る証拠はなく,被告人にそのような嗜好があったことをうかがわせる証拠も何ら認められない。確かに被告人が本件現場において特異な格好をしていた理由については,被告人がそれ自体も否認しているためにつまびらかではないが,その客観的な行為態様のみから,当該行為がいわゆる露出狂による性的興奮を満足させるための行為であったと認定できるものではない。

(3) 以上の諸事情を総合すると,被告人の本件行為は,陰茎を露出した行為ではあるものの,通常人の正常な性的差恥心を害し善良な性的道義観念に反する行為,すなわち「わいせつな行為」であると認定するに足らないというべきである。

なお,弁護人は,被告人が本件行為を

行った時刻について，Bらが最初に被告人の姿を認めた午前3時58分からそれほど経っておらず，午前4時30分ころという原判決の認定は誤りであって，まだ夜明け前の薄暗い時間帯であった旨主張する。最初に被告人の姿を認めた時刻から，本件発見時までのBらの行動は時間的経過の中で明確でなく，また，B及びAの証言が一致していない部分もあるため，約30分もこの間に経過していたかどうか不明であって，被告人の供述するところも踏まえると，本件発見時が午前4時30分ころより早い時刻であった可能性を否定することはできない。しかしながら，本件行為は，既に述べたとおり，その当時の周囲の明るさの点をおいたとしても，すなわち，Bらにはっきり認識できる状況下であったとしても，これを「わいせつな行為」と認定するには足らないというべきであるから，本件当時の周囲の明るさは本件においては前記結論を左右するものではない。

以上のとおりであるから，事実誤認の論旨には理由がある。

第3　破棄自判

よって，その余の論旨について検討するまでもなく，刑訴法397条1項，382条により，原判決を破棄し，同法400条ただし書により，当審において被告事件について更に判決する。

本件公訴事実は，前記第1，2において記載したとおりであるところ，前記第2において詳細に検討したとおり，原審及び当審において取り調べた関係証拠を総合してみても，前記本件行為の限度で認定ができるだけで，当該自慰行為が合理的疑いを超える程度に証明されているとはいえず，本件行為もわいせつな行為とは認めるに足りないから，結局，本件公訴事実については犯罪の証明がないことに帰する。そこで，刑訴法336条により無罪の言渡しをする。

よって，主文のとおり判決する。

平成17年2月7日
東京高等裁判所第9刑事部
裁判長裁判官　原田國男
裁判官　渡邊康
裁判官　佐々木一夫

9　被害者調書なし事件

　この事件は，特異な事件である。過剰防衛か正当防衛か問題となるケースは，けっこうある。私も1審で過剰防衛を認めたところ，高裁で正当防衛に当たるとして逆転無罪となったこともある（本書29頁）。本件でも，1審は過剰防衛としていた。ただし，この事件では，肝心の被害者とされる者Aの供述調書がなかった。被告人の供述しかなく，しかも，その検察官調書で被告人は「決して正当防衛などといった弁解はするつもりはありません」という奇妙な供述をしていた。
　こういうことである。Aの供述は，捜査報告書に，「停止した車両内で被告人の要求に頭にきて，殴ってやろうと思い，振り返ったところ，左脇腹を刃物様のもので刺された」旨の記載があるだけである。それも，被害場所確認のためにAを同行した際，捜査官に述べたものであった。どうしてこれしか供述がないのか，本件はまことに特異な経過をたどっていた。

誤認逮捕という背景
　Aは，被告人からナイフ様のもので切りつけられて傷害を負ったが，ただちに被害届を出さず，覚せい剤取締法違反の罪で起訴された2か月余り後になって，殺人未遂としての被害届を出した。そこで，被害状況や被害現場の確認等に関連する捜査が行われた。しかし，Aは，被疑者については被告人ではなく，写真面割りから同姓別名のまったくの別人Yを特定した。捜査官はYを犯人として追っていたが，Yは所在が不明で，事件から4年近く後になってようやくYを通常逮捕したものの，今度は犯人ではないことが判明してYを釈放した。これは，警察にとって取り返しのつかない大失態で，その当時かなり問題となった。
　他方で，被告人は，本件事件後3年ほどしたころ，Aを切りつけたのとはまったく別の地域にあるL警察署で「3年前に人を刺しているので逮捕状が出て

いないか」と聞いたが、逮捕状は出ていないといわれていた。その後、Yを誤認逮捕した翌月になって、警察の捜査官が刑務所で服役中の被告人を訪れ、2か月後にAの事件があったP県警察本部で被告人は通常逮捕された。

しかし、肝心のAは、所在不明となっていた。そのため、被害者の供述調書はとれない。普通であれば、被害者とされるAの所在がわからない以上、Aが発見されるまで事件を休止しておくのも選択肢の一つである。だが、そこでおそらく、誤認逮捕の件が影響したと思われる。このままにしておくわけにはいかないと判断したのであろう、被告人の言い分どおりの事実にもとづいて起訴をした。

被告人の言い分は、捜査段階でも原審でも、次のようなものであった。Aは、手拳で被告人の顔面を2、3回殴打し、被告人から1回打ち返されると、ナイフを持って切りかかり、被告人が右手の甲で払い除けると、後部座席まで身を乗り出してきて被告人の首を両手で絞めてきた。被告人は、Aに覆い被せられて後部座席の背もたれに押し付けられるような状態となり、右手で押し戻そうとしたが離れず、息もできず気が遠くなる寸前の状態となった。そこで、小指がなく力の入らない左手で落ちていたナイフを探してそれをつかみ、Aの左脇腹付近などを多数回にわたって刺したというのである。

検察の思惑？

検察官としては、この供述から過剰防衛が認められればよいと考えたのであろう。しかし、被告人が過剰防衛ではなく、もし正当防衛を主張すれば、以上の事実からは正当防衛を排斥できない。そのときの被告人は、Aに襲われ、まさに身動きができず、気が遠くなる寸前の状態におかれていた。そういう状態で、落ちていたナイフを拾って刺したのだから、やむをえないといえる。結果も加療約1か月程度であった。

本来であれば、Aからその際の経緯を詳細に聞くべきなのである。上記の捜査報告書にあるAの記載からは、むしろ、被告人がナイフで襲ってきたもので、正当防衛どころか、過剰防衛も認められない状況だった。

じつは、控訴審でAから上申書が出されたが、再び所在不明になってしまった。それによると、「私は頭に来てかなりきつい言葉を言い、途中胸ぐらまで

つかんでしまいました。(中略)それで刺された訳ですが，刺された時はもちろん覚えておりません」というもので，はっきりした内容のものではなかった。

　どうにも，この事件は，あと味の悪いものであった。やはり，最大証拠であるAのしっかりした供述が得られていないのに，被告人の供述・弁解だけで起訴したのが敗因だったといえよう。しかも，誤認逮捕というプレッシャーも捜査官側にあったと思われる。被告人の言い分どおりで起訴して有罪になれば，ようやく一件落着と思ったのであろう。

　しかし，そうはいかなかった。本件では，過剰防衛か正当防衛かという法律評価の問題もあるが，結局は，被告人の弁解のみというぜい弱な証拠状況に無罪となるべき要因があったといえるであろう。

9 被害者調書なし事件
平成19年11月21日宣告
平成19年（う）第1603号

主　文
原判決を破棄する。
被告人は無罪。

理　由
1　本件控訴の趣意は，法令適用の誤り，事実誤認，量刑不当の各主張である。

2　本件公訴事実は，「被告人は，平成14年8月31日午前3時ころ，P県P'市〈町名地番等略〉先路上に駐車中の自動車内において，A（当時39年）に対し，その頭部，胸部等をナイフ様のもので切りつけ，よって，同人に加療約1か月間を要する左頭部刺創，左胸部刺創等の傷害を負わせたものである。」というものである。

原判決は，本件公訴事実について過剰防衛の成立を認めた。

論旨は，本件は正当防衛が成立するから，過剰防衛の成立を認めた点において，原判決には事実誤認，法令適用の誤りがあるというのである。

3　そこで，検討するに，本件においては，最も特徴的なことは，肝心の被害者とされるAの供述自体が原審証拠中にはなく，捜査報告書謄本（原審甲5）に被害場所確認のために同人を同行した際に捜査官に述べたもの，すなわち，「停止した車両内で〇〇〈注：被告人の名前〉の要求に頭に来て，殴ってやろうと思った」「乗用車内で〇〇を殴ってやろうと思い，振り返ったところ，左脇腹を刃物様のもので刺された」旨の記載があるのみである。そして，当審で取り調べた同人の上申書には，「私は頭に来てかなりきつい言葉を言い，途中胸ぐらまでつかんでしまいました。（中略）それで刺された訳ですが，刺された時はもちろん覚えておりません。」と記載されているのである。これに対し，問題の場面について，被告人は，①Aは，手拳で被告人の顔面を2，3回殴打し，被告人から1回打ち返されると，ナイフを持ってかかり，被告人が右手の甲で払い除けると，後部座席まで身を乗り出してきて被告人の首を両手で絞めてきたこと，②被告人は，Aに覆い被せられて後部座席の背もたれに押し付けられるような状態となり，右手で押し戻そうとしたが離れず，息もできず気が遠くなる寸前の状態となったから，小指がなく力の入らない左手で落ちていたナイフを探ってそれを掴み，Aの左脇腹付近などを多数回にわたって刺したことを，検察官調書及び原審公判廷でそれぞれ供述している。この被告人の供述だけでは，Aがナイフを持ち出したのか，Aがナイフでかかってきたのかという重要な出来事すら裏付けはなく，通常の事件であれば，当然この点についてAが詳細な供述を捜査段階ないし公判段階でしているはずである。しかし，前述し

たAの断片的な供述においてすら，この点は明確ではなく，かえって，被害場所確認の際の供述では，振り返ったところ，左脇腹を刃物様のもので刺されたというのみであるから，むしろ，被告人がその所持していたナイフでAを刺したともとれるのであり，そうであれば，事件は正当防衛の余地など全くない事案ということになる。したがって，起訴するにあたっては，この点の事案の真相を明確にするために，Aの供述を得ることが肝要であったというべきである。ところが，本件は，特異な経緯をたどったのである。

Aは，本件の日時，場所において，被告人からナイフ様のもので切りつけられて傷害を負ったが，これについては直ちに被害届をせず，覚せい剤取締法違反の罪で起訴された後の平成14年11月5日になって，殺人未遂としての被害届を出し，同月19日付けで診断書（原審甲2）が作成され，同年10月29日に負傷の部位の撮影等が行われ（原審甲3），同日に被害場所確認の写真撮影等がA同行の上行われた（原審甲5）。しかし，Aは，被疑者については被告人ではなく，写真面割りからY〈注：被告人と同姓別名の者〉と特定したため，捜査官は同人を犯人として追ったが，同人の所在が不明だったこともあって，平成18年5月になってようやく同人を通常逮捕したところ，犯人ではないことが判明して同人を釈放した。

他方で，被告人は，本件事件後3年程したころ，Q県L警察署で3年前に人を刺しているので逮捕状が出ていないかと聞いたが，逮捕状は出ていないと聞いた。

その後，平成18年6月21日にP県M警察署の捜査官がN刑務所で服役中の被告人を訪れ，本件について同日付けの上申書が作成され（原審乙2），同年8月10日にP県警察本部で通常逮捕され，同日付けで身上に関する警察官調書（原審乙1）と本件に関する警察官調書（原審未提出）が作成された。その上申書の記載では，Aと車内で殴り合いとなり，車の中にあったナイフの様な物を手に持って，刺したとなっており，ここでもAのナイフによる攻撃は明示されていない。

以上の，両者の供述内容や本件に至る経緯を総合すれば，検察官としては，被告人を起訴するに当たって，是非ともAから事件の経過について供述を得ておく必要があったが，Aが所在不明となったために，被告人の逮捕を急ぎ，被告人の弁解をそのまま認める検察官調書を作成し，その際，「決して正当防衛などといった弁解はするつもりは全くありません。」といった供述を得て，この調書に基づいて起訴し，おそらく過剰防衛の範囲で有罪を得られれば，それで足りると判断したものと推測される。確かに，Aの所在がつかめない以上，事件を止めておくか，前記の範囲で起訴へ持ち込むかは，検察官として悩むところではあろうが，事件の真相の解明に不可欠なAの供述が得られず，被告人の弁解に沿って起訴しても，被告人があらためて同一の証拠状況の下で正当防衛を主張したとなると，前記の解明されていない難点を克服することは困難となるといわざるを得ないのである。結局，本件は，被告人の言

い分次第で結論が左右されるという極めて軟弱な証拠状況に基づく起訴であったといわざるを得ない。

そして，当審に至り，Aから上申書が提出され，その住所地も判明したのであるが，Aは再び所在不明となり，いつ身柄が確保されるか不明の状況となった。当審として，Aの証人尋問が可能となるまで，本件の進行を止めておくか，原審に差し戻して審理を尽させるのも一つの手ではあるが，目途のない裁判の遅延は許されるものではないから，現在の証拠状況のみから判断せざるを得ないのである。

そこで判断するに，前記①，②の点に加え，犯行の状況として，原判決が記載するもののほか，③AとBは，ラブホテルの一室に2日間にわたり同宿したが，1日目の後は目がぎらぎらして落ち着きがなく，2日目の後である本件犯行当日には，覚せい剤中毒の典型的な感じであったこと，④Aは，車を止めた後，後部座席にいるCに何か言ってきたが，錯乱状態みたいであったこと等の事実が認められる。これらからは，Aの攻撃意思は極めて強くかつ執拗であり，死の危険は目前に迫っていたものということができる。そして，そのときの被告人は，まさに身動きができない状態に置かれていたといえることからすると，生命侵害から権利を守るためになされた本件刺突行為は，他に選びようのないやむを得ないものと認めるのが相当である。本件刺突行為は，頭部，胸部等の身体の枢要部に対する多数回にわたるものであるが，殺意によるものではなく，小指が欠け力の入らない左手による傷害の故意に基づくものであるし，現実に発生した負傷の部位・程度も加療約1か月間にとどまるもので，生命侵害との関係からみても均衡を失しているとはいえない。このように本件では，被告人の弁解ないし供述を否定する証拠が全くなく，それを前提とする限り，正当防衛そのものといわざるを得ないから，過剰防衛の成立を認めた原判決は事実を誤認し，法令の適用を誤ったものであって，その誤りは判決に影響を及ぼすことが明らかである。

論旨は理由がある。

4　よって，刑訴法397条1項，382条，380条により原判決を破棄し，同法400条ただし書により当審において被告事件について更に判決することとし，既に検討したとおり，本件公訴事実記載の被告人の行為は罪とならないから，同法336条により被告人に無罪の言渡しをする。

平成19年11月21日
東京高等裁判所第9刑事部
裁判長裁判官　原田國男
裁判官　田島清茂
裁判官　左近司映子

10　筆跡鑑定事件

　本件は，筆跡が明らかに被告人のものではないのに，被告人が偽造をしたとして起訴された事件である。
　被告人は，自分の名義では消費者金融でお金が借りられない状態，いわゆるブラックリストに載っていることから，いろいろな人の養子になったとして届けを出し，そのたびに名前を変えていた。わかっているだけでも六つの名前を持っていた。
　本件では，被告人は氏名不詳者と共謀のうえ，養子縁組届の養親になる人欄の届出人署名押印欄に「A」と冒書（名を騙ること）し，その下に「A」名の印鑑を押して，A名義の養子縁組届を偽造した。この偽造した養子縁組届を，区役所に提出して，戸籍の電磁的記録に記録させ，備え付けさせたということで起訴された。以上の行為は，有印私文書偽造，同行使，電磁的公正証書原本不実記録，同供用といういくつもの罪に当たる。
　被告人は，捜査段階，原審を通して一貫してこの犯行を認めていた。この種の犯罪のブローカーのような人から頼まれて，Bの戸籍謄本を渡され，Aとの養子縁組を偽装するため，自分1人で区役所に行き，1人で必要な欄の記載や署名，押印を全部して，報酬20万円くらいをもらったというのである。当然ながら，原審もこの事実を認めて有罪とした。ところが，控訴審では，被告人は，記憶違いで自分の犯行と認めてしまったが，自分はこの行為をしていないという。おそらく，この種のことをいろいろやっていたので記憶違いだったというのであろう。もちろん，これだけの主張では，とても認めるわけにはいかない。むしろ，認めるべきではないであろう。

筆跡鑑定結果は別人
　しかし，本件では，意外な事実が明らかになった。じつは，本件起訴後，原判決前に，養子縁組届の筆跡と被告人の筆跡は別人の筆跡と推定される，届出

人署名押印欄に押された指紋と被告人の指紋とは符合しないという鑑定の結果が出されていたのである。こうなると，被告人1人による犯行とは認められないことになる。明らかに客観的な証拠に反しているからである。

それでは，実行者が別にいて，被告人は共謀共同正犯者といえるかが問題となる。だが，上記の氏名不詳者というのは，被告人に依頼したブローカーのような人物を指しているとみるほかないし，被告人が共謀共同正犯者であるとの十分な証拠はなかった。氏名不詳の実行行為者と共謀したという具体的な証拠はないのだから，これも当然であろう。

あぶない起訴

この事件の最大の疑問は，無罪となる決定証拠である上記鑑定結果が原審段階で明らかになったのに，検察官はなぜこれを隠したかである。

後で聞いたところによると，このような証拠を公判に提出すると裁判官がお迷いになるからだということのようである。高裁のようにお迷いになって無罪にされては困るということであろう。おそらく，被告人がせっかく認めているのだから，そっとしておこうとでも思ったのではないか。一つ前で取り上げた被害者調書のない正当防衛事件（9 被害者調書なし事件・149頁）でもそうであるが，被告人の言い分にそのまま乗っているような起訴はあぶないものである。あきれたというほかない。

10 筆跡鑑定事件

平成15年 7 月 9 日宣告
平成15年（う）第791号

　　　　主　文
原判決を破棄する。
被告人を懲役 1 年 6 月に処する。
原審における未決勾留日数中25日をその刑に算入する。
本件公訴事実中，平成14年10月11日付け起訴状記載の公訴事実については，被告人は無罪。

　　　　理　由
本件控訴の趣意は，事実誤認及び量刑不当の主張である。
第 1 　原判示第 2 の事実についての事実誤認の主張について
1 　当該公訴事実の要旨は，「被告人は，氏名不詳者と共謀の上，AとBとの虚偽の養子縁組を行おうと企て，平成12年 1 月11日ころ，P市内において，行使の目的をもって，ほしいままに，養子縁組届の養親になる人欄の届出人署名押印欄に『A』と冒書し，その名下に『A』と刻された印鑑を押捺するなどして，A名義の養子縁組届 1 通の偽造を遂げた上，同月14日，Q県Q'区所在のQ'区役所において，同区役所係員に対し，これを真正に成立したかのように装い提出行使し

て，AとBとの養子縁組が成立した旨の虚偽の申立てをし，そのころ，同所において，情を知らない同区役所係員をして，公正証書の原本であるAの戸籍の電磁的記録にその旨記録させた上，即時同所において，これを備え付けさせ，もって，公正証書の原本としての用に供した。」というものである。
被告人は，捜査段階，原審を通じ，一貫して当該犯行を認めており，原判決は，被告人の原審公判供述をはじめとする関係証拠により前記公訴事実と同旨の犯罪事実を認定しているところ，所論は，要するに，当該犯行を行ったのは被告人ではなくB本人であって，被告人は，原判決を受けるまで記憶違いをして当該事実を自らの犯行として認めてしまっていたのであり，原判決には事実の誤認がある，というのである。そして，被告人は当審において所論に沿う供述をする。
2 　そこで記録を調査し，当審における事実取調べの結果をも併せて検討すると，以下に述べるとおり，本件犯行に関する被告人の捜査段階における自白及び原審供述には信用性を認めることができず，また，その他の関係証拠を総合しても，本件犯行が被告人によるものであることを認定するに足る十分な証拠はなく，結局，当該公訴事実については犯罪の証明がないことに帰するから，原判決は事実を誤認したものといわざるを得ない。この事実誤認が判決に影響を及ぼすことは明らかであり，原判決は破棄を免れない。
(1) 被告人は，捜査段階において，本

件は嘘の養子縁組を仲介している男からBの戸籍謄本を渡されて虚偽の養子縁組をするよう依頼され，報酬をもらう約束で行ったものであり，養子縁組届の証人欄以外の部分は全部自分が記載し，「A」，「B」の印鑑も自分で押した上で，一人で区役所へ行ってこれを提出し，受理証明書をもらい，後日，その報酬として20万円くらいをもらった旨供述しており，前記養子縁組届中の養子になる人欄の届出人署名押印欄の署名の訂正，指印についても自分がしたものであると供述している（乙2，3，5及び8）。しかしながら，本件起訴後原判決前に実施された筆跡鑑定の結果によれば，本件偽造にかかる養子縁組届の筆跡と被告人の筆跡は別人の筆跡と推定されており（当審検3），前記届出人署名押印欄に押捺された指紋と被告人の指紋も符合しないことが認められるのであって（当審検2），被告人の前記自白のうち犯行状況の核心部分に関する供述は，これらの客観的証拠に明らかに符合しないものである。

また，被告人は，Bについて，本件捜査の段階では，仲介人の紹介で一度会ったことがあるなどと供述する程度であり，本件がきっかけで初めて顔を合わせたかのような供述をしていたが（乙3及び8），その後，原判示第1の事実に関する取調べでは，以前の勤務先の同僚である旨供述するに至り（乙11），当審においても，Bは以前働いていたL物産という会社の同僚であったCと同一人物である旨供述している。関係証拠によれば，被告人が平成7年10月ころまで勤めていた株式会社L物産における同僚で，被告人と同じ部屋に住んでいたCという人物が実在することが認められ（甲16），その生年月日，本籍等からすると同人とBが同一人物であることは優にうかがわれる。被告人は，Bについても，本件捜査の段階においては，明らかに事実に反する供述をしていたといわざるを得ない。

そうすると，本件に関する被告人の捜査段階における自白は，犯行に至る経緯も含めた全体が，明らかに客観的証拠に符合しないものといわざるを得ず，その信用性を認めることは到底できない。そして，被告人の当該自白を除くと，被告人が本件犯行の実行共同正犯であることを認定するに足る証拠はおよそ認め難い。むしろ，前記筆跡鑑定や指紋照合の結果からは，本件の実行行為者が被告人ではないことがうかがわれるというべきである。なお，本件偽造部分は前記養子縁組届中の養親になる人欄であり，前記筆跡鑑定が，当該部分の筆跡も被告人の筆跡と対照した結果として，別人の筆跡と推定しているのかについては，鑑定書の記載内容からは必ずしも明瞭に読みとることができないが，そうだとしても，当該部分が被告人の記載によるものであることが立証されていないことに変わりはない。

(2) さらに，被告人に本件の共謀共同正犯を認定し得る余地がないかを検討しておくと，本件公訴事実において共犯者とされている「氏名不詳者」は，原審での検察官の冒頭陳述や被告人の前記自白の内容からすると，Bについての虚偽の

養子縁組届を被告人に仲介した男を指しているとしか解し得ず，そのような人物の実在性を立証し得るのは被告人の前記自白のみなのであるから，前述のとおり，その自白自体に信用性を認め難い以上，本件犯行について，被告人に共謀共同正犯を認定し得る余地もまたないというべきである。

なお，被告人は，本件犯行について否認に転じた当審においても，本件に関して，Bから養親となる者がいないかを尋ねられ，Aのことを教えようと思ったが，もともとAのことは「D」という知人から紹介されていたことから，Dの了解を得た上でBにAのことを教えたなどと一定程度の関与は認めながら，その後，どのようにして当該養子縁組届がなされたのかは知らないなどと供述している。このような被告人の供述を前提とすると，本件が被告人，B及びDの共謀に基づく犯行であるか，あるいは被告人の行為がBの犯行に対する幇助に該当するなどの疑いはなお残るが，被告人の当審供述を置くと，関係証拠を総合してみても，Bらの本件関与を裏付ける十分な証拠が存在しているとはいい難いから，仮にこれらの事実を新たな訴因にしたとしても，本件公訴事実について証明がなされていないとの結論は動かし難い。

(3) 以上のとおりであって，結局，被告人が，氏名不詳者と共謀の上，A名義の養子縁組届を偽造，行使し，BとAとの養子縁組が成立した旨の虚偽の申立てをして，その旨公正証書の原本であるAの戸籍の電磁的記録に記録させ，これを供用させた事実については，犯罪の証明がなされておらず，被告人は無罪であるといわなければならない。

事実誤認の論旨には理由がある。

第2　破棄自判

よって，その余の点について判断するまでもなく，刑訴法397条1項，382条により，原判決を破棄し，同法400条ただし書により，当審において被告事件について更に次のとおり判決する。

〈略〉

よって，主文のとおり判決する。

平成15年7月9日
東京高等裁判所第9刑事部
裁判長裁判官　原田國男
裁判官　大島隆明
裁判官　佐々木一夫

11　足跡痕事件（第1事件・第2事件）

　ここでは，足跡痕の鑑定が問題となった事案を二つ紹介しよう。いずれも，住居侵入・窃盗の事件である。2件とも窃盗前科のある被告人で，とくに第1事件（平成18年2月1日・判決文164頁）の被告人は，多数の侵入盗の前科があった。その意味では，いかにも被告人が犯人であると疑われてもしょうがないような事件である。なお，二つの事件とも，それぞれ二つの住居侵入・窃盗で起訴され，原審で有罪となったが，控訴審ではいずれもそのうちの一つが逆転無罪となった。
　まず，第1事件であるが，原審で有罪になった大きな理由は，①被告人が被害品である腕時計を所持していたことと，②現場に残された足跡痕と被告人の足跡痕が一致するという鑑定があることである。問題は，②の点である。

実物のない鑑定
　この鑑定では，普通の事件のように，現場に遺留された足跡痕と被告人が履いていた靴とを比較対照したわけではない。まったく別事件で遺留足跡と対照させる鑑定のために被告人が任意提出した靴の写真があり，それと比較対照していた。被告人の靴自体は，なかったのである。
　そして，この鑑定によると，商標とみられる英文字の状態に矛盾はなく，大きさ・輪郭・形態，模様の構成・配列状態がほぼ重なり，欠損らしき特徴的な印象（鑑定用語。「つけられた痕」や「痕をつけること」を意味する）が1か所共通して確認できた。したがって，両足跡は，同一の履物底模様によって印象された可能性が高いというものであった。
　鑑定人は原審証言で，欠損特徴について，固有特徴が少なくとも二つ以上ある場合は一致鑑定，固有特徴が少なくとも一つ以上ある場合は酷似鑑定，矛盾がない場合等は類似鑑定とすると，一般的な説明をしている。そのうえで，今回の鑑定では，特徴点が一つ合致したので，可能性が高い類似にランク付けし

たと証言した。そして，鑑定結果については，「一致する，印象された可能性が極めて高い，可能性が高い，可能性がある」の4段階があり，印象された「可能性が極めて高い」が酷似に，「可能性が高い，可能性がある」が類似に一般的には分類されると説明した。

鑑定人以外には見えない特徴

ところで，なぜ，本件で鑑定結果が「可能性が高い類似」だったのか疑問であった。本来，固有特徴が一つあるなら酷似になり，そうすると，上記の分類では「可能性が極めて高い」となるはずである。にもかかわらず，「可能性が高い類似」に止めていた。

そこで，控訴審で再び同証人を調べてみた。まず，原審でも述べていたように，欠損部分については，実際に履物がないのがすごくマイナスだったが，前件鑑定で調べたので記憶に比較的残っていた，しかし，現物を確認できないことから1ランク下げたという。さらに，被告人の靴の写真を拡大したものを示して，その欠損部分を指摘した。しかし，3人の裁判官，弁護人には欠損部分であることが認識できなかった。検察官は，わざわざ事前に証拠請求した際に「ここが欠損部分」として付せんを付けていたが，その箇所は同証人が指摘するところと違ったのである。

もし記憶から間違いがないというなら酷似にすべきだし，そうでなければ，特徴点が認められないのであるから，単なる「可能性がある類似」にすべきであろう。1ランク下げて「可能性が高い類似」とするのは，あまりに安易である。それに，鑑定人の記憶だけが根拠で，「間違いない」といわれても，これはもう鑑定とはいえない。

このようなことは，別の事件でもあった。ひき逃げの事件で，被告人車にひかれたという決定的な証拠として，被告人車のタイヤ痕が被害者の衣類に印象されていたという鑑定書が出された。事件が起こった場所を通った車はたくさんある。そのうち，ひいたのは被告人の車だという証拠である。しかし，鑑定人が拡大した写真で「この部分がそうだ」といくらいっても，鑑定人以外には誰も確認ができなかった。

鑑定人のような専門家だからこそ見えるのであるという論理もありうる。た

とえば癌の名医はレントゲンを見ても，若い人にはわからない影から癌がわかるという。そこに科学の専門性があると思われる。しかし，裁判において，およそ再検証できないようなものは証拠とはならないであろう。その事件では，原審も無罪とし，控訴審もこれを維持した。このあたりのことは，私が『法律時報』での座談会で発言しているので，興味のある人は，読んでほしい（座談会「足利・村木事件の教訓と刑事訴訟法学の課題」法律時報83巻9・10号35頁以下）。

本件では，このほかに，①の「被害品である腕時計の所持」という問題点もある。いわゆる近接所持の法理でいう所持の近接性，つまり被告人が盗んだと推認できるほど被害発生時と近い時点で盗品を持っていたとはいえないのである。わかりやすくいうと，被告人が現場付近にいたという証拠がなかった。被告人は競輪場で女性から腕時計を買ったといういかにも嘘っぽい弁解をしていたが，これと可能性があるという程度の足跡鑑定では，有罪とはできない。

前科と足跡痕からの認定

次に，第2事件（平成14年6月17日・判決文167頁）である。この事件では，鑑定自体には問題がなかった。文様，足長の点では同一であるが，足跡痕の特徴点は指摘できず，「類似」という評価に止まるものであった。あとは，犯行時間帯に被告人が被害者宅から80メートルとごく近い場所にいたことである。それと，被告人の多数の同種侵入盗の前科だった。ただし，被告人は被害品をまったく持っていなかった。

これだけの証拠で被告人を窃盗犯人と断定することは困難であろう。いかにも怪しいとはいえるが，合理的疑いを超えて立証できたとはいえない。判文にも書いたが，被告人が犯人であるとの主観的な心証は取りやすいものの，これを裏付けるだけの客観的な証拠状況がいま一歩足りない。

この事件ではこういった点よりも，捜査のすごさに驚いた。被告人をマークしてから，多数の警察官を動員して，連日，尾行などの動静監視をしていた。本件当日も，多数の警察官が終始尾行していたが，一瞬見逃し，再び発見したものの，再び見失ってしまった。被告人もたえず尾行を警戒して，後方を振り向くなどしていたようだ。

足跡痕の点でも，捜査は徹底していた。被告人が定宿にしていたカプセルホ

テルを被告人が出ると，玄関のゴムマットから足跡痕を採取する。被告人のほうも，足跡痕でまさに足が付くのがよくわかっていたから，しょっちゅう靴を新しい物に買い換える。そのため，特徴点が出てこない。長く履いていると，傷ができてそれが特徴点になるからである。

　まさに，被告人と警察との攻防である。警察の御苦労には頭が下がるが，この程度の証拠では有罪とすべきではないであろう。本件はもちろん裁判員対象事件ではないが，こういった事件の場合，裁判員の方々には有罪が当たり前のように感じられるだろうし，被告人の多数前科が大きな理由になるかもしれない。しかし，そう解すべきでないことは，裁判官から十分説明する必要があろう。

　以上の２件とも，異論の余地はあるかもしれないが，これが刑事裁判なのだという考えは変えられない。

11　足跡痕・第1事件

平成18年2月1日宣告
平成17年（う）第1736号

主　文

原判決を破棄する。

被告人を懲役3年に処する。

原審における未決勾留日数中150日をその刑に算入する。

○○地方検察庁○○支部で保管中のマイナスドライバー1本（平成17年○○支領第63号符号1号）を没収する。

本件公訴事実中，平成16年7月5日のP県〈町名地番等略〉所在のA方における住居侵入，窃盗の事実については，被告人は無罪。

理　由

第1　本件控訴の趣意

本件控訴の趣意は，弁護人木村哲司作成の控訴趣意書記載のとおりであり，論旨は，原判示第1及び第2の住居侵入，窃盗の各事実について，いずれも被告人は無罪であるとする事実誤認の主張である。

被告人は，捜査段階以来，これらにつきいずれも否認し無罪を主張している。

第2　原判示第2の事実について

原判決が前記事実につき判示するところは，補足説明で説示するところも含め，正当として是認することができ，この点に関する事実の誤認はない。

〈略〉

この点の論旨は理由がない。

第3　原判示第1の事実について

1　本件公訴事実と原判決の判断

原判決は，原判示第1の事実として，本件公訴事実とほぼ同旨の，「被告人は，金品窃取の目的で，平成16年7月5日午前2時ころから同日午前6時50分までの間，P県〈町名地番等略〉所在のA方に1階居間南側掃出窓から侵入し，そのころ，同人方において，B所有または管理に係る現金約11万5350円及び腕時計1個ほか8点（時価合計約15万1500円相当）を窃取した」と認定した。そして，その認定の理由として，おおむね，①被告人が被害品である腕時計を所持していたこと，②犯行現場に，被告人が被害発生時に近接した日時ころに履いていた靴と，種類，サイズのみならず欠損点まで一致する足跡が遺留されていたこと，③住居侵入の態様が，窓ガラスの錠部分を三角形に損壊した上で解錠するもので，被告人が原判示第3及び第4での現行犯逮捕当時，このような方法を可能にするマイナスドライバーを所持し，被告人が原審公判廷において窃盗等に用いるために購入したと述べ，その購入先での販売実績もあったこと，④被告人の被害品入手に関する供述があいまい，かつ不自然で，その前後の周辺事実に関する供述部分が一貫せず，信用できない，などの諸事情を総合している。

しかし，当審における事実取調べの結

果をも踏まえ，本件記録を精査した上で検討すると，前記②の点に関し，遺留足跡と被告人の靴とが種類，サイズのみならず欠損点まで一致するとの判断は是認できず，これを前提として被告人の有罪を認定した原判決の判断には誤認がある。
　以下，補足して説明する。
2　足跡鑑定について
　まず，P県警刑事部鑑識課足跡鑑定官C作成の鑑定書（甲25）によれば，遺留足跡採取の粘着シート（本件現場に遺留された足跡から採取したもの）と対照足跡の粘着シート（同人作成の平成14年6月20日付け鑑定書（甲32謄本，当審検1原本。）添付のもので，別件事件の遺留足跡と対照して鑑定する際に当時被告人が任意提出した靴から採取したもの）を比較対照した結果，模様構成が同様で，配列状態や商標と見られる英文字の状態に矛盾はなく，大きさ輪郭形態，模様の構成・配列状態がほぼ重合し，ア部分に欠損と見られる特徴的な印象が共通して確認されたことから，両足跡は，同一の履物底模様によって印象された可能性が高いというのである。原審においてC証人は，欠損特徴について，固有特徴が少なくとも2個以上ある場合は一致鑑定とし，固有特徴が少なくとも1つ以上ある場合は酷似鑑定とし，履物と遺留足跡が矛盾がない場合等は，類似鑑定とすると説明した上，今回の鑑定では特徴点が1つ合致したので，可能性が高い類似にランク付けしたと供述している。そして，鑑定結果について，「一致する，印象された可能性が極めて高い，可能性が高い，可能性がある」の4段階があり，印象された「可能性が極めて高い」が酷似に，「可能性が高い，可能性がある」が類似に分類されると説明する。さらに，裁判官の質問に対し，実際に履物がないことはすごくマイナスであるが，今回の場合は，記憶の中に比較的残っている履物で，間違いなく特徴として覚えていたのであえて指摘できたと答えている。ところで，同供述については，特徴点が記憶に間違いなく残っているならば，固有特徴が1つあることになるから，前記の鑑定分類に従えば，酷似になるべきところ，鑑定結果は，「可能性が高い類似」に止まっている点に疑問がある。そこで，当審において，再度C証人を取り調べたところ，この点について，前記と同様に酷似に当たるが，現物を確認できないので，「可能性が高い類似」に1ランク下げた，欠損部分があったことの記憶があるとし，前件鑑定書添付の被告人の靴の写真を拡大した報告書（当審検2）の写真を示したところ，その欠損部分を指摘し，その形状を記載したが，同人以外の者にはそれが欠損部分であることが認識できなかった。ちなみに，同報告書を検察官が証拠請求した際，この写真上に欠損点を示す付箋を付けた状態で提出されたが，その場所は，Cの前記証言とは違う所であった。Cは，印象されている欠損が比較的大きいものだから，現物を見なくても指摘することができた，その後の重要事件の問い合わせ等で被告人の靴が比較的記憶に残っていたなどともいうが，年間極めて多数の足跡鑑定をしているCが，前件鑑定で指

摘してもいなかった固有特徴を覚えていたというのも説得力がなく，間違いがなければ，酷似にすべきだし，そうでなければ，類似でも，特徴点が認められないのだから，単なる可能性があるに落ちるはずである。鑑定官の記憶だけが根拠でしかないような鑑定は，その後の検証に耐えないというべきである。Ｃとすれば，類似とすべきところ，欠損点の記憶があったので，酷似は無理でも，可能性が高い類似にすればよいと安易に考えたものと思われ，そうなると，その鑑定結果を重視することはできない。結局，類似，それも可能性があるという程度でしか認められないというべきである。

そうすると，検察官において，当時類似の靴が被告人の靴以外におよそあり得ないなどの客観的な販売状況等が何ら立証されていない本件においては，ここから直ちに，被告人の靴が現場の遺留足跡を印象したという事実を認定することはできないとの所論（当審弁論要旨を含む。）はもっともというべきである。

そして，原判決が判示したその他の論拠についても，被告人が言うＬ競輪場で女性から腕時計を買ったということも全くもってあり得ないとまではいえないのであり，前記ドライバーの所持についても，これにより侵入手口としてのガラスの破壊が可能であるとの推定は成り立つもののこの限度にとどまる。さらに，これらに，被害場所が被告人の生活圏であるとの事情を加えて総合してみても，被告人の犯行の可能性を相当程度示してはいるが，被告人が犯人であると認定するには足りないというべきである。

結局，係る証拠状況の下では犯人と被告人との結び付きを示すに十分な証拠があるとはいえず，被告人を有罪と認定するに足りる証明がなされたとはいえない。したがって，本件事実については被告人は無罪であるといわざるを得ない。

そうすると，無罪と認定すべき原判示第１の事実は，有罪と認定すべき同第２ないし同第４事実と刑法45条前段の併合罪であるから，原判決は有罪部分を含め全部破棄を免れない。

論旨は理由がある。

第４　破棄自判

そこで，刑訴法397条１項，382条により，原判決を破棄し，同法400条ただし書により，当審において各被告事件につき更に判決する。

〈略〉

よって，主文のとおり判決する。

平成18年２月１日
東京高等裁判所第９刑事部
裁判長裁判官　　原田國男
裁判官　　池本壽美子
裁判官　　森　浩史

11　足跡痕・第2事件

平成14年6月17日宣告
平成14年（う）第44号

　　　　　主　文
原判決を破棄する。
被告人を懲役2年に処する。
原審における未決勾留日数中180日をその刑に算入する。
本件公訴事実中，平成12年10月28日ころのP県P1市p'町〈地番等略〉における住居侵入，窃盗の点については，被告人は無罪。

　　　　　理　由
本件控訴の趣意は，弁護人堀敏明作成の控訴趣意書記載のとおりであるから，これを引用する。

論旨は，事実誤認の主張であって，原判決が認定した，被告人が，①平成12年10月28日ころ，P県P1市p'町〈地番建物名等略〉101号室A方居室のガラス戸を解錠して同居室内に侵入し，同所において，同人所有の現金約2万円を窃取した（原判決「罪となるべき事実」第1。以下「第1事実」という。），②同年11月3日ころ，P県P2市〈町名地番建物名等略〉102号室B方居室のガラス戸を解錠して同居室内に侵入し，同所において，同人所有の切手138枚（時価合計9690円相当）を窃取した（原判決「罪となるべき事実」第2。以下，「第2事実」という。）との各事実については，いずれも有罪の根拠たり得ない証拠に基づいたものであって，被告人は無罪であるから，原判決には事実の誤認がある，というのである。

そこで，所論にかんがみ，記録を調査し，当審における事実取調べの結果をも参酌して検討する。

第1　本件公訴事実と原判決の判断
〈略〉
第2　論旨に対する判断
1　第2事実に関する事実誤認の論旨について

まず，第2事実に関する原判決の判断について，関係証拠に照らして検討するに，原判決の「補足説明」の項における証拠判断及び説示については，若干正確性を欠く点もあるものの，結論においては概ね正当であり，原判決が，被告人が第2事実の犯人であると判断した点に事実の誤認はなく，相当として是認することができるというべきである。

〈略〉

2　第1事実に関する事実誤認の論旨について

次いで，第1事実に関する原判決の判断について，関係証拠に照らして検討するに，原判決が認定の根拠とした証拠によっては被告人を有罪と認定することはできず，原判決の判断には誤りがあるとして，所論が主張するところは，以下に述べるとおり，当裁判所においても，結論として首肯できるのであり，被告人が第1事実の犯人であると認定するには，

合理的な疑いを差し挟む余地があるから，第1事実については，被告人は無罪であるといわなければならない。

以下，証拠上認められる事実について検討する。

(1) 第1事実の犯行当日，被告人が被害者宅に近接した場所を徘徊していた点について

捜査報告書（原審甲11），前記C証人の当審証言その他関係証拠によれば，以下の事実が認められる。

① C証人らは，前述のとおり平成12年8月末ころから，連日のように被告人を尾行するなどして動静を監視しており，第1事実の発生当日である同年10月28日も，同様にC証人ほか2名の捜査官が被告人の動静を監視していた。当日，被告人は，午前中はQ1市内のパチンコ店で遊技し，その後L1線，L2線，L3線に乗り継いで，N1競艇場に赴いたが，同日午後3時55分ころに競艇場を出て，L3線及びL4線を乗り継いで，L4線M1駅で降車した。

② 当時は雨が降っており，被告は，コンビニエンスストアで傘を購入して差し，時々後方を振り返り，途中でUターンするなどしながらM1駅周辺のL4線沿線，L5街道，L6街道等を徘徊していた。C証人らは，被告人の尾行を続けていたが，同日午後5時45分ころ，〈建物名略〉アパート先の公園付近でいったん被告人を失尾し，約10分後に同公園内で被告人を発見したものの，再び失尾した。なお，同日午後6時23分に，M1駅のすぐそばにある丸井のキャッシュディスペンサーを利用して，被告人の郵便貯金口座から現金2万円が引き下ろされている。

③ C証人らは，被告人が失尾した場所を中心にして半径5キロ以内で窃盗事件を起こすと考え，かつて被告人がP1市p"町で別件を起こしたとの記憶があったことから（なお，後日，その記憶は誤りであることが分かった），いったんM1駅に戻り，L4線に乗車して1駅先のM2駅に向かい，同日午後7時ころから，前記p"町を中心に被告人を捜索した。C証人は，同日午後8時ころ，p"町から更に1キロ近く離れたP1市p'町所在のN2製作所n'工場角交差点付近を歩いている被告人の姿を目撃した。C証人が身を隠した間に被告人は再度姿を消し，C証人は他の捜査員に連絡を取った後，再び被告人を捜索したものの，結局発見することはできなかった。

④ 後日，10月28日に発生した類似手口による窃盗事件について照会したところ，P1警察署管内で3件，隣接するP2警察署管内で1件あり，そのうちの1件が第1事実であった。なお，第1事実の現場は，C証人が被告人を最後に目撃した交差点から約80メートルの距離にあり，被害者は，同日午後6時30分ころから午後9時30分ころまでの，外出していた間に本件犯行の被害に遭ったものである。

所論は，第1事実について，10月28日に被害届が出された当初は，被害金額が1万円となっており，これが同年11月12日付の上申書（原審甲6）及び同日付警察官調書（原審甲5）において2万円と訂正されているにもかかわらず，作成日

付が平成12年11月1日になっている捜査報告書（原審甲11）において，被害金額が2万円と記載されていることからすると，前記捜査報告書に信用性はなく，これを根拠とする原判決の認定は誤りである，という。この点について，C証人は，捜査報告書の作成日は平成12年11月10日であるが，ワープロのミスで11月1日付になってしまったものであり，被害金額の点については，警察官調書を作成するため被害者の妻に事前に電話した際に聞いた事実が混入した可能性がある，と証言しているから，所論の疑問は解消したというべきである。

この捜査報告書（原審甲11）は，いったん被告人を失尾してから，約2時間経過した後に，直線距離でも5キロ程度離れた場所で，被告人を再び発見したという，偶然というにはやや出来過ぎの感もある事実を内容としながら，その間の経緯がほとんど記載されていないなど，報告書の内容自体にも不備が見られるのに，原判決がこの点について，特にほかに証拠を求めることもしないで，有罪の根拠としているのは疑問であるが，当審で取り調べた同報告書の作成者であるC証人の証言内容と照らし合わせると，殊更虚偽の事実を記載してねつ造したものであるとは考えられないのはもとより，C証人が被告人の動静を連日のように監視し，尾行していたことを考えると，C証人が被告人を最後に発見した際の視認状況は必ずしも良好とはいえないものの，別人と見誤るなどということも考え難く，C証人が前記交差点で被告人を目撃したこ

とについて疑念を差し挟むことはできず，この点に関する所論は結局採り得ない。

そうすると，第1事実の犯行が行われたと思料される約3時間の時間帯に，被告人が，被害者宅に80メートルと近接した場所にいたという事実は，これを優に認めることができる。

(2) 足跡痕について

前述した被告人がN3〈注：被告人が宿泊していたカプセルホテル〉から外出した際に採取された被告人の足跡と，第1事実の現場に遺留されていた足跡は，文様，足長の点では同一のものであるが，足跡痕の特徴点は指摘できず，「類似」という評価にとどまることが認められる。

なお，同一メーカー類似足跡一覧表（原審甲27）によれば，平成12年10月中旬から11月中旬までの間に，第1事実及び第2事実のほかにも，第2事実の現場に遺留された足跡と同一類似とされた足跡が現場に遺留された窃盗の事案が少なくとも4件検索されており，その中には第2事実と同一の11月3日にP3〈注：P1市P2市近隣地域〉で発生した窃盗事件なども含まれていることが認められる。また，C証言及び捜査報告書（原審甲11）によれば，第1事実が発生した日に，当該事件を除いたほか，P1署管内で2件，P2署管内で1件の類似手口の窃盗事件が発生していることが認められる。

(3) 被告人の所持品について

関係証拠によれば，被告人は，逮捕当日，カジヤ，ドライバー，軍手等の道具をウエストポーチに入れて所持していたことが認められるところ，前記C証言に

よれば，被告人は日常外出する際にはいつもウエストポーチを装着しており，第1事実の犯行当日も同様であったことが認められる。被告人は，カジヤ等は野宿をするのに必要な道具として持ち歩いていたと供述しており，所論は，ウエストポーチにはほかにも多数の物品が入っていたのであるから，カジヤ等がその中に混じっていたというだけで，窃盗の道具と即断されてはたまったものでない，という。しかし，これらの道具は，本件第1事実及び第2事実に共通する，住宅の窓施錠部分のガラスを割って施錠を開け，屋内に侵入するという態様の窃盗に通常使用されるものと考えて矛盾はないというべきである。

(4) 被告人の供述について

被告人は，捜査段階から一貫して第1事実についても否認しているが，その内容は，第1事実当日の行動は記憶していないが，警察官が尾行して目撃していたというのであれば，そのような行動をしていたことは否定しない（原審乙8），最近はP1市p'町方面に行ったことはない（当審供述），M1駅方面に行くことはあり，散歩して野宿先を探す（当審供述），単に歩き回るのが好きである（原審供述）などと，わずかずつニュアンスの異なる供述をしている。被告人の供述は，このほかに先に検討したとおり，第2事実に関する切手の入手先の点，N3への宿泊の事実を否定する点及び前述したカジヤ等の道具を持ち歩いていた理由等も含めて，必ずしも一貫せず，変遷の合理的理由を説明することもなく，不自然な内容を含むものであることは明らかである。

(5) 被告人の前科，生活状況等について

被告人には同種の侵入盗の前科が多数あり，前記C証言によれば，被告人の動静を監視していた期間中に，被告人は仕事をしている形跡がないにもかかわらず，パチンコ店や競艇場にしばしば出入りしていたことが認められる。

そこで，前記の各事実を総合検討すると，被告人が第1事実の発生したと思料される時間帯に，現場と近接した場所を徘徊しており，現場に遺留された足跡が，被告人の足跡と類似していること，第2事実の犯人が被告人であると認められるところ，第2事実は手口や足跡痕の点などにおいて第1事実と共通する点があること及び警察官が現認する被告人の日常の行動，被告人の所持品及び本件に関する弁解の不合理さ不可解さなどからすれば，被告人が第1事実の犯行の犯人である疑いはかなり濃いといわざるを得ない。

しかしながら，第1事実及び第2事実とも，窃盗の手口としてはごくありふれたものであって，被告人ならではの特徴的なものとはいえないこと，被告人が現場付近を徘徊していた際，特に第1事実との結びつきをうかがわせるような事情があったとまでは認められないこと，当日のみに限ってもP1署，P2署両管内だけで，第1事実を含めて4件の類似手口による窃盗事件が発生していること，本件現場に遺留されていた足跡と同様の足跡を残す靴は，被告人の活動範囲である

Q2県，P県，Q3県内等にも相当数出回っているものと推認され，前記のとおりP県内において，類似の足跡痕を現場に遺留した窃盗事件が，平成12年10月中旬から11月中旬にかけて，他に少なくとも4件は発生しており，そのすべてが被告人が犯人である可能性もあるものの，類似の足跡痕を残すほかの窃盗犯人が存在する可能性も否定できないこと，本件現場に遺留された足跡と被告人の足跡とを対比してみても，足跡痕としての共通した特徴点を指摘することができず，「一致」，「酷似」の程度に達せず，「類似」にとどまることなどの各事実を考慮すると，被告人が第1事実の犯人であると認定するには，なお合理的な疑いの余地が残るものといわざるを得ない。本件において，仮に，類似した足跡痕が現場にあったという事実がなく，被告人が現場と近接した場所にいたことだけであれば，到底立件は無理な事案であり，他方，類似した足跡が現場にあったという事実だけで，被告人が現場に近接した場所にいたという事実がなければ，やはり立件は困難であるといえよう。そして，両者の事実がそろったからといって，足跡痕の同一性の程度が低く，共通した特徴点が指摘できない本件では，なお有罪とするだけの客観的な証拠状況にはないというべきである。なるほど，被告人の弁解の不合理性等は有罪の根拠となり得る事情であり，被告人の生活状況や前科からして，被告人が犯人であるとの主観的な心証は取りやすいが，これを裏付けるだけの客観的な証拠状況がいま一歩足りないというべきである。

結局，第1事実については，被告人は無罪であると認められるから，この点について，原判決には事実の誤認があるものといわなければならない。第1事実に関する論旨は結局理由があることに帰する。

第3 破棄自判

〈略〉

よって，主文のとおり判決する。

平成14年6月17日
東京高等裁判所第9刑事部
裁判長裁判官　原田國男
裁判官　大島隆明
裁判官　田邊三保子

12　狂言の疑いがある事件

　この事件は，弁護人がいわれるように「一種異様な不可思議さ」がある事案である。被告人は，恐喝未遂で起訴された。これに対して弁護人は，被害者とされるAの狂言であると主張した。
　Aの述べる事件の経過は，次のとおりである。Aは，勤務している営業所でパソコンを使って手数料計算の入力作業をしていた。昼たまたま弁当を忘れたので，同僚Bとともに昼食のため外出した。他に社員がいなかったので，出入り口は施錠した。戻ると，落としたはずのパソコンの電源が入っており，手数料計算のファイルを確認したら，手数料データが消えていた。
　翌日，本社のCにデータが盗まれ，そのデータを種に被告人から脅されていると連絡した。その後，被告人からAの携帯電話に電話があり，「データが欲しければ明日午後5時に駅のバスターミナルに5万円持ってこい」といわれた。そこでAは警察署に被害を申告し，警察官5人とともに，駅に行った。駅では5回ほど携帯電話に連絡があり指示を受けたが，結局，誰も現れなかった。5万円の恐喝未遂ということである。
　被告人は，弁解録取書では否認していたが，その後事実を認め，自白を繰り返した。しかし，原審公判でもう一度否認に転じる。

携帯電話をめぐる奇妙さ
　これだけみると，有罪間違いなしの事件であろう。しかし，この事件には奇妙な点がいろいろあった。まず，以上の経緯にもみられるように，被告人は，Aの携帯電話にたびたび連絡している。脅迫電話もそうである。被告人は，自白では，Aから携帯電話の番号を教えてもらってメモしたが，そのメモはどこかに落としたといっていた。そして，自分の携帯にAの携帯番号も登録したが，警察に捕まる前に消したと述べた。しかし，Aは，高校生のころ被告人に教えたが，その後番号を変更し，新しい番号は教えていない，被告人から自宅に電

話があったことはあるが，本件まで携帯に電話があったことはないというのである。

メモした古い番号では連絡できないし，新しい番号であれば，どのようにしてそれを知ったか，自白でもまったく明らかになっていない。しかも，被告人の携帯電話のメモリーには，Aの旧番号も新番号も登録されていない。被告人は，原審では，削除を否定し，新番号は知らないと供述している。

次に，Aの供述では，被告人は，非通知か公衆電話からAの携帯に電話をしてきているというのである。駅での指示も公衆電話からだったという。被告人の携帯電話の通話明細には，Aの携帯への発信歴はまったくなかった。また，もし被告人が電話をかけたなら，受け手であるAの携帯にその着信歴が残るはずである。Aは，最初の脅迫電話の着信歴は削除したという。そして，駅での指示についての着信歴をどうしたかは，記憶になかった。捜査官も駅に張り込んだときの，犯人から直接かかってくる指示の着信歴であるから，これを証拠化したはずである。しかし，控訴審にいたるも，証拠は出てこなかった。不可思議なことである。

パソコン操作をめぐる奇妙さ

次に，Aの話からすれば，被告人がパソコン操作をしたということになろう。もちろん，その場面をAは見ていない。ところが，被告人はパソコン操作ができなかった。捜査官もそれを認めている。

それでは，誰がやったのであろうか。自白では，当初被告人が行ったと述べていたが，その後Xなる人物が登場し，Xと一緒に行って，Xがデータ削除を行ったと自白した。しかし，このXなる人物の実在感がまったくない。自白ではいろいろいっているが，およそ現実味がない。たとえば，Xとは連絡ができず，Xからの連絡は非通知であったという。おそらく，捜査官は，被告人がパソコンを操作できないことを知って，共犯者がいるに違いないと思い，被告人を誘導したのであろう。

さらに，パソコンのパスワードの点にも疑問があった。被告人の自白では，以前遊びに行ったときに，Aのパソコン作業を見て，その手元を見て数字を覚えたといっていた。4桁だったが，本件当時は2桁は覚えていたので，10回以

上数を入れたら，開くことができたというのである。しかし，4桁のパスワードのうち2桁だけで，開けるものであろうか。しかも，その後は，被告人はパソコン操作ができないので，Xがパソコン操作をしたことになったのである。よくわからない話である。

いくつもの不自然さ
　このほかにも，事務所の鍵が郵便受けにあるのは遊びに行ったときに知ったというのはよいとしても，当日はAがたまたま弁当を忘れたから，Bと事務所を空けたのである。どうして被告人がそれを事前に知って，Xと一緒に事務所まで行ったのであろうか。これも謎である。また，現場引き当たりでも，被告人は事務所になかなか行き着かなかったのである。
　このように被告人の自白には数多くの不自然な変遷があり，客観的な証拠状況とも矛盾していて，信用できるものではない。もっとも，起訴後謝罪文をAに書いている。原審もこの点を重視したのかもしれない。しかし，その経緯は，Aと一緒に学んだ養護学校の先生から校長に知らせるなどと面会でいわれ，同房者の助言もあったので，そうしたほうが裁判で有利になると思ったと述べているから，被告人の自白は信用できるとまではいえないであろう。
　本件は，被告人もAも障害のある人であった。このことが事件全体に微妙な影響を及ぼしている。あるいは，Aが誤ってパソコンデータを消去してしまい，せっかく雇ってくれた会社に申し訳ないと思い，被告人のせいにしようとし，被告人もAをかばうつもりで，犯人の振りをしたのかもしれない。本当のことはわからないが，被告人もこれに近いようなことをいっていた。ちょっとしたことから，大事に発展したのかもしれない。2人とも気の毒な感じもしたが，起訴された以上は厳正に判断するほかない。そして，事件としては，えん罪のあらゆる要素が詰まっているものであった。

12 狂言の疑いがある事件
平成16年10月6日宣告
平成15年（う）第3055号

主　文

原判決を破棄する。
被告人は無罪。

理　由

本件控訴の趣意は，弁護人押谷毅雄作成の控訴趣意書及び当審弁論要旨記載のとおりである。

第1　論旨について

1　論旨は，要するに，そもそも事件は被害者A（以下「A」という。）の狂言であって，恐喝事件そのものが存在しない架空のものであり，Aの供述は全く信用できないし，被告人の捜査段階の自白は，到底信用できるものではないので，原審証拠を適切に評価すれば，被告人を有罪とするに足りる証拠はなく，被告人の無罪は明らかであるのに，被告人に有罪判決を言渡した原判決は，明らかに証拠の評価を誤り，事実を誤認しているというのである。被告人は捜査段階で本件犯行を自白したが，原審公判以来原判示のような犯行をしたことはないと否認して争っている。

そこで，原審記録を調査し，当審における事実取調べの結果を合わせて検討するに，原判決はAの原審供述（甲1・検察官調書の同意部分を含む。）及び被告人の自白の信用性をいずれも肯定して公訴事実と同旨の事実を認定したが，後記のとおり，被告人の自白調書には信用性がなく，A供述の信用性にも疑いがあり，結局のところ犯人と被告人との結び付きを示す証拠を欠き，他に公訴事実を認めるに足りる証拠はないから，原判決は事実を誤認したものとして，破棄を免れない。以下，その理由を説明する。

2　本件前後の状況

信用性に争いのない関係各証拠によれば，次の事実が認められる。

(1) 平成15年3月11日午前中，Aは，平成14年6月から勤務している有限会社L商会L'営業所（以下「L'営業所」という。）において，パソコンを使って手数料計算の入力作業をしていた。Aは当日たまたま弁当を忘れ，午前11時50分ころ，同僚のBとともに昼食のため外出した。当時同営業所には他の社員はおらず，出入り口は施錠した。戻ると，Aは，落としたはずのパソコンの電源が入っており，異常だとして手数料計算のファイルを確認し，手数料データ（以下「データ」という。）が消えていると言って，Bに相談した。なお，Bにはパソコンの機能面の知識はない。

(2) Aは，更に午後2時か3時ころL商会本社のCに電話をかけ，「データを取られた」と言って相談したが，Cからカレンダーを消去することでデータが消えるか試してみろと言われて，「やってみたら消えた」と報告した。Aは午後4時

が退社時刻であり、そのころBの車に同乗して退社し、P駅まで送ってもらった。
(3) 翌12日、AはCに電話をして、被告人の名前を出して、データが取られていると明言し、取りに来いと言われていると相談した。Bはその電話を替わり、Cから、「Aが使っているデータがなくなったのは実は盗まれて、しかもそのデータを種に脅されているみたいだから、Aからよく話を聞いてくれ。」と言われ、Aに確認した。Bは、Aから、P駅まで送ったすぐ後に、Aの携帯電話に電話がかかり、データを返して欲しければ明日午後5時にQ駅のバスターミナルに5万円持って来いと言われた、以前、被告人に、仕事の内容を教えるために会社に来てパソコンを開いて見せたことがあるなどと聞いた。
(4) Aは、M署に行って被害申告をし、午後4時ころにQ駅に警察官5名とともに赴いた。Aは、午後5時過ぎ以降約5回携帯電話がかかって指示を受けた様子で、駅周辺を広範囲にわたって移動し、そごうデパート2階のトイレにリュックを置いた。警察官がしばらく張り込んだが、誰も現れなかった。
(5) 同年4月2日被告人は本件で逮捕され、当初は否認したが、翌3日自白し、同月22日に起訴された。被告人は、同年5月1日付けでAに対し、本件を認め、反省して謝罪する旨の書面2通を作成して送付した。
(6) 被告人とAとは養護学校高等部（平成13年3月卒業で1クラス3ないし5名）の同級生であり、被告人には歩行障害が

あり、Aには言語障害及び運動機能障害がある。
3 Aの被害供述
Aの、原審供述及び当審尋問調書における供述（以下「当審供述」という。）は、大要以下のとおりである。

平成15年3月11日午後5時30分ころP駅に着いてから、自分の携帯電話に非通知か公衆電話からの着信があり、出ると、被告人の声で、「○○〈注：被告人の名前〉だけど。おまえの会社のパソコンに入っている手数料のデータが消えてただろう。そのデータを取って消した。その消したデータのフロッピィーと印刷したものがあるから、明日の5時にQ駅に5万円を持って来い。」と言われた。高校生のときからよく知っている人間なので被告人に間違いない。12日Q駅では、複数回自分の携帯電話に次々と場所移動を指示する着信があり、ほとんど被告人が出たが、1回外の人が出て10秒くらい話したが、何を言っているのか分からず、すぐ被告人に替わった。被告人に、「そごう2階ジーパン売り場の近くの便所に行って、そこにバッグに金を入れておけ、バッグは置いてあるのがすぐにわからないようにしておけ、おまえはQ駅の方に戻れ。」と言われ、また、よく分らない声の人間から電話があった。

被告人には、平成14年8月ころL商会に勤務していることを教えた。同年10月ころ、被告人がいきなりL'営業所を訪れ、その際自分のパソコンでのデータ入力作業を、パスワードを打ち込むところから見せ、かつ午後4時の退社時に、鍵

を郵便受けに入れるところも見られた。
4　被告人の自白の信用性
(1)　供述経過とその内容

被告人は逮捕当日の平成15年4月2日, 弁解録取書 (乙5) では「身に覚えがありません。」と否認し, 次いで, 警察官の取調べに対し,「Aの携帯電話番号も知らないし, Aの勤務先も行ったことがなく, 知らないので, なんでこんなことになってしまったのか分かりません。この事件のことについてよく自分なりに考えてみます。」と述べた (乙6)。

しかし, 翌3日の検察官の取調べにおいては,「私がしたことに間違いなく, Aの携帯電話に非通知で電話をかけ5万円を脅し取ろうとした, 自宅近くの公衆電話からかけた, しかし, 実際にAの会社に入ってデータを消去したのは別の人物です。」旨自白し (乙7), 勾留質問においても, 裁判官に対し,「そのとおりまちがいありません。」と述べた (乙8)。

翌4日以降の取調べにおいては, 犯行に至る経緯, 動機, データ消去から始まる一連の犯行を詳細に供述した。

すなわち, 同日, 警察官に対し, 弟らを自動車に待たせて行ったので, 弟らが共犯になるのではないかと思ってやってないと嘘をついていた, Aは自分をおそれているので脅かせば少しくらいの金なら簡単に出すだろう, 会社の大事なデータで脅せば会社での立場がなくなり, 悪くすれば退社だから, データを取り戻すための金を出すだろうと思った, 平成14年10月ころ, Aを思い出しL'営業所に行った, パソコン作業を見せてもらった,

シャッターの鍵は郵便受けと分った, 平成15年3月8日ころ, 小遣いがなく, Aを脅すことを思いつき, 実行日を11日と決め, 弟の勤務先のトヨタワゴンで, 弟とその友人とL'営業所へ行った, 社員は昼食を食べに行って留守なのを知っていた, 思い通りだった, 4桁のパスワードを10回以上適当に打ってみると画面が現れた, 計算表をフロッピィに保存し, 画面を削除して, このフロッピィをポケットに入れ車に戻った, 自宅に戻り午後5時30分ころ, 以前, Aから教えてもらってメモしていた携帯電話番号に, 脅しの電話を自宅近くの公衆電話からかけた, フロッピィはすぐR市内の団地の近くの川に捨てた, 翌日午後5時前にQ駅に行き, そごうの方に移動しろなどとAに指示した, この電話は公衆電話から全部自分がかけた, 自分の携帯は使わなかった, メモ紙は, その後どこかに落とした, 証拠に残るとまずいと考えて, 自分の携帯のメモリーには入れなかった, とし, Q駅の公衆電話の位置に関する図面を作成した (乙9)。

同年4月8日には, L'営業所, 駐車場, フロッピィディスクの投棄場所及び脅迫電話をかけた公衆電話等を引き当たりにて警察官に説明した (甲4)。

同月15日は, 警察官に対し, 実は29歳の無職の男が同行した, この男は平成14年10月ころから遊び友達である, そのころ懐かしさからAの携帯に電話し, 職場に遊びに来いよと言われ, モノレールで行った, 昼前で, 他の社員がいた, パソコン作業を見せられ, パスワードを覚え

た，昼休みで社員が外出し，Aが最後にシャッターを閉め，郵便受けから鍵を出し入れした，同年12月ころに小遣い稼ぎを考えて本件を計画した，ある男に打ち明けると乗ってきた，実行を平成15年3月11日と決めた，ある男の車でL'営業所に行った，パソコンの電源は切れていた，パスワード画面を出して10回以上適当に打ってみると次の画面が現れた，見張りを男がした，まだかと言われ，交替して男が操作した，フロッピィに保存し，画面を削除した，フロッピィは本当は男が持っている，翌12日午後5時に待ち合わせしたが，怖くなって行かずに帰宅した，Aの携帯の電話番号のメモも男が持っている，自分の携帯のメモリーには入れなかった，13日に，男が，昨日はなんでQ駅に来なかったんだよ，俺はちゃんと行って相手に指示出したと怒っていた，今までうそをついたのは，ある男の存在が分るとまずいと思っていたからである，男は紳士的でよい奴だと思っていたが，本当はチンピラみたいな怖い男だと分った，男の方から非通知で一方的に電話があるとした（乙10）。

　検察官に対しても，同年4月16日，Aの携帯電話の番号も知っていた，平成14年10月ころXが運転するカローラのような自動車に乗ってL'営業所に遊びに行った，Xを待たせて一人でL'営業所に行き，Aのパソコン作業を見た，パスワードはAの手元を見て数字を覚えた，自分はエクセルを扱えるし，フロッピィにコピーしたり，データの削除もできる，Aと二人でシャッターを閉め，鍵を郵便受けに入れた，同年12月ころ遊ぶための金が欲しくなり，Aを脅かして金を取ることを考え始めた，一人では怖くて実行できないが，Xも一緒にやってくれることになった，計画した後二人の都合がつかず，平成15年3月11日になった，昼ころ自動車でL'営業所に行き，シャッターが閉まりAは昼休みで外出していた，郵便受けから鍵を取り入った，Aのパソコンのスイッチを入れ，小さな絵をクリックした，パスワードは今は忘れたが2桁は覚えており，4桁を何回か入力しやっと成功した，Xが急かし，交替した，被告人が見張りをし，Xがデータを盗むことになった，被告人が外にいるとXがすぐに外に出てフロッピィを見せ，机上にあったこれに入れ，元のデータを消したと言った，自動車で逃げた，Aの方に確認したらフロッピィが1枚なくなっていたことが警察の方で分ったということだった，これで，データをフロッピィに入れて盗んできたことが本当であるということが分ってもらえるとし（乙2），同日引続き，Xと別れて帰宅し，そろそろAが気づき困っているころと思った午後5時30分ころ，自宅近くの公衆電話から電話した，自分の携帯電話はAが警察に届けたとき証拠が残ってしまうことになると思い使わなかった，当時自分の携帯電話にはAの携帯電話の番号を登録していたが，本件後証拠が残らないようにするため，警察に捕まる前に削除した，電話をかけるとAが出た，「会社にあるパソコンから手数料のデータを消した，フロッピィーにそのデータを入れた，印

刷したものもあるから明日の5時にQ駅へ5万円持ってこい」と言った，「○○だけど」ともしかしたら名乗ったかも知れない，翌12日午後4時ころまでハローワークにおり，Xと午後5時にQ駅改札口で待ち合わせた，Xと相談して，Aを動かして，私服警官がつけているのではないか確認しようとした，改札口近くの公衆電話でAに何度か指示した，XがAの特徴を聞いてきたが，Aを見つけられず，Xの提案でそごうのトイレに鞄を置かせた，Xの指示どおりAに言った，逮捕が不安で逃げた，フロッピィは，池に捨てたと言ったが，これは嘘で，Xが持っているとし（乙3），さらに，本当は12日はQ駅に行った，刑事にXのことを話したくなかったので，怒って（12日Q駅に行かなかったと）嘘をついたなどと述べた（乙11）。

(2) 被告人の供述する自白の理由

弁護人は，罪体に関する証拠として提出された自白（乙2，3）には信用性がないとして争い，被告人は自白した理由として，Aが何か悩みを抱えているんじゃないか，ほかの誰かに脅かされているんじゃないかとかわいそうに思って，Aのことをかばうつもりだった，捜査官から強い口調で言われると，おびえてそのような発言をしたとか，当初は，最近弟と一緒に行動してないかと聞かれ，時々遊びに行くなどと答えたので，弟をL'営業所に同行したことになり，弟の職業と勤務先と車を聞かれたが，刑事が弟を取り調べて弟は関係ないとわかった，それで，その後でたらめのXを出した，

平成14年10月の訪問は，刑事からAの言い分として経緯を聞いた，脅迫に使った電話も，警察官から，携帯でかけたんだろう，調べれば分ると言われ，もしかけるとしたら公衆電話かなと考えた，12日のQ駅での出来事や，そごうのトイレの件とAの行動は，検察官から聞いたなどと述べている。

(3) 信用性についての検討

そこで検討するに，被告人の自白には次のとおり虚偽の内容や不自然な変遷が多くあり，到底信用できないものである。

① Aの携帯電話番号の知識に関する供述

被告人は，平成15年4月3日の自白において，Aの電話番号の知識を当然の前提として，「Aの携帯電話に非通知で電話をかけて」としたが（乙7），翌4日には，以前Aから教えてもらってメモしていた携帯電話番号に，脅しの電話を自宅近くの公衆電話からかけた，番号はメモ紙にあったが，どこかに落とした，証拠に残るとまずいから自分の携帯のメモリーには入れなかったとし（乙9），さらに，同月15日には，「平成14年10月に懐かしさからAの携帯に電話し」となり，併せて，Xの登場に合わせ，「Aの携帯の電話番号のメモも男が持っている」となるが（乙10），平成15年4月16日の検察官の取調べに至っては，「Aの自宅や携帯電話の番号も知っていました」としただけで（乙2），「自分の携帯にはAの携帯の番号が登録してあったが，本件を起こした後証拠が残らないようにするため，警察に捕まる前に削除した」とし

（乙3），一部供述の変更はあるが，本件犯行時，被告人がAの当時の携帯電話番号を知っていたと一貫して供述しているものの，これを知った経緯については何も供述するところがない。

Aは，自分の携帯電話番号は，高校の時（平成13年）被告人に教えたが，その後平成14年9月に番号を変更し，新番号は教えていない，これまで，被告人から自宅には電話があったが，自分の携帯電話に電話をもらったことはないし，自分から被告人の携帯電話に電話をかけたこともないと言い，これは被告人の原審及び当審各公判供述とも一致する。

そうすると，平成14年10月のＬ'営業所への訪問に先立ち，被告人がAの携帯に電話したという被告人の自白（乙10）は，そのときＬ'営業所に「いきなり来た」というAの供述にも反し，虚偽の可能性が高い。また，被告人が犯行時かけた電話番号（すなわち平成14年9月変更の新番号を意味することになる。）を，Aから教えてもらってメモしたとか，これを自分の携帯電話に登録していたというのであれば，当然これも同様に虚偽ということになる。もし，このメモ等が平成13年時の旧番号のものであれば，犯行当時は，もはやこの番号ではAの携帯電話に通じないので，そのままこのメモ等を使ってAに電話をしたというのは不可能であるから虚偽といえるし，仮にこれが新番号であれば，どのような経緯で誰から教えられたのか，その内容が全く供述されていない。

そもそも，被告人使用の携帯電話の通話明細によれば，A使用の携帯電話への平成15年3月11日及び12日の発信歴は全くなく（当審検2），同年4月5日当時，被告人使用の携帯電話メモリーには，Aの自宅の電話番号は登録されているが，その携帯電話番号は新・旧ともに登録されていない（当審検4）。前記のように，後に削除したとの被告人の自白中の供述があるにしても，原審公判以来被告人はこれを否定して，旧番号のメモはなくし，メモリーにも入れていない，新番号は知らないとしている。そして，NTTドコモには電話番号変更時に新番号を90日間案内するサービスがあり，Aはこれを利用したというが（甲10，Aの原審供述），本件当時は平成14年9月から既に90日を経過しており，被告人も，案内サービスの有効な期間中にそのような方法でAの新番号を知ったとは言っていない。なお，被告人がAの新番号を知るには，共通の知人・友人から聞くことも可能であり，Aも，当審供述で，被告人が養護学校の先生等に聞けばあり得るとし，そのような可能性にも触れるが，Aが現実にそのような事実を確認したというものでもないし，被告人自身もそのようなことは何も述べていない。そうすると，被告人の自白には，Aの携帯電話に電話をすることが可能となる，肝腎要の点の供述が欠けているということにもなり，犯行を全面的に認める真犯人ならば，到底隠匿などせず，むしろ率直に述べるべき点と思われる。

② データの削除等に関する供述

被告人の自白調書には，Aのパソコン

からデータを盗む際，4桁の数字のパスワードを入れるにあたり10回以上適当に数字を入れたら，開くことができたなどとする不合理な供述がある一方で（乙9，10），データを削除したりフロッピィディスクに取り込む作業をしたのは，当初は自分ではないとしたが（乙7），途中で自分が行ったとし（乙9），その後，Xなる人物を登場させ，Xが肝腎のデータ削除等のパソコン操作を行ったと供述を変遷させている（乙10，2，3）。被告人は原審及び当審各公判において，パソコンの操作能力はほとんどないと述べており，また，当審証人Dも，捜査段階で，被告人はパソコンの前に座っただけで電源を入れることもできず，パソコン操作に慣れていないと判断したというのであるから，そもそも被告人には，本件のようなデータ削除作業を含むパソコン操作能力はなかったといわざるを得ない。そうすると，弟らを登場させながらもデータ削除等は自分が行ったとする自白（乙9）も虚偽であり，そもそも，自らが操作できないようなパソコン作業を前提とする犯行計画を，被告人が着想したということ自体，かなり疑わしくなるともいえよう。

パソコン操作をしたのが誰かに関する供述の変遷は，被告人がXの存在を隠そうとして，虚言を述べた可能性も考えられるが，ともかく，同行者が弟らからXに変遷する経緯は，被告人の前記（2）の供述とDの当審供述とがほぼ合致しており，結局，弟には同行の事実がなかったからである。

ところで，Xなる者に関する被告人の供述内容は非常に空疎である。すなわち，被告人は，Xについて，平成14年10月から遊び友達である，29歳の男性で，紳士的でよい奴と思っていたが，本当はチンピラのような怖い男とし，男の方から非通知で電話があるなどと（乙10），およそ現実味のない供述に終始し，現在に至ってもその人物の実在が確認されていない。そして，被告人の自白によれば，平成14年10月のL'営業所訪問に際し，被告人はXの運転する自動車に乗って行き，Xは車内で待ち，帰る際にはAと二人でシャッターを閉め，鍵を郵便受けに入れたというのであるが（乙2），この供述をした前日には，自分一人でモノレールに乗ってL'営業所に行ったとしていたのであり（乙10），理由なく大きく変遷している。なお，Aは，そのときに，被告人が運転する自動車で送ってもらったなどともいうが，これにもそぐわない供述で，およそ真実味がない。また，Aの身体的特徴と12日のQ駅での同人の行動を考え併せると，Xが，Q駅でAを見つけられなかったなどという供述（乙3）も，およそ真実にはほど遠い内容である。このような供述に照らしても，Xなる人物が現実に存在するのかはなはだ疑わしい。

しかも，被告人は，Xの存在について供述すると同時に，自分は12日にQ駅に行かず，翌13日にXにそのことを怒られたなどと供述するが（乙10），最終的には，それも嘘であったとし，本当は自分もQ駅に行ったと認めているほか（乙3，

11), 持っていたがどこかに落としたとしていたAの携帯電話番号のメモにしても (乙9), そのメモはXが持っていると変遷させ (乙10) 最終的にはそのようなメモの存在自体うやむやとなり, 自分の携帯電話に登録してあったAの携帯電話番号を犯行後に削除したなどと (乙3), Xの存在を持ち出した以後も大きく変化している。また, L'営業所から持ち出したというフロッピィディスクも発見されないままで, その所在に関する供述が, 川に捨てた (乙9), 池に捨てたとし (甲4, 当審検8), 最終的にはXが所持している (乙3) などと理由なく変遷している。これらの点についても, 結局は実在感のないXを登場させて, これになすりつけている供述であり, 真実味に乏しい。

仮に, 被告人が, 共犯者Xの存在を隠ぺいするために, 弟らを登場させたり, 単独犯行を自白していたとすると, Xの存在を供述した後になって, 自分は12日はQ駅に行っていないとして自らの関与度を若干薄める供述をし (乙10), その供述をした翌日に, やはり「行った」と供述しているが (乙3, 11), 変遷した理由も到底納得できるものではなく, これらは共犯者をかばうとか, 恐れるなどといった態度では説明ができない。むしろ, これは, 本件犯行の前提となるデータ削除作業を, 被告人自身が行うことができないために, 捜査官側が共犯者の存在をほぼ確信し, その方向への誘導的な追及を受けた被告人が, 架空の人物Xを登場させて, 被告人には不可能なこと,

そして, 説明のできないことをすべて, Xの役割によって解決しようとしたとの感をぬぐえない。すなわち, 被告人のXに関する供述は, それまでかばって隠していた共犯者の存在を思い切って告白したというよりは, 自分では経験しておらず説明のできない事柄を, 苦し紛れにXなる者の存在でもって何とか説明しようとしたにすぎないのではないかとの疑いがある。

また, データ削除等をしたことになる, 平成15年3月11日の昼休み時間にAが外出したのは, 同人が弁当を忘れたという偶然の出来事であったから, 被告人の「社員は昼食を食べに行って留守なのを知っていた, 思い通りだった (乙9)」などという供述も真実とはいえない。さらに, 翌12日のQ駅へも, 行った (乙9), 行かない (乙10), 行った (乙3, 11) と, これまたXの登場とは関係なく変遷している。仮に, 被告人が行って駅構内の公衆電話で約5回にわたりAに指示し, かつXなる人物と同行していれば, 警察官が5人も張り込み, かつ, 被告人に関する身体的特徴をAから既に聞いていたのであるから, その警察官らが, 少なくとも被告人を現認しないことはあり得ず, また, 被告人のいう公衆電話の位置からは, 相当な距離を移動するAの行動は全く見通せず (当審検6), 被告人がAの述べるような的確な指示を出すことも不可能といえるから, これも信用できない。

平成14年10月のL'営業所訪問に関する供述についても, 大筋をA供述に合わ

せ，細部は本件犯行の自白に都合のよいように合わせた，適当な作り話であるとの印象をぬぐいがたい。

何よりも，引き当たりを行った警察官Eの原審供述及びDの当審供述等によると，被告人は，平成15年4月8日のL'営業所等への引き当たりの際，15ないし20分かけてS1町のほとんど全域をぐるぐる回ったというのであり，本件犯行を含め2回も訪問したというL'営業所に，順調に行くことができなかったことがうかがわれる。そうすると，2回もの訪問に関する供述も到底信用できない。

なお，自白中，L'営業所の鍵のありかと，フロッピィディスク持ち出しに関する部分とは，一見すると秘密の暴露のようにみえるが，結局は，いずれも，被告人が取調べで捜査官から聞いたAの言い分や，逮捕事実から容易に推測することのできる事柄にすぎないというべきである。

③ 起訴後の謝罪について

ところで，被告人は，前記のとおり，起訴後Aに対し，謝罪文及び反省文の合計2通を送付したものである。この点は，原判決が判示するとおり，被告人が犯人であり，前記の自白が信用できるとの判断に積極的に作用するかのようである。しかしながら，被告人が原審及び当審公判で述べる謝罪文等送付の経緯は，平成15年5月1日に養護学校の先生の面会を受け，校長に知らせるなどと言われ，かつ同房者に助言され，Aの感情を和らげる目的で当日書いた，反省文は先生用に書いたが，誤ってAに送ったと言い，要するに，犯人であると自白した以上，犯人であると振る舞い謝罪した方が裁判上有利と考えた上でのことと解せられる。その後被告人は，弁護人及び母に対し犯行を否認し，原審でも第1回公判以来争っているが，同年6月15日付けの被告人が弁護人に宛てた書簡（当審弁1）によれば，Aに対する悪感情はほとんどなく，むしろ同人を真面目な人，一生懸命と讃え，自分がAに怖い印象を持たせたことを悔い，Aが自分の名前を出したことは仕方がないなどとの心境を述べている。被告人が，そもそも虚偽の自白をした理由として原審公判で述べるところのなかには，Aが自分の名前を出したのにはきっと何か理由があると思って，Aをかばって犯人の振りをしたということもあり，起訴後においても，当初は被告人のAないしは本件裁判に対する態度は，むしろ，Aに名前を出されたことを恨まず，これを機会に自己の生活態度を反省し，真実が明らかになる日を待つという，いわば穏やかな姿勢であったことがうかがわれる。このような被告人の態度は，えん罪で起訴された刑事被告人の態度としては理解し難く，かなり特殊とはいえるが，被告人が若年で，障害もあって社会性に乏しい点等を考慮すると了解が全く不可能というものでもない。これに加え，所論指摘のとおり，原審での国選弁護人選任は同年5月2日であり，同月1日は弁護人との接見も行われていなかった状況下で，前記2(5)のとおり，同年4月2日以来約1か月にわたり身柄を拘束され，かつ，同月3日以来接見も禁止されてい

た被告人としては，起訴後前記のような不安定な心境になったとしてもあながち不自然・不合理とはいえない。

しかも，その謝罪文等の内容は「恐喝事件としてやってしまった事を謝ります。」とか，「恐喝事件としてAさんを脅した事を認めます。」などといった，簡単で抽象的なものであって，具体的に犯行態様を述べるものではないから，起訴後の自白と同視することはできない。

したがって，原判決がいうように，被告人が謝罪文を送付したことで，被告人が虚偽の自白をしたとする理由が全く信用できないとするのは早計である。

(4) 小括

以上検討したように，被告人の自白には，その内容自体に虚偽を含む不合理な点が多く存在する反面，犯人性を基礎づける肝腎な点の供述を欠いている。しかも，被告人自身がこのような自白をした理由として，Aへの配慮めいたものをあげ，それらを一蹴することができないことに照らすと，被告人は犯人を装っていたもので，その自白は到底信用し難いものといわなければならない。そうすると，本件自白（乙2，3）は犯罪事実を認定する証拠に供することができない。この点についての原判決の判断は誤りである。

5 Aの被害供述の問題点

このように，被告人の自白が信用できないとすると，本件での犯人と被告人とを結び付けるのは，結局，Aの供述のみということになる。Aは，原判決が説示し，検察官も当審弁論で指摘するとおり，捜査段階以来一貫して被害事実を述べ，本件脅迫電話については被告人の声に間違いないと明確に述べている。

しかしながら，当審で取り調べたところをも併せ考えると，Aの供述には以下のとおりの問題点がある。

(1) まず，所論も指摘するように，Aの平成15年3月11日の行動について，昼休みの外出時パソコンの電源を消したか否かにつき，原審公判においては，足元のコンセントの方まで完全に消したとしていたが，当審では，当初「シャットダウンはしていない」と電源を消さなかったとしたのに，これは間違いで電源を切ったと変更し，ついには，本来消すべき足元のコンセントのスイッチは切らなかったと不自然に変動した。

(2) そして，所論が述べるとおり，なによりも肝腎な脅迫電話を受けたときの状況について，Aは，捜査段階では，「P駅の改札口の中に来たとき」と供述しており（甲1同意部分），Bも，Aから「昨日P駅まで送ったすぐ後に，携帯電話に電話がかかった」と聞いたとしてこれを裏付けていたが（甲3同意部分），当審においては，Aは，駅に到着したであろう時刻と脅迫電話がかかってきた時刻との間に隔たりがあることを指摘されて，これを，「電車のホームの椅子で眠ってしまい，そのときに携帯電話が鳴って起こされた」と大きく変化させ，時間の経過を説明したが，さらにその後，「電話がかかってきたのはホームではなくて，今は思い出せない。」と供述した。

この点は，検察官が当審弁論で指摘するように，Aが，論理的な対話をするこ

とに慣れておらず，言語障害で発語に大きな努力を必要とするため体力が消耗し，これに日時の経過による記憶の減退もあって，Aが心理的に圧迫され，思考が混乱した結果とみる余地もあろう。しかし，それにしても，まさに自己の被害事実であり，脅迫電話がかかってきたという一番重要で印象深い事実について，その態様が大きく異なる供述をし，結局思い出せないとして片付けてしまうのは，いかにも不自然・不合理というべきである。そして，このことにより，罪体の立証において一番重要な被害状況に関する供述の信用性が大きく揺らぎ，このようなAの供述によっては，脅迫電話を受けた時刻及びその際のAの状況等を認定することがはなはだ困難な事態となったというべきである。

(3) また，Aは，当審供述で，脅迫電話の直後にその着信履歴を消去したと述べた。その理由は，非通知とか公衆電話からの着信は母が気にして聞くので，これが嫌だったからで，そのときは誰にも知らせず，自分一人で金を払って解決しようと思っていたなどと言う。Aが，母から，年齢にしては手厚い配慮を受けていたとしても，そのことを理由に，重大な犯罪の証拠を直ちに消去するというのは，いささか常識的な判断にはそぐわない行動である。しかも，Aは，検察官調書（甲1同意部分）では，帰宅後，母に相談しようと思ったが，母が怒って警察に通報したりして，犯人に怒られたり，会社にもばれてしまうと思ったので，母に相談できなかったと述べ，この着信履歴の削除そのものについては何ら触れるところがなく，原審公判でも同様である。そして，当審で取り調べたところによると，着信表示については，Aは，警察官に対し，脅迫電話を聞いた翌日である平成15年3月12日の被害申告時においては，これを「非通知」だったと言い，同年4月4日の聴取時には，「公衆電話」と表示されていたと言ったというのであるが（当審検5，D当審供述），Dによれば，その際，捜査官が，「公衆電話じゃなかったのかい」という聞き方をしたかも知れないというのであるから，これに影響されて変容した可能性が十分にある。そして，Aは，原審公判でも当審供述でも「非通知か公衆電話」と述べ，特定することができない。このことは結局，Aの携帯電話に，当日夕方何らかの電話が着信したということすら，非常に漠然としたものとなり，確実な内容のものではなくなったことになる。

(4) 所論が指摘するように，Cの原審供述によれば，そもそもAが11日にパソコンの異常に気づいた後の午後2時か3時ころ，Aから本社のCに電話をかけて相談し，その際に，「データを取られた」と表現し，初めから「入られたようなあとがある」などとも言っていたというのであるが，自分が切ったと思ったパソコンの電源が知らないうちに入り，データが消えていたからといって，すぐに他人にデータを盗まれたかのようにいうのはいささか不可解である。Cの言うように，データが消えた場合には，まずは自分の誤操作かパソコンのエラーと考えるのが

通常であり，Aも，原審においては，「自分のミスでそういうふうになったのかなと初めは思った」と供述している。そうすると，Aが11日にCに申告した内容は，A自身の供述ともそごする。また，Cの供述によると，当日のやりとりで，CがAに対し，カレンダーをコピーして消すことで手数料計算のデータも消えるか試してみるよう指示したところ，Aはこれで消えたと言ったというのであるが，Aの原審供述によるも，11日中にはデータの消えた原因は解明されなかったというのであるから，Cに対して真実ではない適当なことを言ったということになる。これらの点を含め，そもそもAは，原審では当日のCへの電話内容には全く触れるところがなく，当審においては当日の電話の事実からして「覚えがない」としている。この点も，原判決がいうような単なる記憶の混乱によるものとは考えられず，不自然といえる。

(5) L'営業所から盗まれたというフロッピィディスクにしても，警察官から被告人が盗んだという話を聞かされて探したところ，なくなっていたとの趣旨をいうが，単にそれに止まり，具体的な細部については触れるところがない。

(6) Aは，当審供述で，本件脅迫電話のあった翌日，Q駅で，携帯電話に犯人から指示を受けたことについて，その携帯電話の着信履歴を警察官や検察官に見せたこともなく，消去したかどうか特に記憶がないとしているが，これとて自分が恐喝犯人から指示を受けたという確固たる証拠で，もはや警察が関与した後の出来事であるから，犯罪の重要な証拠としてそれなりの大切な取扱いをしてもよいのに，被害者であるAのこのような無関心な態度は何とも不可解というべきである。

なお，Dは，当時Q駅に張り込んでいた捜査官の一人であるF巡査から聞いた話として，配置されていた捜査員の誰かが，Aの着信記録で「公衆電話」となっていたことを確認したという（当審検5，D当審供述）。しかし，A自身が，前記のとおり，着信記録を誰かに見せた記憶はないというのであり，原審段階では，この点の捜査上の記録は全く請求されておらず，当審で検察官が提出した捜査報告書（当審検5ないし7）は，全て，当審段階で作成されたもので，DがFから聞いたという前述の話も，当審証人尋問期日（平成16年4月21日）の近くになってFから聞いたというのであるから，にわかには信用できない。

6 Aの被害供述の信用性

原判決が説示するように，Aには，データ盗難と恐喝とをあえてねつ造しなければならないような理由が見当たらないとは一応いえるものの，前記のとおり，Aの供述は，本件被害の核心部分についての供述が大きく変遷し，結局のところあいまいな漠然としたものとなってしまうという不確実さが認められるところであって，これに，Aが，発端となるパソコン操作，データの消失に関して，脅迫電話を受ける前から，他人の関与をにおわせる不可解な申告をしていたことを考え併せると，その被害供述の信用性につ

いては，とりわけ慎重に判断しなければならない。

　しかも，Aの供述は，全体を通し，その支えとなる裏付けを欠いている。すなわち，当初の脅迫電話に関しては，その着信履歴を自らがすぐに消去したというのであり，Q駅での犯人からの指示の電話にしても，その着信履歴の確認や保全が，捜査機関において全くなされていない。後者については，捜査上の不備を指摘せざるを得ない。警察官が，恐喝犯人検挙のために金銭受渡し現場に赴くのであるから，犯人がその場所を指示・変更するために，被害者の携帯電話に連絡することはあり得ないことではなく，これは，前日の脅迫が電話によってなされたことから容易に予測できることである。しかも，前日，Aは自ら着信履歴を消去してしまったというのであるから，捜査官としては，Aに対し，電話があったときは必ずその着信記録を保存しておくよう指示し，かつ，当日，犯人が現れず，張り込みを終了した時点においてでも，速やかに捜査官がこれを確認して保全し，証拠化することが肝要であった。これは，着信表示が，結果的に非通知であれ公衆電話であれ，Aに犯人からの指示内容を聴取するにあたり必要なことであり，かつ，捜査官としては容易になしえたはずである。この点は，Aの態度とは関わりなく，捜査機関の不手際であるが，いずれにしろ，本件において，Aの供述の信用性を支える裏付けに乏しい証拠状況であることには変わりがない。

　さらに，パソコン操作，データの消失に始まる本件一連の経過には，所論が指摘するような，一種異様な不可思議さがあることも否定できない。そして，何よりも被告人が犯人であることの可能性について，前記4(3)①②で述べたような疑問がある。

　そこで，Aの被害供述の信用性を判断するにあたっては，とりわけ前記5(2)(3)で述べた不確実さを軽視することができない。そうすると，Aが脅迫電話の犯人の音声を被告人であると明言する点についても，にわかにその信用性を肯定することができない。一般的にいっても，電話音声に関する人間の認識は，主観的な感情に支配されることもままあり，必ずしも正確とはいい難いものである。しかも，本件においては，犯人は電話での開口一番「○○だけど。」と名乗り，内容は脅迫であるから，Aとしては，大いに驚き，かつ，データが社外に持ち出されたり，被告人を事務所に入れたことが分ると会社をクビになると不安に思ったというのであるから，Aの心理的な衝撃は大きかったといわなければならない。そうすると，原判決が説示しているところを踏まえてみても，Aが犯人の声を冷静かつ正確に識別し得たかははなはだ疑問があるところであり，あるいは第三者が被告人の名前を名乗ってAに脅迫電話をしたのに，それをAが被告人と思い込み，その声に関する識別を誤った可能性もあながち否定することができない。

　そうすると，本件脅迫電話をかけてきたのが被告人の声であったとするAの供述には，犯人性を認定するに足りるほど

の十分な信用性を認めることができないというべきである。

7　総括
　まず，被告人がデータを盗み取ってAに脅迫電話をかけたという自白は不自然きわまりなく，到底証拠に供することができない。そして，被告人から脅迫の電話があったとするAの供述が，被告人を犯人とする唯一の証拠であるが，その裏付けとなるべき客観的な証拠が何一つ保全されておらず，Aの被害供述を支える客観的な証拠は存在しない。このような本件でのいわばぜい弱な証拠構造からすると，前記のようにAの被害供述自体に十分な信用性を認めることができない状況においては，結局，犯人と被告人との結び付きに関する証拠を欠くといわざるを得ず，被告人の犯人性を認定するには合理的な疑いが残るというべきである。
　そうすると，被告人の自白の信用性及びAの供述の信用性とをともに肯定し，被告人と犯人との結び付きを認定して被告人を有罪とした原判決は事実を誤認したものといわざるを得ず，破棄を免れない。
　論旨は理由がある。
第2　自判
　よって，刑訴法397条1項，382条により原判決を破棄し，同法400条ただし書により当裁判所において更に次のとおり判決する。
　本件公訴事実の要旨は，「被告人は，氏名不詳者と共謀の上，Aから金員を喝取しようと企て，平成15年3月11日午後5時30分ころ，S県S2市〈略〉付近に設置された公衆電話からAの携帯電話機に電話をかけ，Aに対し，「○○だけど。おまえの会社のパソコンに入っている手数料のデータが消えてただろう。そのデータを取って消した。その消したデータのフロッピィーと印刷したものがあるから，明日の5時にQ駅に5万円を持って来い。」などと語気鋭く申し向けて金員の交付を要求し，この要求に応じなければ，Aの地位，財産等にどのような危害をも加えかねない気勢を示してAを畏怖させ，Aから金員を喝取しようとしたが，Aが警察官に届け出たため，その目的を遂げなかった。」というものであるが，前述のとおり，本件公訴事実については犯罪の証明がないから，刑訴法336条により被告人に対し無罪の言渡しをすることとし，主文のとおり判決する。

平成16年10月6日
東京高等裁判所第9刑事部
裁判長裁判官　原田國男
裁判官　池本壽美子
裁判官　佐々木一夫

13　採尿封かん紙貼替事件

　この事件は，被告人が終始一貫して「身に覚えがない」と主張していた覚せい剤の自己使用の事案である。
　本件の捜査は次のように推移した。被告人は，警察署で尿を提出。その際，偽名のＸを名乗っており，尿の任意提出書，所有権放棄書等も「Ｘ」と署名し，指印した。さらに，採尿容器（ポリ容器）に貼る封かん紙にも同様にＸ名で署名し，指印。そして，採尿容器のふたの上にこの封かん紙を貼って，その両端にも指印で割り印した。ところが，その後，Ｘが偽名であることが判明する。そこで，警察官Ａは，被告人に作成した書類の書き直しを求め，被告人も上記の書類と封かん紙に被告人の本名で署名，指印した。

封かん紙の貼り替えはあったか？

　問題はここからである。警察官Ａは，Ｘ名の封かん紙を被告人の面前で，被告人自身にはがさせたうえ，新たに本名の封かん紙を貼らせたというのである。このとき，尿を別の採尿容器に入れ替えたり，中身を差し替えたりしてはいない。そうすると，Ｘ名の封かん紙が貼ってあった採尿容器には，被告人の指印の一部が残っていなければおかしい。
　ところが，尿の鑑定をした科捜研の薬物研究員のＢは，採尿容器の指印になんの異常も認められなかったという。そうなると，採尿容器に残っていた当初の指印と，再度封かん紙を貼付した際の指印が，外形上はまったく異常が認められない程度に重なっていたということになる。しかし，偶然にそんなことが起こるだろうか。しかも封かん紙の左右２か所である。およそ，起こりえないだろう。
　さらに，Ａの証言によれば，封かんが終わった段階で，採尿容器の側面に，採尿の日時，被疑者名，罪名等をマジックで書くことになっているという。そうすると，鑑定時の採尿容器は，封かんが被告人名なのに，その側面はＸ名の

ままになっていたことになる。Bは、そのような齟齬には気付かなかったと証言している。そのような重大なことにBが気付かないというのも考えにくい。

覚せい剤の採尿手続過程はつねに争われる場面だから、その適法性を確保するために種々の手立てが講じられている。被告人自身による封かんもその重要な手順である。そうすることにより、内容物の差し替えや取り違えがないことを保証している。本件では、本当は、被告人が偽名を名乗っていたのだから、別の採尿容器に尿を移して、新たにその容器に本名で封かんしたのかもしれない。それならそうと証言すればよさそうなものである。

そもそも、Aは、原審で証言したときには、封かん貼り替えという事実を述べていない。検察官が聞かなかったからだという。このような点は、原審でちゃんと証言を求めるべきであったであろう。採尿過程に以上のような問題があれば、無罪はやむをえない。

写真に残っていた捜査の問題点

覚せい剤無罪事件では、忘れられない事件がある（参考事件・東京地裁判決平成5年2月17日・判決文199頁）。逆転無罪の事件ではない。私が1審で裁判長として関与したときのものである。

被告人の運転していた自動車内から覚せい剤が入った札入れが発見され、その札入れに被告人のアドレス帳が入っていたとして、覚せい剤所持の罪で起訴された。被告人は、その札入れは直前まで車に乗っていた者の持ち物で、自分のアドレス帳は、札入れに入っていなかったと一貫して主張していた。

警察署で押収物を並べて撮った写真には、アドレス帳が札入れに入っている状況が撮影されていた。被告人のたっての希望から、事件直後に警察官が車内を撮った写真の札入れを拡大して調べたところ、その大きさから当然写っているべきアドレス帳が写っていなかった。これは、警察官の故意か過失で、札入れに入っていなかったアドレス帳を、警察署での写真撮影では札入れに入れてしまったとしか考えられない。しかし、覚せい剤の入っていた札入れが被告人の物であるという決定的な証拠は、被告人のアドレス帳が札入れに入っていたことである。過失による間違いというにはあまりにも不審である。

被告人の弁解はいかにも不自然だが、札入れにアドレス帳が入っていなかっ

たことは知っていたのであろう。高校時代に写真部だったから，上記の拡大写真を作れば，アドレス帳が写っていないのがわかるというのであった。被告人の唯一の反証だから，それを実行したら，この結果である。

　刑事事件は，本当におそろしいものだと思った。この経験があるので，上記の事件でもより慎重になれたのかもしれない。

13　採尿封かん紙貼替事件

平成15年4月14日宣告
平成14年（う）第1847号

　　　　主　文
原判決を破棄する。
被告人は無罪。
　　　　理　由
　本件控訴の趣意は，訴訟手続の法令違反及び事実誤認の主張である。
　そこで，所論（当審における弁論を含む。）にかんがみ，記録を調査し，当審における事実取調べの結果をも参酌して検討する。
第1　本件公訴事実，被告人の主張及び原判決の判断
　本件公訴事実は「被告人は，法定の除外事由がないのに，平成13年10月31日ころ，P県〈町名地番等略〉被告人方において，覚せい剤であるフェニルメチルアミノプロパンの塩類若干量を水と共に飲用し，もって，覚せい剤を使用したものである。」というものである。
　被告人は，身に覚えがない，として公訴事実を否認し，原審弁護人は，要するに，本件捜査の過程において，被告人は，事実上身柄拘束を受けた状態で尿の提出を強要されたのであるから，そのようにして提出された尿は違法収集証拠としてその証拠能力が否定され，これと関連する尿の鑑定書，被告人の自白調書の証拠能力も同様に否定されるから，被告人は無罪である，また，被告人の尿を入れた容器の封かん紙が貼り替えられた疑いがあり，このような証拠には証拠能力がなく，同様に被告人は無罪であるなどと主張して争ったが，原判決は，関係証拠により認められる事実関係の下では，本件任意同行，尿の採取，尿の鑑定の各過程を通じて，いずれも，適正かつ妥当な方法で行われており，これを違法視しなければならない事情は見当たらないとして，前記主張をいずれも排斥し，公訴事実と同趣旨の罪となるべき事実を認定した上，被告人に対して懲役2年の有罪判決を言い渡した。
第2　事実誤認の論旨に対する判断
　そこで，原判決の判断について検討するに，所論も指摘するとおり，本件においては，鑑定嘱託された被告人の尿が入っていたとされる採尿容器には，被告人が捜査官に尿を提出した際に貼付したのとは別の封かん紙が貼付されていたことが認められるところ，当審における事実取調べの結果を踏まえても，当該採尿容器がどのような経過を経て封かんされ，鑑定嘱託されるに至ったのかを確定するに足る証拠が存在せず，要するに，被告人が捜査官に提出した尿が，適正かつ妥当な方法により鑑定に付された事実を認めることができないのである。そうすると，そのような尿から覚せい剤成分が検出された旨の鑑定結果に，本件公訴事実に対する証明力を認めることはできない

というべきであり，また，その他の関係証拠を総合しても，被告人の捜査段階における自白の真実性を担保するには足りないから，結局，本件公訴事実は合理的疑いを超えて立証されていないことに帰し，被告人は無罪であるといわなければならない。

以下，詳論する。

1 関係証拠によれば，本件採尿手続から鑑定嘱託までの事実経過として，以下の各事実を優に認めることができる。

(1)平成13年11月2日午前7時15分ころ，○○線L駅にいた被告人は，同駅助役からの通報を受けて同駅前交番から赴いたP県警M警察署勤務の2名の警察官から「交番まで来て欲しい。」などと言われて前記交番まで同行した。前記駅助役からの交番への通報内容は「駅ホームで消火器を持って暴れている男がいて，その男から，けん銃を突き付けられたので助けて欲しい，との訴え出があったので，来てくれないか。」というものであり，被告人は，前記警察官が現場に臨場した際，高架ホームの壁に寄りかかりながら携帯電話に電池をはめようとしており，目をきょろきょろさせ，落ち着かない様子であって，精神障害か薬物中毒が疑われる状態であった。

(2)被告人は，前記交番内において，警察官から氏名等を質問されて「X」，「住所はQ」などと返答した。P県警の前歴照会センターへの照会の結果，覚せい剤前科を有する者に類似の者がおり，警察官の「覚せい剤をやっていないか。」との質問に対して，被告人は「以前はやったけど，今はやっていない。」と返答していた。

(3)そうするうちに，被告人が，椅子に背をもたれかかり，体を大きく後ろにそらせ，顔を上に向けた姿勢で，白目をむく状態となったことから，異変を感じた警察官は，119番通報し，午前7時39分ころ，Q消防署の救急隊が到着した。しかし，被告人は急に意識を戻し，病院への搬送の説得を拒否したため，救急隊は，午前7時51分ころ，交番から引き上げた。

(4)他方，警察官は，被告人の状態を覚せい剤による幻覚症状ではないかと考え，覚せい剤使用の嫌疑を抱いたことから，被告人に対して尿の任意提出を求めたところ，被告人が，「覚せい剤なんかやってないから，小便でも何でも出すよ。」などと返答したため，パトカーの派遣を受け，午前8時15分ころ，被告人をP県警M警察署3階の同署生活安全課の取調室まで同行し，同署においては，同課銃器薬物対策係長A警部補（以下「A」ということがある。）が，それまでの経緯等の説明を受けた上で被告人を引き継いだ。

(5)同署における被告人の様子は，目がうつろで，若干そわそわした状態であり，薬物常習者との疑いを抱いたA警部補が，氏名を質問すると，被告人は「X」と答えたが住所については答えず，薬物使用の有無について尋ねると，「やっていない。」との返答をした。尿を任意に提出するよう説得すると，被告人はこれに応じる態度を示したので，3階男子便所内に同行し，採尿容器であるポリ容器を渡して洗浄させ，当該容器内に尿を排出さ

せ、そのまま前記取調室に戻った。

(6) 被告人は、取調室内において、当該尿に関する任意提出書（原審甲13）、所有権放棄書（原審甲14）、証拠物件鑑定承諾書（原審甲15）及び封かん紙に署名指印し、その封かん紙を前記採尿容器のふたの上に貼って、その両端に指印した。いずれの書類の署名も「X」名によるものであった。また、被告人が尿を提出したのは、午前8時30分前後のことであった。

(7) その後、午前10時前ころ、被告人の住居地を確認するために、同署地域課の警察官が被告人を同行して、パトカーでQ市内のX方へ赴いたところ、Xの知人らが被告人はXではない旨明言し、「X」の顔写真により被告人とは別人であることが確認されたため、被告人が偽名を名乗っていることが判明した。A警部補は、被告人を同行した前記警察官に対して、被告人の本名を確認するよう指示したところ、間もなく、「Y」との返答があり、薬物前歴者の画像顔写真によってそれが被告人と一致することを確認した。

(8) A警部補は、その後、署に戻ってきた被告人に対して、先に作成した書類の書き直しを求めたところ、被告人は、任意提出書（原審甲16）、所有権放棄書（原審甲17）、証拠物件鑑定承諾書（原審甲18）、及び封かん紙に本名の「Y」名で署名指印してこれらを作成した。

(9) その後、A警部補は、被告人を帰宅させるとともに、その日のうちに「Y」名で署名指印された封かん紙（当審検2）が貼られ、その両端に指印がなされ

た採尿容器に入った尿を「被疑者Y」の尿としてP県警察科学捜査研究所に持ち込み、その鑑定を嘱託した。同所の薬物研究員B（以下「B」という。）による鑑定の結果、当該尿からフェニルメチルアミノプロパンが検出された（原審甲5）。

2 以上認定した事実経過によると、被告人により提出された尿は、一旦は「X」名で一連の領置手続がなされ、尿の入った容器も「X」名で署名指印された封かん紙により封かんされたはずにもかかわらず、実際に鑑定に付された採尿容器には、被告人の本名である「Y」名で署名指印された封かん紙が貼付され、指印されていたことになる。この点について、本件採尿手続を取り扱ったA警部補は、当審において、被告人が偽名を使っていたことが判明し本名が分かった段階で、被告人に対し、本名の「Y」名で一連の領置手続に関する書類を書き直すことを求めたところ、被告人がこれに応じたので、封かん紙についても「Y」名で署名指印させ、既に採尿容器に貼付してあった「X」名の封かん紙を、面前で被告人に剥がさせた上で、新たに封かんをし直させた旨証言している。そして、その過程において、尿を別の採尿容器に入れ替えたり、中身を差し替えたりしたことはない旨明言している。

このA証言は、本件においては、被告人が採尿時に偽名を用いていたことが後に判明し、採尿容器の封かん紙を貼り替えた経緯があったとして、前記事実経過について、一応の説明をするものではあるが、この証言を前提としても、なお次

のような疑問点が残り，本件採尿から鑑定嘱託に至るまでの過程に，不明瞭な部分があることを否定しきれない。

(1)「X」名の封かん紙が剥がされた際，当該採尿容器には封かん紙の両端に施した被告人の指印が少なくとも2箇所は残っていたはずである。A警部補自身もそのこと自体は否定していない。他方，尿の鑑定を行ったBは，原審及び当審における証言を通じて，採尿容器の指印には何らの異常も認められなかった旨証言しているのであり，これらの証言を前提とすると，採尿容器に残っていた当初の指印と再度封かん紙を貼付した際に施した指印が，外形上は全く異常が認められない程度に重なっていたことになるのである。しかしながら，何らの作為もなく，偶然にこのような状態が生じることが果たして考えられるであろうか。指印をしたのが被告人本人であったことも考え併せると，なおさらのこと，およそ起こり得ないことといわざるを得ない。A警部補自身も「重ねたというよりも，故意じゃなくて重なったという形です。」などと極めて不自然な説明をするのみであり，繰り返し尋ねられて，新たな封かん紙を貼ったのが，被告人なのか，自分なのかすらも判然としないかのような証言をするに至っている。そうすると，Aの証言によっても，被告人がどのようにして「Y」名で採尿容器の封かんをし直したのか，その具体的状況が全く判然としないのである。

(2)前記A証言によれば，採尿容器の側面には，封かんが終わった段階で，採尿の日付，被疑者名，罪名，採尿した人間の官職等をマジックで書く扱いとなっているというのであり，本件採尿容器については，当初被告人が名乗っていた「X」名が書かれていたというのである。そうすると，鑑定時の採尿容器は，封かんが「Y」名でなされていたのに，その側面に書かれた被疑者名は「X」のままになっていたことになる。他方，これを鑑定したBは，そのようなそごには気付かなかった旨証言する一方で，当該部分は警察官の記載するものであるし，受付の時点で気が付けば書き直してもらったのかもしれないなどとも証言しているが，全く別人の名前が書かれているのであるから，「漢字の間違い」と同列に扱える程度の誤りとは考え難い上，仮にそうだとしても，鑑定嘱託書の被疑者名に「Xこと」と書き加えてもらわなければ，一貫性のある扱いとはいえない。ところが，同人が作成した鑑定書（原審甲5）の記載からは，そのような取扱いがなされたことはうかがえない。また，これを持ち込んだA警部補から被疑者が当初偽名を使っていた旨説明を受けたので納得したのかもしれない旨の証言も，そのことを備忘のためのメモに特記事項として記載しなかった理由としては，納得できるものとはいえない。そうすると，Bの鑑定前におけるチェックがずさんであった可能性もあるものの，前記(1)の事情も併せて考えると，鑑定に付された採尿容器が当初被告人の使用した採尿容器とは別物であった疑いも残り，これを払拭できないのである。

3 ところで，被告人の尿から覚せい剤の成分が検出されたという事実は，被告人の覚せい剤使用事実を証明する上で決定的な証拠である。それが故に，提出された尿から覚せい剤成分が検出されたとの鑑定結果が認められる事案においても，採尿手続過程の適法性が争われたり，採取された尿の取り違い，異物の混入等の可能性が主張されて，その鑑定結果自体が争われることが往々にして見受けられるところである。捜査機関としては，そのような被告人の弁解を封じる対策として，捜査要領などにおいて，尿の提出を受けたときは，直ちに提出者の面前で容器に，所要事項を記載した立会人票を貼付し，本人の指印を求め，面前で封印の措置をとることとされ，一連の手続状況を明らかにするために捜査報告書を作成することとされている。実際に，封かんまでの手続が適正になされたことを担保するために，採尿状況や被疑者本人が採尿容器に封かんしている状況の写真撮影がほとんどの事案において励行され，捜査報告書に添付されているところである。そして，当該採尿容器に施した封かんは，当然，鑑定作業を行う際にはじめて破棄される扱いとされていることから，尿の提出後，特に採尿容器が封かんされた後においては，異物が混入したり，内容物が差し替えられることはあり得ないという経験則を働かせることができ，その結果，当該尿から覚せい剤が検出された旨の鑑定結果は，尿の提出者による覚せい剤使用事実を証明する極めて重要な証拠となり得るのである。多くの覚せい剤使用事犯を審理する裁判所が，尿の鑑定結果に覚せい剤使用事実に対する高い証明力を認めているのも，以上のような手続過程が適切に履践されていることが，証拠上疑いなく認められることを前提としている。

そうだとすると，本件のように，一旦施された封かん紙が剥がされ，新たに封かんをし直したことが疑われるような場合には，必ずしも所論がいうように，そのことのみをもって当該尿の証拠能力が失われるとまでいうことはできないものの，少なくとも，そのままでは，先に見たような経験則を働かせることができないのは当然のことであり，検察官としては，封かんを破棄した後の過程においても，尿の差し替え，異物の混入等の可能性はなかったことを具体的事情を明らかにした上で，十分な立証をする必要があるというべきである。そして，このことは，封かん紙を剥がしたのが，いかなる事情によるものであったかによってさほど違いがある話ではない。その立証が不十分であれば，尿から覚せい剤成分が検出した旨の鑑定結果をもってしても，その提出者の覚せい剤使用事実に対する証明力を認めることはできないものといわざるを得ない。

これを本件についてみると，前記2で見たとおり，A証言によれば，そのような措置を選択したことの当否は措くとしても，一旦施した封かん紙をあえて剥がし，新たに封かんをし直した理由については，一応首肯できる事情を認めることができるが，最終的に採尿容器の封かん

が，どのような状況の下で，どのようにして行われたのかについては何ら判然としないのである。それどころか，A証言のとおりであったとすると，かえって，容易には説明のつかない疑問点が残ることは前述のとおりであり，真実，単に採尿容器の封かん紙の貼り替えが行われただけにすぎないのか，そもそも被告人が採尿時に使用した容器と鑑定に付された容器が同一であるのか，といった種々の疑念を払拭することができないのである。そうすると，被告人の提出した尿は内容物の差し替えや異物の混入等がなされることなく鑑定に付された旨のAの当審証言に，十分な信用性を認めることはできず，結局，本件においては，被告人が提出した尿がどのような経過を経て鑑定に付されたのかを確定するに足る証拠を欠くことになるといわざるを得ない。

4 加えて，本件においては，以下のような事情も認められる。

(1)A警部補は，当審において，被告人が，前の封かん紙を剥がしたり，新たに封かん紙を貼り直しをしている状況等は写真撮影していないことを認めており，採尿容器の封かんのし直しという極めて重大なことを，しかも取調べ室という密室内で行ったというのに，その状況を証拠化するための措置を一切とらなかったことになるのであって，そのこと自体極めて不可解である。被告人は，当該尿の提出時において，覚せい剤の使用事実を否認していたというのであるから，なおのこと，後に予想される種々の弁解を封ずるべく，採尿手続の過程を正確に証拠

化しておく必要があったはずであり，仮に，A警部補がこのことに思い至らなかったとすれば，あまりにもずさんな措置であったといわざるを得ない。

(2)被告人が尿を提出した日と同じ作成日付の採尿状況報告書（当審検5）は，被疑者の氏名が「Y」とされ，採尿年月日時「平成13年11月2日午前8時30分ころ」とされて，「採尿の状況」が記載されているものであるが，その中で，「しっかり容器の蓋をするようにと指示したあと，同人（被告人を指す。）が採尿容器を持ったまま取調べ室において同人が採尿用封緘紙に，『採尿年月日　平成13年11月2日』，『採尿署　M署』，『被採尿者氏名　Y』と記載し，採尿容器の蓋に貼り，同人が指印した後本職が領置したものである。」などと記載されて，写真も添付されている。この記載内容等からは，採尿時において被告人が「X」という偽名を名乗って一連の手続を行っていた事実は何らうかがうことができない。すなわち，この報告書においては，被告人が尿の提出時点で偽名を用いていた事実が全く捨象されているのであり，このことは，同じ日に作成したとされる「採尿時メモ」では，「被採尿者」欄の「X」の記載の上に二重線が引かれて，「Y」と書き直されていることと対照的である（当審検3）。しかも，前述のとおり，当該報告書に添付されている写真は，「X」名の封かん紙に指印している状況等を撮影したものなのであり，報告書の本文と貼付されている写真には，明らかなそごがあることになる。当該報告書の内容が，

被告人が採尿に応じ，採尿容器を封かんして提出するまでの間の経過を忠実に証拠化したものといえないことは明らかであり，当然，何らかの意図がなければ，このような報告書が作成されるはずはない。

(3) A警部補は，当審に至ってはじめて，封かん紙の貼り替えが行われた旨証言するに至っているのであり，原審では「尿の領置から鑑定嘱託に至る経過等」との立証趣旨の下で証人として証言し，検察官の主尋問に答えて，被告人の本名が判明した後に3通の書類を本名で書き直させた旨明確に証言したにもかかわらず，封かん紙の書き直しについては何ら言及をしていない。そして，弁護人から，「Y」の封かん紙に付け替えたのかと尋ねられて，「いいえ，そのままの，Xと書いた偽名でやりました。」，「記憶では，定かではそこのところありません。しかし，付け替えたというような記憶もありませんので，XイコールYと，最初からそう思いましたので。」と不明瞭な返答をした挙げ句，検察官の「最終的にYで作り直したか，Xのままかは，ちょっとはっきり覚えていないということですか。」と誘導されて，「そのとおりです。」と返答している。そして，当審において，原審証言時に採尿容器の封かんについてよく思い出せなかったのは，原審の立会検察官からは任意同行の適法性について中心に事情を聞かれたので，封かん紙のことまで頭が回らなかった，また，封かん紙のことについては事前に打合せもなかった旨証言している。しかしながら，封かん紙の貼り替えという極めて特異なことを早々忘れてしまうとはとても考え難いことである。A警部補自身，本件以外に封かん紙を剥がしたことはない旨証言している。加えて，原審における前記立証趣旨や検察官の主尋問の内容などにも照らすと，Aの前記当審証言はとても信用することができない。そうすると，A警部補は，原審証言時において，封かん紙については証言を意図的に回避したのではないかとの疑いを払拭することができない。

Aが当審で証言するように，被告人が偽名を名乗っていたため，後に採尿容器の封かん紙を貼り替えさせたというだけのことであれば，以上みてきたように，被告人が当初から本名で尿を提出して封かんしたかのような報告書を作成したり，公判段階で意図的に封かん紙の書き直し，貼り替えに言及しない証言態度をとる必要はないはずである。このような捜査及び公判段階を通して表れた捜査官の態度等に照らすと，Aが当審において証言し，明らかにしたところについても，なお種々の疑念を持たれても致し方なく，その信用性は大きく減殺されるといわざるを得ないのである。

5 以上見てきたところを総合すると，本件においては，被告人が捜査官に提出した尿が鑑定に付されるまでの過程が明らかとなっておらず，当該尿が，適正かつ妥当な方法により鑑定に付された事実を認めることができないのであり，そうである以上，鑑定に付された尿から覚せい剤が検出された旨の鑑定結果に，被告

人が覚せい剤を使用したという本件公訴事実に対する証明力を認めることはできないというべきである。また、被告人は、捜査段階において、本件公訴事実を認める旨の自白をしており、その内容が記載された警察官調書及び検察官調書が存在しているが、前記尿の鑑定結果を除くと、その他の関係証拠を総合しても、被告人の当該自白の真実性を担保するには足りないといわざるを得ない。当審において検察官が請求した本件採尿の翌日に被告人が別の警察署において提出した尿の鑑定等にかかる証拠も、その間の被告人の行動についてはその供述のみに依拠せざるを得ない以上、本件公訴事実を裏付け得るものとは認め難い。そうすると、結局、本件公訴事実は合理的疑いを超えて立証されていないことに帰するのであり、本件公訴事実について、被告人は無罪であると認められるから、原判決には事実の誤認があるものといわなければならない。

　論旨は理由がある。
第3　破棄自判
　よって、その余の所論について検討するまでもなく、刑訴法397条1項、382条により、原判決を破棄し、同法400条ただし書により、当審において被告事件について更に判決する。

　本件公訴事実は、前記第1において判示したとおりであるところ、前記第2において詳細に検討したとおり、被告人が前記公訴事実のとおり覚せい剤を使用した事実について、合理的疑いを超えてこれを認めるに足る証拠は存しないといわ

ざるを得ず、結局、本件公訴事実については犯罪の証明がないことに帰するから、刑訴法336条により無罪の言渡しをする。

　よって、主文のとおり判決する。

平成15年4月14日
東京高等裁判所第9刑事部
裁判長裁判官　原田國男
裁判官　　　　大島隆明
裁判官　　　　佐々木一夫

13　参考事件（東京地裁判決）

平成5年2月17日宣告
平成3年特（わ）第2252号

　　　　　　　　主　文
被告人は無罪。
　　　　　　　　理　由
第一　公訴事実と争点の概要
　一　本件公訴事実は、「被告人は、法定の除外事由がないのに、平成三年九月一三日、P県〈町名地番等略〉付近路上に駐車中の普通乗用自動車内において、覚せい剤である塩酸フェニルメチルアミノプロパンの結晶〇・〇九九グラムを所持したものである。」というものである。
　二　弁護人は、①裁判所が採用して取り調べた本件覚せい剤は、警察官が被告

人を現場から逮捕同然の強制力により警察署に違法に連行した上、違法な所持品検査により発見した本件車両のエンジンキーを被告人の弟Aに渡して、同人に本件車内の捜索を承諾させ、被告人の意に反して同車両を捜索したことにより発見され、Aにより任意提出されたものであって、その証拠収集手続には令状主義を潜脱する重大な違法があり、違法収集証拠として証拠から排除されるべきであり、②被告人は、本件覚せい剤を所持したことはなく、覚せい剤入りの札入れを所持したという証拠もないから、いずれにせよ被告人は無罪である旨主張する。

これに対し、検察官は、①本件覚せい剤の押収に至る経過には、何ら違法と認めるべき点はなく、②被告人が本件覚せい剤を所持していたことも、証拠上十分認定できるから、被告人は有罪である旨主張する。

第二 本件覚せい剤等の証拠能力
一 本件発覚の経過及び覚せい剤等の押収の過程
〈証拠略〉を総合すると、次の各事実が認められる。
1 被告人は、平成三年九月一三日、前日に引き続き、本件車両を知人のBから借り受け、同人とともに本件車両に乗車して同人方を出発し、同日昼前に、Bは、右車両を下車して被告人と別れ、以後、被告人が本件車両を乗り回していた。
2 同町午後零時三八分ころ、被告人は、P県〈町名地番等略〉所在のL郵便局（以下「L郵便局」という。）において、自宅から無断で持ち出した母親C名義の郵便貯金通帳を用いて払戻しを受けようとした。

しかし、右郵便貯金通帳については、母親から盗難事故届が出されていたため、右郵便局局長が郵政監察局に通報し、同監察局を介して一一〇番通報がされ、間もなく同郵便局に二名の警察官が臨場し、被告人に対し職務質問をしようとした。
3 被告人は、これに応じず、むしろその場を立ち去ろうとして、その場に停止させようとする警察官に抵抗したため、もみ合いとなり、そのうちもう一名の制服警察官が応援に駆け付け、さらにM警察署刑事課のD巡査部長、同E巡査部長ら五名の警察官も同署から来援した。そして、被告人は、相当時間これら警察官に抵抗をしていたが、右警察官数名により取り押さえられて、パトカーに押し込まれ、M警察署に連れて行かれ、同署取調室に入れられた。
4 M警察署において、被告人に対して前科である恐喝、窃盗罪の有罪判決について刑の執行のための収監状が出されていることが確認された。また、右Cに対し、被告人が持ち出した郵便貯金通帳を返還するため、同署へ赴くように電話で連絡をし、同女が、被告人の弟Aとともに同署に赴き、取調室で被告人と面会した。

被告人は、その際にAに本件車両のエンジンキーと「B」なる人物の電話番号を書いた紙を渡し、本件車両の返却を依頼した。
5 Aは、エンジンキーを預ったものの、自らの手で本件車両を返却することをた

めらい，E及びDの両名に対し，警察で返却をしてくれるように依頼したところ，警察では返却できないと断られた。しかし，両名は，Aに車両を捜索する際の立ち会いを依頼し，Aは，この依頼に応じて両名とともにL郵便局前に向かい，同所付近で本件車両を発見した。Aが本件車両のドアを右エンジンキーで開けようとすると，本件車両のドアは施錠されていなかったため，逆に鍵が掛かってしまったが，再度，解錠を試みてドアを開けた。

6　右車内について，Aを立会人として，E及びDの両名が捜索した結果，助手席の前に置かれた紙袋の中にあった札入れ（甲17〈略〉）から本件覚せい剤（甲7〈略〉）を発見した。

7　E及びDの両名は，さらに同署鑑識課のF巡査部長らの応援を求め，車両を近くの駐車場に移動させた上，さらに捜索を続け，写真撮影を行ない（甲8の写真撮影報告書添付のもの），同車内で，黒色セカンドバッグ（甲29・同押号の24）在中の注射器一式を発見した。

8　これらの物は，M警察署に持ち帰られた後，F巡査部長により写真撮影が行われ（甲9の写真撮影報告書添付のもの），Aから任意提出された。

9　被告人に対しては，前刑の執行のための収監状が出されていたため，被告人は同日夕方，検察庁に身柄を引き渡され，東京拘置所に収監された。

10　その後，同年一〇月一一日に至って，被告人は，本件覚せい剤の所持による覚せい剤取締法違反の被疑者として逮捕さ れ，勾留の後，同年一一月一日本件で起訴された。

二　検討
1　本件各手続の違法性の有無
〈略〉

第三　公訴事実についての判断

一　違法収集証拠の主張自体は，実体判断の前提となる証拠能力についての判断であるから，論理的に先行して行うべきである。そして，前記のように，本件覚せい剤等の証拠能力が否定される以上，その理由だけで被告人は無罪となるのであるが，本件では，仮に，その証拠能力を肯定しても，実体的にみて，被告人と本件覚せい剤とを結び付けるだけの証拠はないと認められるので，その点についても踏み込んで判断を示す。捜査が違法であるから，無罪となるよりも，証拠自体が不十分であるとして無罪となる方が，被告人の利益に適うものと思われる。

二　検察官は，被告人が本件覚せい剤を所持していたという事実が，主として①本件覚せい剤が，被告人名義の質札（甲16・同押号の3）が挟まっている被告人のアドレス帳（甲15・同押号の2）が在中していた前記札入れの中から発見されたこと，②右札入れは，被告人の衣類や写真が在中していた紙袋内から発見されたこと，③右紙袋が置かれていた本件車両は，本件覚せい剤発見直前まで被告人がBから借り受けて使用しており，また，犯行発覚前後，本件車両には被告人の他に同乗者はいなかったことにより証明できるものと主張している。

これに対し，被告人及び弁護人は，①

については，札入れは，「アライ」なる者のものと考えられるのであり，少なくとも質札は，「アライ」に借金の担保として預けていたものであるからアドレス帳の中にあるはずはなく，また，アドレス帳は，被告人がセカンドバック（弁１）の中に入れていたものであると主張している。②については，右紙袋の中には被告人の所有物以外のものも在中している事実，③については「アライ」がＬ郵便局に至るまで本件車両に同乗していた事実を主張して，結局札入れは「アライ」のものと考えられること，さらに，それを被告人のものであるとするために，捜査官の側で証拠のねつ造が行われた旨を主張している。

三　そこでまず①について検討する。

1　Ｆの公判供述によれば，本件車内から発見された物がＭ警察署に持ち帰られた後，Ｆが同署の鑑識係の部屋で右の物の検分を行っていたところ，札入れの中にアドレス帳が入っており，そのアドレス帳の中を確認すると，質札が出てきたというのである。

ところで，司法警察員作成の実況見分調書（甲２）の現場の状況欄の三には，「札入れの在中品として，被疑者名義の質札等入っており，」と，あたかもＬ郵便局前及び付近の駐車場における実況見分時に質札が札入れから発見されたような記載がある。

しかし，右実況見分調書の作成者のＥ自身，「現場では，札入れの中から覚せい剤を発見しただけで，他に中に何があるかは確認しなかった。アドレス帳も質札も気付かなかった。現場での実況見分終了後，Ｍ警察署に戻ってからＦから札入れの中から質札とアドレス帳が出てきたと聞いたので記載した。」というのであるから，右記載は明らかに事実に反している。

なお，右実況見分は，実況見分調書の「場所，身体又は物」欄記載の「Ｐ県〈町名地番等略〉方前路上駐車中の自家用普通乗用自動車（本件車両）内」のみならず，本件車両を右記載場所から約一〇メートル程度離れた付近の駐車場に移動させて，そこにおいても行われているにもかかわらず（Ｄ証言），その場所の記載がないなど，不正確なものであり，このあたりにも，本件捜査の杜撰さが表れている。

それはさておき，問題は，Ｆの言うように，アドレス帳が本当に札入れに入っていたかどうかである。

2　Ｆの公判供述によれば，札入れからアドレス帳と質札が出てきたので，そのことを直ちに刑事課長に報告し，すぐ写真を撮れという指示を受け，札入れの中にアドレス帳を挟んだ状況を再現して，それを写真撮影し，写真撮影報告書（甲９）を作成したというのである。ところが，右写真撮影報告書添付の番号３の写真ではアドレス帳は札入れのカード入れ側の下のポケットに入った状態で撮影されており，一方，番号５の写真では，カード入れの反対側に二つあるポケットのうちの上の方のポケットに入った状態で撮影されていて，かつ，そこがアドレス帳発見時にアドレス帳が入っていた位置

であるとの矢印の指示説明まで付され，右矢印もあわせて撮影されている。このように，右写真撮影報告書には，アドレス帳が入っていた場所について，札入れの左右を異にする重大な相違がある。

次に，前記の実況見分の現場で撮影された写真に関する写真撮影報告書（甲8）に添付された写真のうち番号6及び番号7は，札入れが開かれた状態で撮影されている写真であるが，この二枚の写真を見ても，前記のように矢印を付してまで，この箇所にアドレス帳が入っていたという札入れのカード入れの反対側の上のポケットに，入っていれば，その大きさからして，必ず写るはずの肝心のアドレス帳が写っていない。

また，札入れのカード入れ側の下のポケットにも，アドレス帳が入っていることが確認できない。写真に関する鑑定の専門家である証人Gは，右二枚の写真を拡大したものを含む資料入手報告書（甲48）添付一の番号6，7，8の写真の分析の結果，札入れのカード入れの下のポケットに何か「厚みのあるもの」が入っている可能性があると証言するが，それはあくまで可能性に止まり，また，その「厚みのあるもの」がアドレス帳であるか否かは又別の問題であるとしているから，肉眼では確認されないアドレス帳の存在を推認する決め手とは到底ならない。何か「厚みのあるもの」が長く在中したことにより，自然にできた脹らみであるとみることもできる。

3 以上の事実をどうみるべきか。

Fは，「実況見分の現場での写真撮影の際は，Dの指示で撮っただけで札入れには触れていないからアドレス帳の所在はわからなかった。」と述べ，警察署での写真撮影については，「質札を最初に撮影し，次いで覚せい剤の発見状況，注射器等，パケの接写写真を撮影し，最後に質札の発見状況を再現して撮影した。出てきたということで頭が一杯で，それがどの場所に入っていたかということは余り気にしなかった。再現の時に入れ間違えたのだと思う。」と説明している。

しかし，覚せい剤の所持者を特定するのに有益な証拠であるとの認識を持ち，また，自己が最初に発見したとしてその発見過程の証拠化を図ろうというのに（現に写真には矢印や番号札を用いるなど，発見過程を分かりやすくするために意を凝らしているものとうかがわれる。），専門家である鑑識係が発見した証拠物に気を取られて，その所在についてまでは注意が回らなかったというのは極めて不自然である。

さらに，疑問なのは，本件車両の捜索により，札入れから覚せい剤が発見されたのに，その現場で札入れの他の場所に何か入っているかを全く調べもしなかったという点である（D及びEの各公判供述）。

本件覚せい剤は，札入れに八個並んでいる小さなカードポケットのうちのひとつから発見されており，その発見されたポケットの場所が八個並んでいるポケットの一番端であって，比較的調べやすい個所といえるにしても，かかる小さなカードポケットさえ調べているのに，それ

より格段に大きくかつ調べやすい札入れの左右にある紙幣用のポケットを調べていないというのは、余りにも不自然である。他のポケットからも覚せい剤が発見される可能性が大きいとみるのが、捜査官として当然の発想であろう。

アドレス帳が本当に札入れの中にあったのであれば、他のポケットを調べさえすれば、すぐ発見できるだけではなく、そもそも調べようと思わなくとも、アドレス帳は紙幣などと異なりかなり厚みのあるものであるから、札入れを手にしただけでも、当然発見されてしかるべきものである。しかるに、Eは、アドレス帳が入っていることに何も気付かなかったというのである。

以上の点は、果たして、アドレス帳が札入れの中に入っていたかどうかについて、重大な疑問を与える。検察官は、捜査官の証拠化の方法が杜撰なだけで、アドレス帳が札入れに入っていたことは事実である旨主張する。しかし、このような重要な点について、捜査官の杜撰さで済まし、捜査官に有利なように考えてやらねばならないということはない。右の点は、本件公訴事実を認定するのについて、合理的な疑いを生じさせるものといわざるをえない。

なお付言するに、Dの公判供述では、札入れのなかの他の在中品として、千円札が二枚合計二〇〇〇円の現金があったと聞いているとしているにもかかわらず、札入れの中からアドレス帳を発見したFは、右二〇〇〇円には気付かなかったという（Fの公判供述）。その他の証拠上からも右二〇〇〇円が札入れに入っていたとは認められない。そうすると、その後右二〇〇〇円は被告人が自己の物として受け取っているのに、それが何処から発見されたのか不明である。現金類の取扱いについては、特に慎重でなければならないのに、これはどういうことか。しかも、この他にも、どこから発見されたか不明な物が多々存在する。このようなことは、本件捜査及び証拠保全が極めて杜撰であった事実の一端を示すものである。

4　以上を総合考慮すると、アドレス帳が札入れから発見されたという事実を認定することはできない。

四　右アドレス帳が被告人のものであることは被告人自身が認めるところであって、アドレス帳が札入れから発見されたことが証明されれば、札入れの所有者ないし管理者は被告人であるという事実が強く推認されることになるが、前述のように、アドレス帳が札入れに入っていたとは認められないとすると、覚せい剤在中の札入れが被告人の物であるとする最大の根拠が失われることになる。そこで、その余の事実で有罪認定ができるかを検討する。

まず、本件覚せい剤入りの札入れが本件車内から発見されたという事実については争いのないところである。

次に、札入れが被告人の衣類、写真等が在中している紙袋内から発見されたという事実は認められる。

すなわち、Eは、終始一貫して、札入れは自らが本件車内助手席前の床の上においてあった紙袋内から発見したと供述

している。また実況見分調書（甲2）にも，右紙袋の一番上に札入れとセカンドバッグが置いてあるとの記載がある。

　実況見分時に現場で右紙袋を被告人のものと直ちに断定し，札入れの所有ないし管理関係を明確にするために，あえて札入れが右紙袋の中から発見されたと見せかけた写真撮影をする捜査側の可能性，あるいは必要性は認めえないところであるから，少なくとも，札入れが右紙袋内から発見されたことは，優に認定できる。

　また，札入れが紙袋のどこに置かれていたかについては，紙袋の一番上にあったとする右実況見分調書の記載の他，写真撮影報告書（甲8）の写真番号4の郵便局前で撮影された現場写真では札入れが右紙袋の一番上に写っていること（この点は，資料入手報告書（甲48）添付の資料一番号5の拡大写真からも明瞭である。）から明らかである。なお，右写真撮影報告書の番号5（駐車場に移動してから撮影したもの）の写真の説明文では，札入れは右紙袋内のセカンドバッグ（甲29）の下に置かれていたとの記載があるが，右資料入手報告書添付資料五から明らかな撮影順序を考えても，これは誤記の疑いが強い。ここにも証拠保全の杜撰さが垣間見られる。

　さらに，右紙袋が被告人のものであるということは，認定しうる。すなわち，右紙袋内には被告人の衣類が入っていたものであり，被告人も右紙袋であるとは断定しないまでも，洗濯物を入れた紙袋を二，三日前から本件車両に積んでいたと供述しているのである。

　さて，以上の各事実を総合しても，本件覚せい剤を被告人が所持していたという事実は証明され得ないところである。

　つまり，本件では，覚せい剤の入っている札入れが，被告人がBから借り受けていた自動車内の助手席前の床の上に置かれていた被告人所有の紙袋の一番上から発見されたという限度で事実が認定されるのである。

　ところが，本件車両は，被告人が常時借り受けて使用していたわけではなく，主たる管理者は所有者たるB自身である。そして，後述するように，事件当日「アライ」が同乗していたことはなかったとしても，本件車両には被告人以外の者が複数出入りしていたと認定できる。そのような本件車内に，右紙袋は二，三日置かれていたというのであり（被告人の供述），しかも，右紙袋の中には被告人の所有物以外のものも在中していたとする被告人の供述を否定するに足る材料もないのであるから，事実札入れを被告人でない他の者が右紙袋の中，特に本件認定のようにその一番上に置いておいたのではないかという合理的な疑いを排除することはできない。

　よって，右被告人所有の紙袋から札入れが発見されたからといって，直ちに札入れが被告人の所有又は管理にかかるものであると断定することはできない。そうすると，当然，札入れの中に入っていた本件覚せい剤が被告人の所持するものであるとの証明はなされていないことになる。

　五　ここで，被告人が本件覚せい剤を

所持していたと推測させる方向に働く証拠・事実をどうみるか及び被告人の弁解の評価について，検討しておく。
1　本件では，被告人所有の前記セカンドバッグから，前記注射器が発見されているが，この事実についての捜査側の証言等は一貫しており，信用性がある。
　一方，被告人はこれにつき全く記憶にないと供述するが，被告人以外の者が何故被告人のセカンドバッグの中に右注射器を入れる必要があるのか疑問が残る。しかし，右注射器を被告人が所持していたとしても，右注射器が被告人の覚せい剤の使用に用いられていたという証明は未だなく，さらに，仮にそれが被告人の覚せい剤の使用に用いられたものであったとしても，その注射器の所持が直ちに本件覚せい剤の所持と結び付くものではない。
　同様に，被告人に覚せい剤事犯の前科があること，被告人が警察署において尿の任意提出に応じなかったこと，警察官が被告人は覚せい剤の影響を受けているように感じたことなど，被告人の覚せい剤との結び付きを推測させる事実は存在するが，これも右と同様である。
2　さらに，札入れはそのブランド名がダンヒルであるところ，証人Bは，被告人にダンヒルの財布を貸していると証言している。その財布が札入れであると認定されるならば，本件覚せい剤と被告人を結び付ける強力な証拠となるが，しかし，同人はそれについては明言していないのであって，両者が同一であると認定するには到底足りない。

3　次に，被告人が主張する前記①及び②のうち，「アライ」なる者が直前まで同乗していたとする点，札入れも「アライ」の物ではないかとする点及び質札は「アライ」に渡したとする点について，被告人の公判供述は，全体的に信用性に乏しい。すなわち，L郵便局員であるHは，警察が到着する前に，盗難事故届の出ている通帳で払戻請求をした被告人の逃走を防ぎ，身元を確認する材料を得るために，本件車両を確認し，その際本件車両には誰も乗っていなかったと供述している。これを疑問とすべき点は見出せない。「アライ」が何故札入れだけを紙袋の上に置いて下車したのかもうなずけない。質札を「アライ」に借金の担保として渡したというのも，一般的にみて，担保の方法として不自然である。そうすると，被告人が自己の罪を「アライ」という未だ存在すら不明確な者に転嫁しようとしているとみる余地もある。しかし，さりとて，これをもって被告人の本件覚せい剤の所持を直接に証明するものではないことも明らかである。見方によっては，被告人が実際は例えばBの札入れであると思っていても，兄貴分のBの物とは言えないために，「アライ」なる人物を持ち出したという可能性も残るのである。
4　そうすると，これらの証拠・事実を加えても，前記四の結論を左右するものではない。

第四　結論
　以上述べたとおりであって，結局，本件公訴事実を立証する基本的な証拠であ

る覚せい剤に証拠能力が認められないほか，これを加えて実体を判断しても犯罪の証明がないことになるから，刑事訴訟法三三六条により，被告人に対し無罪の言渡しをする。

平成五年二月一七日
東京地方裁判所刑事九部
裁判長裁判官　原田國男
裁判官　鹿野伸二
裁判官　前田　巖

14 アリバイが認められた事件

　この事件は，被告人のいうアリバイが成立する可能性は否定できないとしたものである。もちろん，無罪という結論はこれだけが理由なのではない。事件全体で被告人らと関係者の供述・証言が入り乱れており，有罪になどとうていできないと考えられたのである。

　無罪となったのは，被告人Xと被告人Yらによる恐喝事件であった。被害者とされるAは，次のようにいう。Aは，被告人Xに持ちかけられて，借金の返済に窮したCとの養子縁組を届け出た。そのうえで，D名義（つまりC○○，○○はAの名前）で消費者金融会社から借入れをするように被告人Xから指示されたが，断った。すると，被告人Xに呼び出され，P町にあるファミリーレストランで被告人Yと会い，被告人両名からやるように脅かされた。店を出てから，近くの質屋に3人で立ち寄り，そのまま，Q町のC方に立ち寄り，金を借りる段取りを指示された。その足で，3人でR町のB方に行くと，そこにはBとEがいた。その場所で，被告人Xと被告人Yからそれぞれ暴行を受け，ことに，被告人Yからはけん銃を突きつけられて脅かされた。そこで，翌日以降，被告人Xに監視されながら，前後5回合計92万円の借入れをして，被告人Xに渡したというのである。

　被告人Yは，質屋へ3人で行った後，2人とは別れて，電車でT町の病院へ行き，薬を貰い，次にタクシーでU町のメガネサロンへ行った。途中，同じU町の郵便局へ行って戻り，店を出て，上記病院まで傘を取りに行き，同病院近くの飲食店で飲食し，その後は，V町の漫画喫茶で翌朝まで過ごしたという。要するに，質屋以降単独行動をとり，B方には行っていないというわけである。この主張は，原審でも当審でも一貫していた。

　被告人Xは，検察官調書では，ファミリーレストランの後，被告人Yとは別れてAとC方に行き，B方で被告人Yと合流し，そこでは口やかましく説教はしたが，暴行はしていないと述べていた。原審公判では，質屋の後，被告人Y

とAと別れてその日は両名に会っていない，B方にも行っていないというのである。

てんでんバラバラな供述

　この事件，一見すると，被告人両名が嘘をいっており，Aが本当のことをいっているようにみえる。ところが，被告人Yのアリバイの点を除いても，C方に誰が行ったかについて，まるで一致しない。Aは「被告人Xと被告人Yとの3人で行った」，被告人Yは「自分は行っていない」といい，被告人Xは，捜査段階では「自分とAとが行った」，公判では「自分は行っていない」と供述している。一方，肝心のCは，「3人とも来ていない」と，まさにバラバラなのである。

　B方に誰が行ったかについても，Aは「被告人Xと被告人Yとの3人で行って，BとEがいた」，被告人Yは「自分は行っていない」，被告人Xは，捜査段階では「自分とAとが行って被告人Yと合流した。Bはいたが，Eはいない」，公判では「自分は行っていない」，Bは，捜査段階では「Aと被告人両名はいた」，公判では「3人ともいない」，Eは「行ったこと自体ない」というのである。これまた，バラバラである。

　ことに，Eは，Aの供述では，被告人Yにけん銃を出してきて渡すという重要な役割をしている。また，Aは，被告人YがEに対し「例のやつ持ってこい」というと，Eは，壁か柱にあるスイッチを押して，押し入れのなかのドアを開けて木箱を持ってきたというが，これは，B方の室内の客観的状況と合致しない。

　なにも供述をそろえなければ信用できないというわけではないが，Cが「3人とも来ていない」といい，Eは「行っていない」という状況では，いくら，被告人XやBが公判で捜査段階の供述をひっくり返しただけだといっても，全体を信用しろというには無理がある。結局，このような証拠状況では，起訴できるほど事実が確定していないといわざるをえない。

アリバイの成立可能性

　そうした証拠状況ではあるが，被告人Yのアリバイの点を検討しよう。B方

での暴行・脅迫の時間帯が必ずしもはっきりしないものの，夕刻の犯行という前提で考えることにする。

被告人Yは，上記の立ち寄り先の関係者に手紙やはがきを出して，立ち寄りの有無と時間の確認を求め，それぞれ，被告人Yの主張にそうような返事をもらった。しかし，捜査官がこれらの人に接触して事情を聞いたところ，いずれもあいまいな返事となった。これは，よくあることで，たとえば，被害者が示談をした際に「被告人を宥恕した」と示談書に記載をすると，検察から，それは本当かという確認がなされ，「真意でなかった，本当は許していない」といった返事がしばしばなされる。

その点はともかく，メガネサロンの場合には，処方せんからその日訪れたことは間違いなく認められた。漫画喫茶に行く前に寄ったという飲食店のママの場合，被告人Yへの返事に，「夕方の5時位から7時近く迄お店にをられました，雨の日でした，カサ，今でも有ります。早く取りに来て下さい。」と書いている。これは，当日が雨であった事実や，被告人Yが傘を持っていたことにも合致する。そうすると，時間帯のことは別にしても，その日の立ち寄りを否定することはできないのである。つまり，アリバイ成立の可能性は否定できない。以上のような点を総合して，被告人両名を無罪とした。

アリバイの主張は，けっこう，裁判で出てくるものである。しかし，たいがいは，その裏付けが十分でなく，成立は認められない。そのような出来事があったことは関係者の証言から認められても，肝心の日時や時間帯があいまいで特定できないことが多いのだ。

映画の上映時間で崩れたアリバイ

逆にアリバイ工作が認められなかった，忘れがたい事件もある。これは，被告人が不動産屋の主人をその店で殺害したというもので，二人の結びつきがはっきりしない事件であった。

被告人は，その日のアリバイを主張した。「その時間は映画を見ていた」といい，映画の内容を詳しく述べ，さらに3本立てのうち『男はつらいよ　寅次郎と殿様』は最後で，その上映時間を午後1時10分から午後3時5分までと具体的に指摘していた。ところが，犯行当日は土曜日だったので，『寅次郎と殿

様』は 3 本立ての 1 本目で，上映時間は午前10時10分から午前11時46分までだった。間違いようもない事実を間違っていることになる。おそらく，土曜日以外に見たことを犯行日の土曜日に見たといったのであろう。

14 アリバイが認められた事件
平成18年3月29日宣告
平成17年（う）第1487号

主　文

原判決を破棄する。

被告人Xを懲役2年6月に処する。

被告人Xにつき，原審における未決勾留日数中350日をその刑に算入する。

本件公訴事実中恐喝の事実について，被告人両名はいずれも無罪。

理　由

第1　本件各控訴の趣意

被告人X（以下「被告人X」という。）の本件控訴の趣意は，同被告人作成の控訴趣意書及び弁護人丸田哲彦作成の控訴趣意書各記載のとおりであり，論旨（当審弁論要旨を含む。）は，原判示第2の恐喝の事実については被告人Xは無罪であるとする事実誤認の主張と，原判示第3の覚せい剤使用の事実について採尿手続等の違法をいう訴訟手続の法令違反の主張である。

被告人Y（以下「被告人Y」という。）の本件控訴の趣意は，同被告人作成の控訴趣意書並びに弁護人安倍晴彦作成の控訴趣意書及び同補充書（誤記訂正の申立）各記載のとおりであり，論旨（当審弁論要旨を含む。）は，原判示第2の恐喝の事実について被告人Yは無罪であるとして事実誤認を主張するものである。

なお，被告人両名は，原判示第2の恐喝の犯行について，捜査段階から事実を否認し，いずれも無罪を主張している。

第2　原判示第2の恐喝の事実について

1　原判決の判断

原判決は，本件恐喝の被害者とされるA（以下「A」という。）の原審公判廷における証言や犯行現場に居合わせたとされるB（以下「B」という。）の捜査段階における供述は，内容に合理性があり，これと符合する証拠によっても裏付けられており，信用性が高いとする一方，被告人Xの原審公判廷における供述は信用できず，被告人Yがアリバイとして主張する事実は判示事実認定の妨げになるものではないとして，公訴事実とほぼ同旨の事実を認定している。

しかしながら，当審における事実取調べの結果をも含め，本件記録を精査した上検討すると，被告人両名が，共謀の上，Aから金員を喝取しようと企て，原判示当日，B方において，Aに暴行，脅迫を加え，その後同人から合計92万円を喝取したという原判決の認定判断は是認することができない。これを前提として被告人両名の有罪を認定した原判決の判断には誤認があるといわざるを得ない。以下，A証言の信用性や被告人Yの主張するアリバイの成否等を検討し，その理由を補足して説明する。

2　本件経緯等（以下，年について特記しない場合はいずれも平成15年である。）

まず，関係各証拠によれば，被告人X

とAは、いずれが提案したかは必ずしも明らかではないが、Aが養子縁組の手続により名字を変えて消費者金融会社から融資を受けるという話が持ち上がり、被告人Xが、知人のC（以下「C」という。）にこのような養子縁組の話を持ち掛けたこと、借財の返済に窮していたCはこれを了承し、被告人Xらは、共謀の上、原判示第1の犯行に及んだこと、同日（6月27日）、Aが、消費者金融会社から借り入れる際の身分証明書として「D〈注：C○○（○○はAの名前）〉」を被保険者とする国民健康保険被保険者証の交付を受けたことなどの事実が認められる（なお、この保険証については、7月8日に世帯分離の手続がなされ、さらに、同月14日に有効期限を平成19年9月30日とする手続がなされている（甲13）。）。

そして、本件犯行日とされる7月11日、P駅前のファミリーレストラン「α」において、被告人XとAが被告人Yと会い、その後、一緒に近くの「β質店」に立ち寄って、被告人Yの眼鏡を質入れした事実、さらに、Aは、翌12日から8月12日にかけて5回にわたり、被告人Xと行動を共にしながら、消費者金融会社から合計92万円の融資を受けた事実、これらの客観的な事実経過が認められる。

3　Aの原審証言内容

原判決が事実認定の基礎としているA証言の内容はおおむね以下のとおりである。すなわち、Aは6月27日に原判示第1の犯行に及んだ後、「D」名義で消費者金融会社から借入れをするように被告人Xから指示されたが、やりたくない旨答えると、同被告人から怒鳴られるなどした7月11日、Aは、被告人Xに呼び出され、「α」において、浅草では有名な暴力団関係者として被告人Yと対面し、同店内で被告人両名から言われたとおりにやるように脅かされた、店を出た後、「β質店」に立ち寄るなどして、被告人両名と共にQ町に住むC方に向かい、同所で被告人Yから電話や在籍の確認など金を借りる段取りを指示された、C方を出た後、被告人両名と一緒にR町のB方に赴いたところ、同人方にはBとE（以下「E」という。）がおり、その6畳間において、被告人Xに顔面を手拳で殴打されたり、木刀で右足のくるぶし辺りや背中を突かれたりした、被告人Yからは胸の辺りを蹴られたりしたが、その後、同被告人がEに対し例のやつ持ってこいと言うと、Eは、壁か柱にあるスイッチを押して、押し入れの中のドアを開けて木箱を持ってきた、これを受け取った被告人Yは、木箱の中からけん銃を取り出し、これを突きつけるなどしたりして、「やる気がねえのか」、「お前も死にたいのか」などと言って、Aを脅かし、さらに、けん銃の底部で同人の肩を叩くなどした、被告人らからこのような暴行、脅迫を受けて、言うことをきかないと殺されるのではないかと思い、金員を借り入れることを了承せざるを得なくなり、翌日以降、被告人Xに監視されながら、前後5回にわたり合計92万円の借入れをして、これを被告人Xに渡したなどと証言しているのである。

4　被告人Yのアリバイについて

そこで，Aの証言の信用性を判断する上で，まず，被告人Yについてアリバイが成立する可能性があるか否かを検討する。

(1) 被告人Yの供述概要

被告人Yは，そのアリバイに関わる7月11日の足取りについて，原審及び当審においてもほぼ一貫して，概要，以下のとおり供述している。

① その日，被告人Xとの間で，正午ころ「α」で会うことを約束していたので，P'駅に午前11時ころ着き，近所のぱちんこ店に寄った後，午前11時半から正午前ころ，「α」に入ったが，正午過ぎころ，被告人XがAを連れて同店に来た。Aが来ることについては事前に知らされていなかったが，3人で食事をした後，被告人Xから，Aが指名手配されているので知り合いの警察官にどういう事情か聞いてくれないかと頼まれ，聞いてみようとこれを請け合い，連絡する旨約束した。店を出る際，Aが会計を済ませていると聞き，同人に払わせるわけにはいかないと考え，近くの「β質店」に行って自分の金縁眼鏡を質入れした。その後，3人で「α」の前まで戻り，午後1時半か1時40分ころ，被告人X，Aと別れた。

② P'駅付近で5分くらいぱちんこをしてから，電車でS駅を経由してT駅まで行き，午後3時ころ，「γ病院」に着いた。退院時にもらわなかった薬を受け取るなどするため，同病院には30分近くいたので，そこを出たのは午後3時半ぐらいだと思う（なお，原審では，同病院には約30分から40分くらいいて，そこを出たのは午後4時前と供述している。）。

③「γ病院」からタクシーに乗って「メガネサロンδ店」へ向かったが，途中，ε郵便局前でタクシーを降り，局留にしてあった郵便物を受け取った後，歩いて「メガネサロンδ店」に行った。店に着いたのは午後3時40分をまわっていたと思う（なお，午後4時ころとも供述している。）。同店では検眼をしてもらいながら，ローンの手続について文句を言ったところ，契約書の印鑑が違うというので，届出印を調べてもらうために，いったん店を出てε郵便局に行った。同郵便局には20分ぐらいいて，午後4時20分ころ，再び店に戻り，ローン会社に電話をしてもらったが，後日お返事しますということで決着が付かなかった。なお，店を出るころ，被告人Xに携帯電話で連絡をすると，すぐにAから電話があり，今日は出掛けられないというので，指名手配の件でその日Aと会うのは取り止めになった。

④ 前記眼鏡店を出るころには雨が降っていたので，タクシーに乗って「γ病院」まで傘を取りに向かった。その後，同病院の近くの飲食店「ζ」に行って飲食したが，病院の玄関が閉まっていたので，同店に入ったのは午後5時をまわっていたと思う。

同店で午後8時ころまで過ごしたところ，友人から電話がかかってきて，EがV町の辺りにいるということだったので，同人がよく出入りしていた漫画喫茶に行ったが，結局Eは同所に現れず，そこで翌朝まで過ごした。

(2) 被告人Yのアリバイに関する証拠の検討

そこで検討するに，本件公訴事実や検察官の冒頭陳述において，本件恐喝の犯行日は7月11日とされているものの，明確な時刻の特定はなされていない。また，原判決の罪となるべき事実にも時刻の判示はなく，むしろ，原判決の「事実認定の補足説明」の欄においては，「そもそも前記『α』や質店を出た時間とB方に行った時間とを正確に特定することは証拠上困難であるところ」としている。なお，Aの原審公判供述をみても，明確な時刻の特定はなされていないが，原審が信用性を肯定するBの検察官に対する供述調書（甲25）によれば，B方に被告人両名及びAが来た時刻は同日午後4時半ころとされており，また，被告人Yの関係では不同意部分となっているが，被告人Xの司法警察員に対する供述調書（乙3）によれば，その時刻は同日午後5時ころというのであるから，少なくとも，本件は同日夕刻の犯行として捜査が進められたものと見受けられる。その上で，被告人Yの当日の足取りの裏付けについて検討する。

①まず，前記(1)①の事実については,時刻までは特定できないものの，被告人両名とAが「α」で会ったこと，その後「β質店」に立ち寄ったことなどの事実自体は関係者の供述が一致しており，質取引人名カードの写し（甲8添付資料）などの客観的な資料によって裏付けられており，間違いのない事実であると認められる。

②前記(1)②の「γ病院」に赴いた事実については，作成者が明記されていないものの，被告人Yからの照会に対して病院関係者が作成した手紙（原審弁14）があり，それによれば，被告人Yが7月9日に退院した後，同月11日にも同病院を訪れていることが認められる。他方，この点に関する恐喝被告事件裏付捜査報告書（甲55）によれば，同病院としては，記録が残っておらず，同月11日に被告人Yが来院した事実は確認できないとの回答がなされている。

病院関係者の誰が上記手紙を作成したのか明らかでない上，上記捜査報告書を安易に同意した原審での弁護人の弁護方針も理解できないところであるが，当審において取り調べた証人Fの供述によれば，被告人Yが退院後に薬を取りに来院した事実については，自分が対応したのかはっきりしない，7月11日であったのかは分からないと率直に述べるところ，被告人Yが退院後1週間のうちには薬を取りに来院していると思うと供述しているのである。そうすると，もとより時刻の特定はできないものの，これら関係証拠によれば，7月11日に被告人Yが来院した事実は可能性としては否定できないというべきである。

③前記(1)③の「メガネサロンδ店」を訪れた事実については，7月11日付けの処方せんの写し（甲60添付資料）が存在することから間違いない事実と認められる。もっとも，その時刻については，被告人Yの照会に対する返答のはがき（原審弁15）には，夕方4時ころ来店して1時間ほどいた旨の記載がなされているのに対し，この点に関する恐喝被告事件裏付捜査報告書（甲59）によれば，被告人

Yが同店にいたのはお昼過ぎころから午後3時過ぎころの間であり、店に滞在した時間が午後4時以降ということはあり得ないというのである。

上記報告書は関係者からの事情聴取内容を記載したものであり、関係者の供述そのものではなく、この点も原審で弁護人が何故証拠として同意したかは理解できないところであるが、あらためて当審において同店総括部長であるGに証言を求めたところ、同証人の供述内容は混乱し甚だ不明確であるといわざるを得ない。すなわち、同人は、被告人は、一度来店した後いったん店を出て、再び来店したと証言するが、被告人が最初に来店したのは12時過ぎであったと漠然と証言し、被告人が再び店に来るまでどのくらい時間が経過したかなどについての供述も変転し、再度来店した時間についても夕方であるとしながら、店を出たのは3時過ぎだと思うなどと証言し、その証言内容は、再度店に滞在していた時間についてもまことにあいまいであって、上記はがきに記載した時間を明確に否定するでもなく、被告人が店を出たのは午後5時ということはない、午後3時過ぎから午後4時の間などと不確実な供述をしているのであり、結局、時刻の特定に関して同証人の供述は何ら決め手にはならない。このように、関係証拠から時刻の明確な特定は困難ではあるが、被告人Yが7月11日に同店を訪れたことは動かし難い事実であり、同被告人が同日の午後あるいは夕刻にかけて、同店を訪れた可能性を否定し去ることはできないといわざるを得ない。

④前記(1)④の飲食店「ζ」を訪れた事実に関しても、被告人Yの照会に対するはがき（原審弁16）には、「去年の七月十一日頃だったと想います。夕方の五時位から七時近く迄お店にをられました、雨の日でした、カサ、今でも有ります。早く取りに来て下さい。」と記載されている。これに対し、恐喝被告事件裏付捜査報告書（甲57）には、7月11日午後5時ころ被告人Yが店に来たという根拠も記憶もなく、日付の特定はできないとされている。

しかしながら、被告人Yの「ζ」宛の手紙の写し（甲56）には、回答を導くような気象の点には全く触れていないのに、上記はがきには「雨の日でした」と記載されている上、当審で取り調べた気象庁作成の鑑定書（当審弁1）によれば、都内大手町辺りではあるが7月11日の15時から18時の間降雨があったことが認められるのであり、その客観的事実に照らしてみれば、上記はがきによる回答内容が全く信用できないものということはできず、また、降雨に関する上記鑑定書に関して特段の反証もなされていない。そうすると、この点についても、被告人Yが、同日夕方、「ζ」に行って飲食したという可能性を否定することはできないというべきである。

(3) 確かに、「γ病院」、「メガネサロンδ店」、「ζ」からの被告人Y宛の手紙及び各はがきについては、被告人Yが、あらかじめ日付を特定した上で協力を求める旨の書簡による照会に対してなされた

回答である。そして，前記各捜査報告書によれば，いずれの関係者も回答の正確性を否定し，内容を訂正しているものとなっている。しかしながら，各捜査報告書は，もとより関係者の供述そのものではなく，どのような経緯や事情聴取に基づいて得られた内容であるのかは必ずしも明らかではないのであるから，前記のとおりの検討結果に照らし，これらの証明力に比して，被告人Yに対する回答文書である上記手紙及び各はがきについての証明力が低いと断じる原判決の判断には直ちに与することはできない。少なくとも，被告人Yが7月11日，「α」を出て「β質店」に立ち寄った後，「γ病院」，「メガネサロンδ店」，「ζ」を訪れた可能性を完全に否定することはできないというべきであり，被告人Yについて，その後，翌朝までV町の漫画喫茶で過ごしたという事実には裏付けはないものの，「γ病院」や「メガネサロンδ店」を経た後，同日午後7時ころまで「ζ」にいたというアリバイが成立する可能性は否定できないというべきである。

5 原審におけるA証言の信用性について

そこで，関係各証拠と照らし合わせながら，原審におけるA証言の信用性を検討する。

(1)①Bの供述等

Bは，検察官に対する供述調書（甲25）において，おおむね7月11日午後4時半ころ，被告人両名及びAが訪ねて来て，そのやりとりに終始同席していたわけではないが，被告人両名がAを脅迫するようなことを言っていた状況を目撃したと供述し，さらに，被告人Yから，「例のやつあるか」と言われて，同被告人から預かって押し入れに入れていたボストンバッグのことだと思い，「中に入っているよ」と返答した旨供述している。

これに対し，Bは，原審公判廷においては，被告人両名とAが3人で連れ立って自室を訪れてきたことはなく，もとより被告人両名がAを脅かしている場面を目撃などしていないと証言し，捜査段階においては，記憶にはなかったが，当時被告人らに対し良い感情を持っていなかったこともあり，被告人両名とAが訪れたこと自体は大したことではないなどと安易に考え，捜査官に対しAの供述に合わせるような供述をしたなどと証言している。そして，当審公判廷においても，Bは，原審公判証言とほぼ同様の証言をし，被告人ら3名が自室を訪れてきたことはないと断言し，被告人XとAの来訪状況については，より具体的に，被告人XがAを連れて1回だけ来たことはあったが，それは7月11日より3週間か20日くらい前のことで，携帯電話機を買わないかと言って訪ねて来たなどと証言している。

②被告人Xの供述

被告人Xは，検察官に対する供述調書（乙6）において，概要，「α」において被告人YとAと3人で食事をした際，今回の偽装の養子縁組でサラ金から金を借りるということが話題になり，被告人YがAに今度の仕事をちゃんとやれなどとやかましい口調で説教をしていた，その後，被告人Yといったん別れて，Aと共にC方に立ち寄り，Aと一緒にB方に行

き，同人方で再び被告人Ｙと予定していたとおり合流した．ＡをＢ方に連れて行った際にはＢも同人方にいたが，同人方において，自分も被告人Ｙも，Ａに対し口やかましく説教をするように言ったことはあるものの，Ａを脅かしたり，暴力を振るったことはない旨供述している．

これに対し，被告人Ｘは，原審公判廷において，「α」において，Ａが指名手配になっていることについて，被告人Ｙに知り合いの警察官に聞いてほしいということを頼んだことはあるが，その他の話題として本件の偽装養子縁組の話は出なかったと供述し，さらに，原審及び当審公判廷においても，「α」を出て「β質店」に立ち寄った後，被告人Ｙ，Ａとは別れ，その後同人らと電話で話したことはあったが，その日別れた後に被告人ＹやＡと会ったことはないなどと一貫して供述しているところである．

(2)Ａが証言するＢ方に至る経緯等について

Ａは，「α」を出て，「β質店」に立ち寄るなどした後，被告人両名と共にＣ方に行った旨証言している．

原判決は，まず，Ｃ方を経てＢ方に至るには時間的に無理があるとの主張に対し，Ｃ方との間を往復するのに相当の時間を要することを考慮しても，これが困難と断ずることはできず，いずれにしても，Ａの証言等によりＢ方における被告人両名の犯行を認定する妨げになるものとは認められないという．ところで，Ｃは，検察官に対する供述調書(乙21)において，7月11日に，被告人Ｘ及び同ＹとＡが3人で自宅に来て，サラ金から金を借りる打ち合わせをしたのではないかとの質問に対し，この3人が自宅に来たことはなかったと思うと供述し，また，被告人Ｘも，捜査段階においてすら，被告人Ｙは同行していなかった旨供述しているのであり，さらに，被告人Ｙが，前記のとおり，「メガネサロンδ店」に一人で立ち寄った事実は客観的に裏付けられているのである．原判決は，上記のとおり判断する一方で，これらの関係証拠に関しては，Ａの供述に何らかの混乱があるのではないかとも考えられるところであり，いずれにしても，かかる点をもって，判示認定を左右するような事情と認めることはできないとしている．

しかしながら，Ａは，被告人両名とＣ方を訪れたとはっきりと証言した上，Ｃ方において，被告人Ｙから金を借りる段取りを指示された旨具体的に証言しているところ，他方，前記各証拠関係に照らせば，Ａが被告人両名と共にＣ方を訪れたことはなかったとみるのが合理的というべきであるから，この点に関するＡの具体的証言については，何らかの混乱があったのではないかで済まされるものではなく，Ａの証言の信用性に関し強い疑いが生じるというべきである．

(3)Ａが証言するＢ方における被害状況等について

Ａは，被告人両名と一緒にＢ方に赴いたところ，同人方にはＢとＥがおり，その6畳間において，被告人Ｘや同Ｙから暴行，脅迫を受け，さらに，被告人Ｙからは，けん銃を突きつけられるなどした

旨具体的に証言している。

　まず，Aは，B方には同人及び被告人両名の他にEなる人物もいた旨証言している。しかしながら，Bの検察官に対する供述調書（甲25）においても，また，被告人Xの捜査段階における各供述調書をみても，Eなる人物が同席していた事実は一切みられない。そして，当審においてEの証人尋問を行ったところ，同人が被告人両名やBといかなる関係にあるかについては必ずしも明らかではなく，Aとも何らかの接点があることもうかがわれるが，Eは，当公判廷において，B方には一度も行ったことはないと証言しているところであって，その断定的な証言の信用性を左右するような事情ないし資料は見当たらない。そうすると，B方にEもいたというAの証言は全く信用できないといわざるを得ない。

　そして，この点は，それだけにとどまらず，被告人Yにけん銃を突きつけられるなどして脅されたというAの証言自体にも強い疑いが生じることになる。すなわち，Aは，被告人YがEに「例のやつ持ってこい」と言うと，Eは，壁か柱にあるスイッチを押して，押し入れの中のドアを開けて木箱を持ってきた，これを受け取った被告人Yは，木箱の中からけん銃を取り出したなどと，極めて具体的に証言しているのである。しかしながら，その証言する内容は，B方室内の客観的状況と合致していないこと，けん銃等が発見されておらずこれを裏付ける証拠がないだけでなく，Aが証言するその状況は，まことに具体的であるだけに，原判決が指摘するように，非常な恐怖の下に置かれた状態で認識ないし記憶の混乱があったとしても，これが証言全体の信用性を害するものではないなどとしている原判決の説示は，到底首肯し得るものではないといわざるを得ない。

　また，Aは，被告人Xからも，顔面を手拳で殴打されたり，木刀で右足のくるぶし辺りや背中を突かれたりしたなどと証言している。この点についても，木刀が物的証拠として発見されていない上，Aの負傷の事実についてもこれを裏付ける証拠はないのである。なお，Aの内妻であるHの原審公判廷における証言について，原判決は，その証言内容がAのけがの状況も含めて具体的であり，Aが供述する金員借入経緯に符合するものということができるなどとしている。しかしながら，Hは，Aのけがは口元と左足のひざの辺りであったと証言しているのであり，Aの証言する負傷部位とそごしており，原判決も指摘するとおり，Hの証言がB方での恐喝行為を直接に証明するものではない。また，HがAから説明された内容も，キャッシュコーナーのところで被告人Xとけんかになった，けんかの相手がもう一人いるようだったというものにすぎず，日時や場所等について具体的な内容でもなく，このようなHの証言はA証言の信用性を特段担保するものとはいい難いものである。

(4) 本件経緯等について

　なお，原判決は，Aが，面識のなかったCと虚偽の養子縁組手続をしたのは「D」名義で消費者金融会社から融資を受ける

ためであったと認められ，当該養子縁組手続をした後しばらくの間，A自身が融資を受ける行為を実行に移さず，本件恐喝行為があったとされる7月11日の翌日から借入行為を連続して行い，これらの際には終始被告人Xに付き添われていたという事実関係自体から，被告人Xが主導的に行ったものであり7月11日に被告人両名から圧力があったことがうかがわれるとして，Aの証言はこのような客観的事実経過を合理的に理解することができる内容であるなどと判示している。

確かに，Aの原審証言は原判決が指摘する客観的事実経過とは矛盾するものではない。いずれが提案したかは必ずしも明らかではないものの，被告人XとAとの間で，Aが養子縁組の手続により名字を変えて消費者金融会社から融資を受けるという企てが本件の発端であることは明らかである。しかしながら，Aはこれまでにもたびたび被告人Xを含む複数人と養子縁組手続を繰り返しており，人的関係も判然とせず縁組関係を結んでいた期間からしても，これらが必ずしも実体のある養子縁組であったとは到底見受けられない。また，関係各証拠によれば，本件養子縁組手続を終えた後，Aらが，携帯電話の契約手続やC方に固定電話を設置する手続，さらに，在籍の確認に対応するため勤務先の手当てなど，消費者金融会社から借入れをするための準備行為を行っていた様子も見受けられ，また，現に，本件養子縁組手続によって交付を受けた保険証について7月8日に世帯分離の手続をし，さらに，同月14日には有効期限を変更する手続をするなどしていることが認められる。そうすると，本件養子縁組手続を終えた後，しばらくの間，Aが融資を受ける行為を実行しなかったのは，それなりの準備に日にちを費やしていたとみることもでき，必ずしも，Aが自己の意に反して借入れを行うことをちゅうちょしていたと断定することもできないというべきである。また，7月12日，同月14日，同月15日，同月22日，8月12日の5回にわたり，それぞれ消費者金融会社からA名義で借入れがなされているところ，いずれもこれらの際にAが終始被告人Xに付き添われていたことが認められるが，これについても，被告人XがAに対する貸金等の返済やCに対する報酬を確保するために同行していたとすれば合理的に理解することができる。さらに，日を違えて5回も借入を行っている経緯や状況をみれば，Aが逃亡するなどして被告人らとの連絡を絶つことも十分に可能であったというべきであり，被告人Xが，特段Aの身柄を拘束していたわけでもなく，畏怖したAを自己の制圧あるいは監視のもとにおいて主導的にAに借入れを行わせたというのも，自然かつ合理的に理解することはやや困難というべきである。

6 結論

以上，原審での事実取調べをふまえて検討したところによると，被告人Yについて当日のアリバイが成立する可能性は否定できないほか，Aの原審証言の信用性には前記のとおり疑いが残るところが多々存するのであり，原審記録を精査し

ても，同人の証言内容はあいまいかつ不明確なところも随所に散見されるのであって，原判決が説示するように信用性が高いとは到底認められない。このように，Aの原審証言の信用性に疑いがある以上，一部これに沿うB及び被告人Xの捜査段階における各供述によってしても，原判示第2の恐喝の事実について，合理的な疑いを超える程度の立証がなされたものとはいえず，被告人両名について有罪の判断をした原判決は，結局，証拠価値の判断を誤り，事実を誤認したものと断ぜざるを得ない。

翻って本件恐喝事件をみるに，検察官は，Aの供述を得て，これに沿うB及び被告人Xの各供述を柱として，本件起訴に至ったものであるが，Aの供述には前述したように種々の疑問点があるのに，これを解明することなく全面的にこれを信用したものである。まず，C方に被告人Yが行ったか否かに関連して，Aは，被告人X，被告人Yと一緒に行った（A），被告人Yは行っておらず，被告人XとAとが行った（被告人X），三人とも来ていない（C），被告人Yは行っていない（被告人Y）というように，関係者の供述がバラバラに分かれているままで，この点を解明せずに起訴に至っている。この点は被告人Yの関与にかかわる重要な点である。また，EがB方にいたという点も，Aが言うのみで，捜査段階からBも被告人XもEの存在を認めていない。Eなどいてもいなくてもどうでもよいという問題ではなく，Aの供述ではEは犯行の状況に主体的に深くかか

わっているというのであるから，Eの取調べを行わず，この点を解明しないまま起訴に至ったのは多いに疑問がある。Eが公判廷に出頭して以上の事実を否定してしまえば，EがB方にいたという根拠も乏しくなるのは当然である。

本件起訴は，結局のところ，根拠のぜい弱なAの供述によっているのみで，Bも被告人Xも公判で捜査段階の供述をひっくり返し，Eが公判廷に出頭して被告人両名の弁解に沿う供述をしたとなれば，到底公判維持などできようはずもないのである。

第3　原判示第3の覚せい剤取締法違反の事実について
〈略〉この論旨は理由がない。

第4　破棄自判
以上の次第であって，原判示第2の恐喝の事実については被告人両名はいずれも無罪とすべきであるところ，被告人Xにつき有罪と認定すべき原判示第1及び同第3の各事実とは刑法45条前段の併合罪の関係にあるから，結局，原判決は全部破棄を免れない。

よって，刑訴法397条1項，382条により，原判決を破棄し，同法400条ただし書により，当審において各被告人について更に判決する。
〈略〉よって，主文のとおり判決する。

平成18年3月29日
東京高等裁判所第9刑事部
裁判長裁判官　原田國男
裁判官　池本壽美子
裁判官　森　浩史

15　タイムカード（調布駅南口）事件

　この事件は，調布駅南口事件として著名なものである。事件そのものは，単純で，調布駅南口広場で深夜0時30分ころ，当時いずれも少年であった7名が相手方5名と喧嘩になり，こもごも暴行を加えて，うち1人に傷害を負わせたという事件である。罪名は，暴力行為等処罰に関する法律違反（共同暴行），傷害である。控訴審は，刑事補償請求の即時抗告事件であった。

　ここにいたるまでの経過は，まことに錯綜している。わかりやすく整理しておこう。以下では，7名のうち，起訴され，被告人となった4名に焦点をあてて説明する。まず，この4名は，家裁支部に送致され，中等少年院送致決定を受けた。これに対して4名が抗告した。抗告審は，非行事実が認められないとして上記決定を取り消し，事件を差し戻した。差戻審の家裁支部は，うち1名を年齢超過で検察官送致し，残り3名を刑事処分相当として検察官送致した。

　4名に対して公訴が提起され，地裁は，起訴時少年であった1人について，公訴提起を違法として公訴棄却とした。いったん，中等少年院送致の決定があり，被告人からの抗告でこれが取り消されて差し戻されたのに，今度は，刑事処分相当として検察官送致し，起訴することは，不利益変更禁止の原則にてらして違法だとしたのである。

　これに対して，控訴審は逆の考え方を取って，破棄して差し戻した。この判決に対する上告審判決では，控訴審判決を破棄して控訴棄却の自判をした（最判平成9年9月18日刑集51巻8号571頁）。要するに，上記の地裁の公訴棄却の判断を支持したのである。そこで，検察官は，起訴時すでに成人であった残りの3名の公訴を取り消し，地裁は公訴棄却決定をした。

少年事件から刑事補償請求へ

　事件はそれで終わらなかった。4名から刑事補償請求が出された。原審の地裁支部は，これをいずれも棄却した。刑事補償法25条1項は，「免訴又は公訴

棄却の裁判を受けた者は，もし免訴又は公訴棄却の裁判をすべき事由がなかったならば無罪の裁判を受けるべきものと認められる充分な事由があるときは」刑事補償の請求ができると規定している。そこで，原審は，この「充分な事由」を大阪高裁決定（大阪高決昭和32年8月30日高裁裁判特報4巻18号26頁）にしたがって，「明白な場合」に限定し，それには当たらないとした。

控訴審決定は，「充分な事由」は，まさに充分な事由であり，明白な場合ではなく，被告人に不利にこれを限定することはできないとした。「『充分な事由』とは，明白な場合のみを指すと解するのは，一般国民の理解する常識的な日本語の解釈を超える疑いがある」としたのである。そして，詳細に証拠判断して無罪とすべき充分な事由があるとして，原決定を取り消し，請求満額の刑事補償をした。

タイムカードという決定的な証拠

この事件についてはいろいろな証拠があるが，もっとも重要で決定的証拠は，共犯者Y3の自白である。これは，当初から終始一貫していた。要するに，ほかの被告人らと一緒にやったというのである。ほかの被告人らは全員まったく身に覚えがないという。したがって，Y3の供述が信用できるならば，有罪ということになる。

ところが，Y3が当時勤めていた店からY3のタイムカードが出てきた。弁護人が入手したものである。それによると，打刻は出勤が犯行前日の15時27分で，退出が23時2分であり，遅番であることを示していた。そうなると，Y3は，早番（午前9時から午後5時まで）を終えて，自宅に帰ってから7時ころ広場に行き，共犯者らと話したという事実と齟齬を来してしまうのである。そこで，捜査官も，タイムカードが偽造ではないか，他の店員がY3の代わりに打刻したのではないかなど徹底捜査をしたが，結局，何も出てこなかった。

この事件は，このタイムカード1枚でつぶれてしまったのである。とうてい，公判を続けていても有罪になる可能性はなかった。刑事事件のおそろしさを考えさせる事件であった。

この決定については，木谷明さんから「弱い者の気持ちを理解できる裁判官」という過分のおほめをいただき，恐縮している（木谷明『刑事事実認定の理

想と現実』2009年，法律文化社，216頁）。

　なお，刑事補償法の上記解釈は，著名な横浜事件の再審事件の刑事補償請求でそのまま適用され，このような形で実質無罪が実現した。その裁判長がこの事件の陪席裁判官であった。めぐりあわせを感じる。

15 タイムカード(調布駅南口)事件

平成13年12月12日宣告
平成13年(く)第81号

[参考] 高等裁判所刑事判例集54巻2号159頁, 判タ1310号287頁, 山下幸夫・季刊刑事弁護29号20頁, 荒木伸怡・法学セミナー568号66頁

決 定

請求人　X1
同　　X2
同　　X3
同　　X4

上記請求人にかかる刑事補償請求事件について, 平成13年2月6日東京地方裁判所八王子支部がした各請求棄却決定に対し, 各請求人から即時抗告の申立てがあったので, 当裁判所は, 次のとおり決定する。

主 文

原決定を取り消す。

請求人X1に対し金172万5000円を, 請求人X2及び同X3に対し各金167万5000円を, 請求人X4に対し金162万5000円をそれぞれ交付する。

理 由

本件抗告の趣意は, 請求人ら代理人弁護士津田玄児, 同川口巌, 同関島保雄, 同伊藤俊克, 同小林克信, 同村山裕, 同三坂彰彦, 同山下幸夫連名作成の即時抗告申立書記載のとおりであるから, これを引用する。

論旨は, 要するに, 検察官立証が実質的に終了した段階において, 真偽不明であれば, 「疑わしきは被告人の利益に」の原則が適用され, 「無罪の裁判を受けるべきものと認められる充分な事由があるとき」に該当するのに, 上記事由を無罪が明白な場合に限定し, 真偽不明な場合には, 補償の対象にはならないとして, 本件各請求を棄却した原決定は, 刑事補償法25条の解釈適用を誤るとともに, ひいては, 憲法31条及び同法40条に違反する憲法違反の判断であるから, 原決定を取り消し, 請求人らに対し, 主文と同額の各刑事補償金の支払いを求める, というのである。

そこで, 一件記録を調査して検討する。

第1　本件請求に至る経緯

請求人らにかかる身柄拘束から公訴棄却の裁判に至るまでの経緯は, 以下のとおりである。

(1)請求人X1(以下「X1」という。)は平成5年5月3日に, 請求人X2(以下「X2」という。)及び同X3' ことX3(以下「X3」という。)は同月7日に, 請求人X4(以下「X4」という。)は同月11日に, それぞれ暴力行為等処罰に関する法律違反及び傷害罪の被疑事実で通常逮捕された。X1は同月6日に, X2及びX3は同月10日に, X4は同月14日に, それぞれ逮捕事実と同一の事実で勾留された。X1は同月24日に, X2及びX3は同月27日に, X4は同年6月1日に, それぞれ東京家庭裁判所八王子支部(以下「家裁支部」という。)に送致され, 観護措置決定により八王子少年鑑別所に収容された。家裁支部は, X1につき同月16日に, X2,

X3及びX4につき同月22日に，それぞれ中等少年院送致決定をしたため，請求人らは中等少年院に収容された。抗告審である東京高等裁判所（以下単に「抗告審」ということがある。）は，同年9月17日，請求人らに係る前記各決定に対する抗告について，非行事実が認められないとして請求人らに対する前記各決定を取り消したので，同日，請求人らは，それぞれ収容先の中等少年院から家裁支部に身柄を送致された上，同日，釈放された。

(2)差戻しを受けた家裁支部は，X4につき，同年9月21日，少年法23条3項，19条2項により，東京地方検察庁八王子支部（以下「地検支部」という。）検察官に送致し，X1及びX2について同年11月12日に，X3についても同月25日に，それぞれ少年法23条1項，平成12年法律第142号による改正前の少年法20条（以下同条について同じ。）により，地検支部検察官に送致した。

(3)地検支部検察官は，平成6年2月28日，請求人らについて，家裁支部が検察官に送致した事実と同一性の認められる事実で，東京地方裁判所八王子支部（以下「地裁支部」という。）に公訴を提起した。

(4)地裁支部は，平成7年6月20日，X3について，同人に対する公訴提起は違法であるとして刑訴法338条4号により公訴棄却の判決を言い渡したが，その控訴審である東京高等裁判所は，平成8年7月5日，公訴は適法であるとして原判決を破棄した上，東京地方裁判所に差し戻す旨判決したところ，上告審である最高裁判所は，平成9年9月18日，控訴審判決を破棄した上，控訴を棄却する旨自判したことにより，公訴棄却の1審判決が確定した。

(5)地検支部検察官は，同年10月28日，地裁支部に対し，X1，X2及びX4について，「被告人X1及び同X2の起訴は，X3に対する暴力行為等処罰に関する法律違反，傷害被告事件について平成9年9月18日最高裁判所が言い渡した判決に照らしても違法とは解されないが，同判決の趣旨及びその他の事情を考慮し，この際，右両名の公訴を維持することは相当でないと考え，本件公訴を取り消す。また，被告人X4についても，同X1，同X2の右処分との権衡等の諸事情を総合考慮し，本件公訴を取り消す。」旨記載した書面をもって，本件各公訴を取り消し，これを受けた地裁支部は，同年10月28日，上記請求人3名につき，いずれも刑訴法339条1項3号により公訴棄却の決定をし，これらが確定した。

第2　刑事補償法25条1項の解釈

刑事補償法25条1項は，「刑事訴訟法の規定による免訴又は公訴棄却の裁判を受けた者は，もし免訴又は公訴棄却の裁判をすべき事由がなかったならば無罪の裁判を受けるべきものと認められる充分な事由があるときは，国に対して，抑留若しくは拘禁による補償又は刑の執行若しくは拘置による補償を請求することができる。」と規定する（以下，単に「法」というときは，「刑事補償法」を指す。）。

原決定は，「刑事補償法1条が本来は無罪判決を受けた者に限って補償の対象

とする旨規定していることや，刑事補償法の経緯及び立法趣旨等をも併せ考慮するときには，刑事補償法25条1項にいう刑事補償の対象者は，起訴状に掲げられた訴因事実の不存在を積極的に証明できた場合や，当該訴因事実の存否について十分な心証が得られず，実体判決に至った場合には無罪判決となることが明らかな場合に限定されるのであって，具体的には，他に真犯人が検挙されて有罪の判決を受け，その者が真犯人ではないことが明らかになった場合や，免訴又は公訴棄却の裁判を受けた者のうち，そのような裁判がなく，そのまま訴因事実に関して実体審理が続けられた場合に，無罪の裁判を受けるものと認められ，かつ，そう認められる十分な事由がある場合，例えば，アリバイが明白に成立し，その者については犯罪が成立しないことが一見明白な場合などに限定されると解するのが相当であり，免訴又は公訴棄却の裁判当時の証拠の状態では，明白に無罪になるとはいい難い，実体的に罪責があるか否かなお明らかに認定できないような場合，いわゆる真偽不明の証拠の状態の場合には，刑事補償法25条1項にいう『無罪の裁判を受けるべきものと認められる充分な事由がある』には該当しないことが明らかであるというべきである。」との法律判断を示した上，「請求人らについて，このような観点から検討を加えると，記録上，請求人らが実体的に真犯人でないとか，請求人らには犯罪が成立しないことが一見明白であるなどといえないことが明らかであるから，請求人らには刑事補償法25条1項に該当する事由があるとは到底認められない。」と説示して，具体的な証拠判断を示すことなく，請求人らの請求をいずれも棄却したものである。

　原決定は，前記のように，法25条1項の適用対象を実質的に無罪判決を受けるべき明白な場合に限定して解釈するものであるが，同項は，「無罪の裁判を受けるべきものと認められる充分な事由があるとき」と規定しており，条文上，明白な場合に限定してはいない。確かに，決定手続である刑事補償手続において，口頭弁論手続を経るかはともかくとして，果たして，当該事件が無罪となるべきものであったか否かを，いわば途中で終了した刑事裁判に代わって審理するようなことになれば，請求人の負担や補償の迅速性の観点からも妥当ではない。そこで，明白な場合，すなわち，新たな証拠調べ等を要しない場合に限定しようとする解釈が立法当時から生じ，これを支持する判例（大阪高裁決定昭和32年8月30日高裁裁判特報4巻18号26頁）が出されたのである。原決定も同様な立場に立つものである。しかし，補償裁判所において，免訴又は公訴棄却の裁判があった時点までの公判において取り調べられた証拠と既に存在する利用可能な証拠資料を総合して，当該事件について，前記事由があるか否かを検討することは，必ずしも，請求人に過大な負担を掛け，迅速な補償を困難ならしめるものではない。このような検討の結果，前記事由がある，すなわち，「無罪の裁判を受けるべきものと認

められる充分な事由があるとき」に該当すると認定できる事案について、明白でないという理由、ないし、公判段階では真偽不明であるという理由だけで、補償の対象からこれを外すような解釈は正当ではない。殊に、請求人に権利を付与する規定において、明文の規定に反して、その範囲を限定する解釈を採るにはよほど慎重でなければならない。明白性が要件であるというなら、条文において、そのように明記すべきであったのである。「充分な事由」とは明白な場合のみを指すと解するのは、一般国民の理解する常識的な日本語の解釈を超える疑いがある。

そうすると、明白な場合に限定して、公判段階では真偽不明であるから、補償の対象とはならないとした原決定は、法25条1項の解釈適用を誤ったものといわざるを得ない。他方、所論が、検察官立証が実質的に終了した段階において、真偽不明であれば、「疑わしきは被告人の利益に」の原則が適用され、前記事由に該当するというのは、その限りで、正当であるが、本件においては、公判審理で実質的に重要な争点についてのかなりの証拠調べが終了したとはいえ、検察官立証を支持すると思われる証拠調べがなお残っている状況にあったから、公判で取り調べられた証拠の限りでは、検察官立証が実質的に終了した段階での真偽不明な場合と同視することはできない。

さて、本件においては、前記の経緯が示すように、少年審判手続が先行し、その過程で収集された膨大な証拠資料が存在する。そこで、請求人らに前記の事由が認められるか否かについては、公訴棄却の裁判までに地裁支部の公判において取り調べられた証拠を前提として、請求人らにかかる家裁支部、抗告審、差戻後の家裁支部（以下「差戻審」という。）における少年審判手続で取り調べられた証拠及び公訴棄却の裁判当時の検察官の手持ち証拠を総合して検討することになる。

なお、請求人X3については、地裁支部での第5回公判期日において、他の請求人らにかかる公判から分離され、実質的な審理が行われないまま、前記のように、公訴棄却判決が確定しているが、同判決がなければ、他の請求人らと併合審理されていたのであるから、他の請求人らの場合と同様に、分離後に取り調べられた証拠を含めて検討することとする。

ところで、本件では、少年審判手続において、抗告審が非行事実の事実認定についての数々の疑問点を指摘して、原決定には、重大な事実誤認があるとして、事件を差し戻し、差戻審では、改めて証拠調べをし、抗告審の判断の基礎となったもの以外の証拠資料を付加して検討し、非行事実を認定し、検察官送致決定をした。このように事実認定に関する具体的な争点の検討が各審級で十分になされているので、以下では、分かりやすさということも考慮して、抗告審の示した疑問点がその後の証拠と照らし合わせて、果たして解消されたといえるか、非行事実を認定した差戻審の判断が正当なものであったか否かを検討し、その段階での証拠状況ないし心証状況に、検察官送致後に収集された証拠及び公判段階で収集さ

れた証拠を総合して，前記事由の有無を検討することにしたい。これは，本件経緯の特異性に即した判断方法であるというにすぎず，刑事補償手続において，少年審判手続の各審級での証拠判断の当否自体を直接審判の対象とするものでないことは当然であるが，念のため，付言しておく。

第3 差戻審までの証拠判断

以下，少年審判手続の経過に従って，各裁判所の証拠判断の要旨を摘示する。

1 家裁支部における証拠判断

(1)審判の経過及び内容

ア 家裁支部の審判においては，「請求人らは，Y1'ことY1（以下「Y1」という。），Y2（以下「Y2」という。），Y3（以下「Y3」という。）らと共謀の上，平成5年（以下，平成5年の出来事については，年の記載を省略する。）3月1日午前0時30分ころ，東京都調布市〈地番略〉調布駅南口広場（以下，単に「広場」ということがある。）横路上及び同広場において，徒歩にて通行中のA1（以下「A1」という。），A2（以下「A2」という。），A3（以下「A3」という。），A4（以下「A4」という。）及びA5（以下「A5」という。いずれも当時19歳）に対し，『お前ら，何を見てんだ。ジロジロ見てんじゃねえ。』などと因縁を付けた上，いきなり，X1においてA1の顔面を手拳で殴打，頭部を足蹴りにして倒し，他の少年らも加わって顔面や頭部を数十回殴る蹴るなどの暴行を加え，更に，全員でA2，A3，A4及びA5に対しても，こもごも殴る蹴るなどの暴行を加え，もって数人共同して暴行の上，その際，A1に対し，全治3週間の通院加療を要する左眼球打撲，外傷性虹彩炎，上眼瞼裂傷，角膜びらんなどの傷害を負わせた。」との送致事実について，X1，X2，X3，X4，Y1，Y2は，いずれも「送致事実は，全く身に覚えがない。」などと事実を否認し，Y3はこれを認めた。

イ 家裁支部は，6月8日Y3に対し，補導委託決定をし（11月29日保護観察決定で終局），6月16日X1，Y1に対し，同月22日X2，X3及びX4に対し，ほぼ送致事実と同旨の非行事実を認定して，それぞれ中等少年院送致の保護処分決定をし（Y1，X4，X3については一般短期処遇勧告付き），Y2については，請求人らとは異なる裁判官が，別件で少年院送致としたが，本件については，9月1日，非行なしの不処分決定をした。

(2)証拠判断の要旨

家裁支部が請求人らの非行事実を認定した理由は，各請求人らによって必ずしも同一ではないが，その主要な論拠は，以下のとおりである。

ア 共犯者Y3が，捜査段階以来ほぼ一貫して，請求人らと共に本件犯行を犯した旨詳細な供述をしているところ，犯行状況自体に関するその供述は，態様が一貫している上，具体的で迫真性があり，Y3には，積極的に虚偽の自白をする理由がないので，その供述は，基本的に信用性が高いと認められる。

イ X1，X2，Y1は，捜査段階で本件犯行を自白しているところ，「警察官に脅されて自白した。」などという請求

人らの審判廷における供述は信用することができず，その自白の内容は，全体として具体的で迫真性があり，Y3の自白とも概ね一致するに至っているので，十分信用することができる。
　ウ　X4に関するA3及びK1（目撃警察官）の犯人識別に関する証言も信用することができ，X4のアリバイに関する証拠は信用性に乏しい。
　2　抗告審における証拠判断
　　(1)審理経過
〈略〉
　　(2)抗告審の証拠判断の要旨
　抗告審は，上記のような審理を経て，以下のとおり判断して，請求人らに対する各原決定を取消し，事件を家裁支部に差し戻した。
〈略〉
　　ケ　結論
　本件の目撃者であるWの供述は，信用性が高く，本件犯行が請求人らの行為であることに，極めて強い疑いを生じさせるものである。
　これに対し，原決定が請求人らの非行事実の認定の基礎としたY3自白等の諸証拠は，これを子細に検討すると，それぞれ信用性に疑問とするところがあり，前記W供述が提起した疑いを克服して，本件非行事実を認定するには十分でないと認められる。
　そうすると，請求人らが本件犯行を犯したものと認めた原決定には重大な事実誤認があると認められる。
　3　差戻審における証拠判断
〈略〉

第4　差戻審の証拠判断の妥当性について
　抗告審の証拠判断は，A2が甲〈注：調布駅前を歩行中のA1を後方から暴行した，若い背の高い男〉の仲間と思われる若い男から蹴られたと認定していると見られる点（前記第3の2の(2)のアの②）は，A2はA1を蹴った男に蹴られたと供述しているから（5・16警察官調書），甲に蹴られたものと認定すべきであり，甲らがA1を広場の中に引きずっていったと認定している点（前回の⑥）は，Wの抗告審証言等によれば，甲が一人でA1を引きずったものと認めるべきものであるほかは，抗告審決定当時の記録に徴しても，正当な証拠判断として首肯できる。
　これに対し，差戻審の証拠判断は，差戻審において取り調べた証拠の証明力についての評価を誤り，証拠の状況が抗告審の判断を左右するに足るものではないことが明らかであるのにもかかわらず，上級審の判断に反する結論を導き，重大な事実の誤認をしたもので，是認することができない。以下，差戻審の論述の順序に従い，その理由を説明する。
　1　W供述の信用性について
　(1)差戻審は，Wが，平成5年7月10日以降，Y4〈注：Y1の父親〉から合計2万円の現金を受領していること，同人の10・22検察官調書に抗告審での証言は自己の記憶に基づかないものであった旨の記載があることなどを根拠に，Wの抗告審での証言は偽証の疑いが極めて強い，という。
　(2)ア　しかしながら，Wの抗告審証言

の要諦は，4月19日に示されたX1らの写真を含む「暴走族γ構成員写真台帳」（甲29）の中に，自分が目撃した犯人（甲）がいないと述べただけでなく，5月3日の面通しの際にも，「X1やY1は，自分が目撃した犯人とは別の人物である。」と明言したことにあり，抗告審が指摘するように（前記第3の2の(2)のイの(オ)），4月19日から5月3日までの間に，Wに対し，事件関係者から何らかの働き掛けがあり，Wがこれに動かされたことを疑うべき証拠は，差戻し後の補充捜査によっても見当たらない。差戻審が指摘する前記第3の3の(2)のアの①，②の事情は，偽証を直ちに推認させる事情とはいい難いし，同③の事情については，Wが，Y1の面通しの際に，Y1がY4の息子であることを知っていたとは認められないことから，偽証を裏付ける事情とはいえず，上記の供述をした後に，Y4から現金を受領するなどしたこと（前同⑤）は，上記供述の信用性を疑うべき事情と考えることはできないのである。

イ　差戻審は，Wは，前記写真台帳（甲29）の31番の写真が息子の友人Eであったため，犯人がいないと供述したものであるかのように判断している（前同①，④）。

しかし，差戻審の判断は，抗告審の判断（第3の2の(2)のイの(エ)の②）に反しているのみならず，Wは，4月19日，写真台帳を示したK2〈注：取調べを行った警部補〉に対し，31番の写真は息子の同級生であると正直に述べているところ，WにEの写真を見てまずいと思う気持ちがあったとすれば，K2に息子の同級生であることをあえて話すことはしない，との見方も可能であることからも，差戻審の判断は，必ずしも合理的とはいえず，是認することができない。

ウ　結局，Wの抗告審における証言は，捜査段階における写真面割りと面通しの際の供述と一貫性があり，証言前に現金を受領したことなどが，その信用性に影響を及ぼしているとみることはできない。

(3)差戻審は，差戻後のWの10・18警察官調書，10・22検察官調書の信用性を認めている（第3の3の(2)のアの⑦，⑧）が，是認することはできない。

ア　Wの供述経過

(ア)Wは，4・19警察官調書，7・13弁護士伊藤俊克作成の供述録取書（W録取書），8・13抗告審証言，10・4警察官調書，10・7警察官調書，10・16警察官調書（5枚綴りのもの）を通じて，一貫して，犯人甲はX1とは別人であり，Y1も現場で見ていない旨を供述している。ところが，10・16警察官調書（14枚綴りのもの）において，取調官から，10月4日の取調べの際に取調官が無精ひげを生やしていたことを覚えているか，などとWの記憶の正確性を試す質問をされてから，供述にぶれが生じている。

(イ)すなわち，Wは，10月18日，次のような供述をするに至った。

a．W作成の「反省文」

4月20日に描いた似顔絵は，運転手の誰かの顔が浮かんできたように思う。事件の直後に描いた絵なら自信があったかも知れないが，1か月半後に描いたもの

なので，今は自信がない。ことの重大性に気付き反省している。

b．Wの10・18警察官調書

①Wの方から，警察に連絡して出頭した。

②10月16日に，刑事から話の矛盾点を突かれ，自分がこれまで話してきたことに自信はないし，マスコミから自宅に電話がかかってきたりして不安になった。

③甲の特徴は，4・19警察官調書のとおりである。

④事件当日，甲のことをβ〈注：Wが勤務する会社〉の運転手の誰かに似ていると，B1〈注：Wの同僚〉と話した記憶がある。

⑤5月3日の面通しの際には，甲のことを，運転手のB2〈注：Wの同僚〉と甲をだぶらせ，思い浮かばせたが，記憶があいまいであったことから，だぶらせた顔が一つになりきらず，二重になったまではっきりしなかった。しかし，刑事に甲の顔をはっきり分かると断言していたから，分からないのが実際だったのに，X1を見たときに，自信がなかったので違いますと言ってしまった。

⑥1度口にしたら，そのことを言い通そうとする意地っ張りの面がある。

⑦自分が描いた似顔絵は，全体的に半分くらい似ているが，はっきり記憶にあるのは，背が高く色男であること，髪がさらさらした栗毛色，白っぽいカーディガンようの上衣，紺色ジーパンであり，それ以外は自信がないままに描いたものである。

⑧甲を催し物があったときに，広場で見たことは間違いない。服装は，今回の事件の時と似たようなものであったと言える。

⑨犯人は，服装がまともに近い感じだったので，これまで暴走族とは思わなかったと話してきたが，実際には，暴走族グループであることも分かっていた。

⑩会社に暴走族上がりの運転手もおり，何かされるかも知れないという不安感があったことは確かだ。

⑪はっきり見ていないものや，はっきり記憶していないものを，見た，覚えていると言い切り，結果的にうそを付く形となってしまった。

⑫犯人が誰だとははっきり特定できないにもかかわらず，自分の我を通して，X1について違うと言い張ってきた。前回刑事から矛盾点を突かれ，息子の話とも合わないことから，これ以上言い張るのはよそうと考え，昨日夜にテレビ局の取材の話などもあり，早く，今の本当の気持ちを刑事に伝えようと思い，警察に来た。関係者に迷惑をかけることとなったことを反省している。

㈦Wは，10・20警察官調書においても，甲の特徴について，後退した供述をし，10・22検察官調書において，差戻審が摘示するとおりの供述をしている（前記第3の3の(2)のアの⑧）。

㈡しかし，Wは，11・4差戻審証言において，更に次のとおり，供述を翻している。

①警察官作成の似顔絵は，現在でも犯人に似ていると思っている。

②犯人の顔と面通しで見た顔は違って

いた。

③高裁でうそは言っていない。

④4・19日警察官調書より、似顔絵作成時の方が詳細になっているのは、年中そのことばかり考えていて、枝葉が出てきたからである。

⑤10月16日には刑事と10時間も話をし、ネクタイとかワイシャツはどんな色だったか聞かれて分からなかったことや、写真を何枚も見せられて、X1の顔さえ分からなかったこと、自分の子供の身長も間違えていたこと、子供まで警察の取調べを受けたこと、自分が十二指腸潰瘍で入院した経験があり、警察官から血便たらしてがん張るのはどうかと言われたことなどから、早く警察から解放されたい気持ちがあった。また、マスコミからも逃れたい気持ちもあり、警察官のいうとおりに供述するようになった。

⑥Eと息子は同級生というだけで、つきあいもないし、友達でもない。

(オ) ところが、Wは、11・19警察官調書（X1、X2については、既に検察官送致決定を受けている。）において、差戻審証言を覆す、次のような供述をしている。

①差戻審の証言でも、犯人の顔や人相など、今はおろか、4月19日の調書の際もほとんど覚えていなかったと正直に証言する心算でいた。

②X1、X2が在廷していたので、思ったとおりのことが言えず、実際には、X1らが犯人であるのか分からないのに、犯人ではないと言ってしまった。

③Wの証言は信用できないと、裁判官が判断してくれてほっとしている。

④病気の再発の心配があり、今後は警察、弁護士とも接触を断ち、事件の渦の中からはずれたいと心底思っている。

イ　Wの10月18日以降の捜査官に対する供述の信用性

(ア) 既に見たとおり、Wは、10月16日の警察官調書（5枚綴りのもの）までは、甲についての記憶がはっきりしており、甲とX1は別人である旨一貫して供述していたが、取調官との問答形式を含む10・16警察官調書（14枚綴りのもの）を経て、同月17日にテレビ局からの取材電話が自宅にかかってきてから、甲についての供述を急速に後退させ、かつ甲とX1が同一人物である余地を残す供述をするに至っているのである。

(イ) 差戻審は、Wは、16日の取調べで捜査官から客観的証拠に基づき、従前の供述の矛盾を数々突かれた、という。その詳細は、決定書からは不明であるが、①10月7日の取調べにおいて、Wが、4月19日の取調べの数日後に息子の身長を計測したところ、180.2センチメートルであったので、犯人甲の身長は182から3センチメートルであると述べていたのに対して、息子の身長が182センチであり、Wの息子が10月16日に捜査官に対して父に身長を測ってもらったことはない旨述べていること、②平成5年1月ころ、広場で木材を配布する催しがあったときに、女連れの甲の姿を見たという点について、1月には、そのような催しがなかったこと、を意味しているものと解される。

しかし、①の点は、Wが4月19日の取調べにおいて、甲の身長を、息子が184

センチのところ，それより少し高かったので185から7センチと供述したのを，息子の身長がそれより低いことがわかったので，甲の身長も，当初の供述より低くなることを説明しているに過ぎず，甲の身長についてのWの認識に大きな誤りがあると断定することはできない。②の点は，木材を配布する催しがあったことは，Wの同僚B3の供述（10・12電話聴取報告書）によって裏付けられているので，Wの供述の信用性を否定するものではない。

捜査官は，10・16警察官調書（14枚綴りのもの）において，Wの記憶の不確かさを追及しているが，従前の供述の信用性を覆すに足るものではなく，むしろ，捜査官が意図的にWの記憶をあいまいにしようとしたものとの疑いが強い。

(ウ)Wの10月18日以降の供述の変化は，直前の捜査官の取調べ状況，前日にマスコミから直接電話がかかってきたりして記憶に自信がなくなった旨述べていることからして，慎重にその信用性を判断すべきであったのに，差戻審は，同日以降の警察官調書，検察官調書の信用性が肯定できることを前提として，Wの証人尋問に臨んでいることは記録上明白であり，その措置は極めて問題であったといわなければならない。

(エ)10・18警察官調書，10・20警察官調書，10・22検察官調書の作成経緯に関するWの差戻審の証言は，前記アの(オ)の④の11・19警察官調書の供述記載に照らしても，十分信用することができ，差戻審証言とこれらの調書の信用性を対比すれば，当然に，差戻審証言の信用性を肯定すべき筋合いであり，これを否定し，ひいてはWの抗告審証言は偽証の疑いが極めて強いとした差戻審の判断は，恣意的・独断的であるとのそしりを免れず，到底是認することができない。殊に，差戻審が重視して信用できるとする10・22検察官調書でさえ，肝心の犯人の特定について，「X1についてはこの事件の犯人だというのが5，60パーセントで，違う感じもするというのが4，50パーセントといった感じです。」としか供述しておらず，この程度の確度の目撃証言を過度に重視するようなことは到底できるものではない。

2　Y3の自白の信用性について

(1)タイムカードの打刻の信用性について

差戻審は，Y3の2月28日のタイムカードは，同僚のD1（以下「D1」という。）が打刻したものと認定した上，本件に至るY3供述は虚偽ではない，として，抗告審と異なる判断をしている。

しかしながら，差戻審の判断は，関係証拠の評価を誤ったものであり，是認することができない。

ア　関係者の供述内容

X1，Y1について中等少年院送致決定がされた後である6月18日，Y1の付添人弁護士伊藤俊克から，Y3のタイムカード写しが家裁支部に提出され，それを受けた形で，警察は，関係者から事情聴取を始めた。

(ア)D1の供述について

a．供述の内容

a）D1は，Y2の審判における6・30証言，付添人弁護士伊藤俊克に対する6・30供述録取書において，「2月28日午前4時ころまでカラオケをし，その後，Y3を自宅に泊めて，午後3時28分に出勤した。Y3が遅番だったことに間違いない。α〈注：Y3の勤務先パチンコ店〉では，出勤していない者のタイムカードを押すような取扱いをしてない。」旨供述していたが，D1が一緒にカラオケに行ったというD3の手帳の記載から，D3は，2月28日未明に，D1，Y3らとカラオケに行っていないことが判明した（9・25資料入手報告書）。D1は，その後の取調べで，「Y3，D3，D4と4人でカラオケに行ったという話は間違いかも知れない。」旨供述し（9・28警察官調書），更に，「D3の手帳の2月27日欄を見て，D3らとカラオケに行ったというのが勘違いだと分かった。以前弁護士に話した内容は，別の日と勘違いしていた。2月28日未明のことは，よく思い出せない。」旨供述している（9・29警察官調書）。
　b）10・3警察官調書の内容
　①D1は，2月28日は午後2時50分ころ出勤した。（タイムカードの記載は午後3時28分）
　②出勤したときに，制服姿のY3を見たが，遅番勤務時間帯には見ていないのに気付いた。
　③弁護士が（6月に）店に来たとき，店長が，D1とY3のタイムカードを見て，二人一緒に仕事をしていると言ったので，タイムカードどおりの勤務をしていたものと考えて，推測で，弁護士に，2月28日朝はY3がD1方に泊まって，一緒に遅番をした旨答えた。
　④答えた後すぐに，28日は1度もY3の姿を見ていないことを思い出し，まずいことを弁護士や店長に言ってしまったと思ったが，今更，今の話は，D1の推測や嘘であるとは言い出せなかった。
　⑤その後，弁護士や裁判所にうそを押し通した。
　⑥弁護士からお礼を1万円もらったので，本当は，Y3は早番勤務であったのに，悪いこととは知りながらうそを言い続けていた。
　c）10・4「私の反省」の内容
　①2月28日未明に，女の子たち，Y3とでカラオケで遊んだ後，D1方にY3が泊まったと，間違った話をしてしまった。
　②裁判所でその話をして，後で店長を通じて1万円をもらった。
　③話をした当時は，そのように思い込んでいたが，刑事に呼ばれて納得した。
　d）10・7警察官調書の内容
　①2月28日午前2時30分ころまで，D2〈注：αのアルバイト〉の送別会をやり，D1は帰宅したと思う。いずれにしてもY3は，D1方に泊まっていない。
　②28日が日曜日であることを忘れ，通常の遅番勤務のつもりで午後3時28分に出勤し，結果として遅刻した。
　③Y3のタイムカードの出勤時間が午後3時27分となっているから，D1がY3のタイムカードを押したのではないかと思うが，28日であったかは思い出せない。
　④2月16日，24日にY3と，ほぼ同時刻に出勤している。

⑤D1とY3が一緒に遅刻して店長に怒られた記憶はあるが，28日ではなく，別の日だったと思うが，日にちは思い出せない。
　b．D1供述の信用性
　　a）C1〈注：αの店長〉，C3〈注：αの従業員〉の警察官調書等関係証拠にも照らすと，D1は，D1とY3のタイムカードの記載と，二人が一緒に遅刻したことが現にあったことを根拠として，6・30証言をしたことがうかがわれる。D1は，2月28日未明にカラオケに行った経緯やメンバーについて，記憶違いがあって，弁護士に対してや裁判所での供述時に，Y3がD1方に泊まったと思い込んでいたことは，「私の反省」に照らしても十分に認められ，10・3警察官調書の，D1は，弁護士に対する供述や，裁判所での証言の際に，Y3が遅番勤務であったと認識していた旨の供述記載は，信用することができない。
　　b）10・7警察官調書の，28日のY3のタイムカードをD1が押したのではないかとの供述記載は，その供述内容自体があいまいである上，関係者の供述全体を通じても，αにおいて，出勤していない者のタイムカードまで押すような取扱いはされていなかったと認められるので，たやすく信用することができない。
　　c）D1の10月3日以降の警察官調書は，D1の勘違いがもともとカラオケに一緒に行った経緯やメンバーについてであったのに，Y3が遅番勤務であることに記憶違いがあるかのように捜査官が思い込ませたことが強く疑われ，信用性に乏しい。
　差戻審は，D1がY1の保護者から現金1万円の交付を受けたことを重視しているようであるが，平成5年6月当時のD1の供述が，そのことによって歪められたとは認められない。
　c．むしろ，前述のとおり，Y3とD1が一緒に遅刻した日があることが明らかであるところ，二人のタイムカードの記載に照らすと，二人が共に遅刻した日は，2月28日のみであること（11・30捜査報告書）からすると，Y3とD1が同日一緒に遅刻した蓋然性は高い。二人の出勤状況をタイムカードの記載によって見てみると，2月28日のほか，同月16日，24日，3月2日，3日に，Y3とD1が同時刻か1分の違いで出勤していることが認められるから，Y3とD1がたまたま1分違いで遅刻したことも十分あり得るものと考えられる。D1の上記の勘違いは，タイムカードの記載の正確性とはもともと関係がなく，その信用性を疑わせる事情とは考えられない。
　差戻審は，Y3のタイムカードの退出時の打刻についてまで，D1がこれについて全く供述していないにもかかわらず，D1がしたものと推認しているが，何ら合理性のない認定というほかはない（この点は，後でも詳述する。）。
　(イ)αの店長C1（以下「C1」という。）の供述について
　a．供述の内容
　　a）C1は，6・20警察官調書において，「出退時に他人のタイムカードを押す者もいたが，不正はなかったと思って

いた。」旨供述しており，付添人弁護士伊藤俊克に対する6・29供述録取書において，「タイムカードの打刻と，実際の勤務時間が食い違うということにはなっていない。2月28日は，Y3が遅番であったこと間違いない。D1と二人で遅刻して来た。当日，Y3が早退したこともない。」旨供述している。

　b）10・4警察官調書の内容
　①6月20日か21日に，従業員に2月28日のことについて聞くと，C3（αではC3'と通称）が，Y3とD1が一緒に遅刻した日ではないかというので，ファックスでタイムカードを確認したところ，28日は二人とも遅刻していた。D1も，前日自室にY3を泊め，平日と勘違いして遅刻したと言ったので，二人とも遅番で遅刻したのは，2月28日に間違いないと思った。伊藤弁護士にもその旨話した。
　②6月29日，D1が弁護士と会うのを嫌っていたので，お礼をすれば会うかも知れないと，伊藤弁護士に言った。
　③6月30日夕方，Y1の母親が，C1とD1あてに現金1万円ずつを持参したので，受け取った。
　④10月3日，D1が，警察に行った後，28日未明にD1方にY3を泊めたことは勘違いだった，と言ってきたため，Y3は2月28日は遅番勤務だったとの確信が崩れた。
　⑤それまで，タイムカードの記載とD1の話から，遅番勤務であると確信を持っていたが，自分の思い違いであったと思う。しかし，意識的にうそを言っていたわけではない。

　c）10・8警察官調書の内容
　①2月28日未明は，D2の送別会で，C3をD2，Y3がタクシーで送った。D1は寮に帰宅した。28日にY3を泊めたというのはD1の勘違いである。
　②D1，Y3が二人で遅刻し，怒鳴ったことは間違いないが，28日ではない。
　b．C1供述の信用性
　a）C1の10・4警察官調書以降の供述は，2月28日にD1がY3を自宅に泊め，同日二人で遅刻したとのD1供述が，D1の勘違いであったことを前提としている。しかし，D1の勘違いは，カラオケに行ったメンバーの記憶違いであり，4時ころまでカラオケでY3らと遊んでいたことは，後に裏付けられている。前述のとおり，Y3とD1が2月28日に一緒に遅刻した蓋然性は高く，C1の前記供述のうち，Y3が遅番勤務であったことを否定する部分は，D1の警察官調書と同様，D1の勘違いがもともとカラオケに一緒に行った経緯やメンバーについてであったのに，Y3が遅番勤務であることに記憶違いがあるかのように捜査官が思い込ませたことが強く疑われ，信用性に乏しい。
　b）差戻審は，C1がY1の保護者から現金1万円の交付を受けたことを重視しているようであるが，平成5年6月当時のC1の供述が，そのことによって歪められたと認められないことは，D1と同様である。
　(ウ)D2（以下「D2」という。）の供述について
　a．供述の内容

a）10・1警察官調書の内容
①2月28日未明，D2の送別会の後，D2とY3がC3を府中まで送り，再び二人で調布まで戻ってきた（第3の3の(2)のイの(ウ)の④の事実。ただし，カラオケ店を出たのは，午前4時3分ころと判明している。10・13裏付捜査報告書）
②同日午後3時45分ころ出勤した際，休憩室にY3がいたが，その後Y3を見掛けなかったので，午後11時15分ころ，副主任のC2に「Y3どうしたの。」と聞いたところ，C2は「今日は早番で来てた。」と答えたので納得した。
b）11・8差戻審証言
上記と同旨の証言をしている。
b．D2供述の信用性
D2がY3の勤務について初めて供述したのは，10月1日であり，本件時から7か月経過しており，2月28日がD2の退職の日であったにしても，D2にとってさほど重要だとは思えない，Y3が遅番勤務の時間帯にいたかいないかについて，詳細な記憶を保持するものか疑問があること，C2がD2供述にそう供述をしていないことなどに照らすと，D2供述は，一貫性はあるものの，タイムカードの記載の正確性を左右するほどの信用性を認めるのは疑問である。
(エ)差戻審が挙示するその他の証拠は，タイムカードの記載の信用性判断を左右するものではない。
イ　そうすると，差戻審で取り調べられたαの関係者の供述を考慮してみても，αにおけるタイムカードの打刻が，出退勤の実態にそわないものとは認められず，

その記載の信用性を肯定することができ，抗告審の判断（前記第3の2の(2)のウの(ウ)）は，揺るがない。2月28日にY3が早番勤務であったと認めた差戻審の判断は，是認することができない。
(2) Y3の自白の信用性について
ア　差戻審は，抗告審と判断を異にするに足る新たな事情がないのに，Y3の抗告審に至るまでの自白は，信用できると判断しているが（前記第3の3の(2)のイの(ア)），上級審の判断に反するものといわざるを得ない。すなわち，抗告審が看過し得ない疑問があると指摘する種々の点（前記第3の2の(2)のエの(ウ)の①ないし⑥）について，その疑問に応えるような新たな証拠は何らないのに，「いずれも些細な点であり，夜間面識のない多数の者達に多数の被害者が襲われたという本件犯行の特殊性及び本件犯行から供述するまでの間の時間的経過からすればやむをえないところもあり，Y3供述全体としての信用性を害するほどのものではない。」としているのは，単なる評価換えにすぎず，これをもって，抗告審の判断の拘束力を否定することはできないというべきである。
差戻審の決定は，新たな証拠調べをしさえすれば，抗告審の判断の拘束力から解放され，後は新証拠を総合して差戻審として独自の認定ができるものと考えている節が判文に見受けられるが，抗告審の判断を左右するに足る新証拠がなければ，その判断の拘束力を否定することはできないのであって，単なる証拠に対する評価換えによってその判断を否定する

のは，相当でないのである。

イ　Y3の自白については，抗告審が指摘する前記の諸点のほか，以下のような，信用性についての疑問点を指摘できる。

㋐Y3の供述によれば，2月28日にY3方にバイクに乗って迎えに来て，本件犯行に加担しているはずのY2は，5・10検察官調書，5・17警察官調書，6・30の同人の審判期日での供述において，本件犯行を否認している。その間，5・25警察官調書，6・4検察官調書，6・5警察官調書で，本件を認めるかのようなあいまいな供述をしているが，その信用性は，疑問を抱かざるを得ない。また，広場に集まったメンバーとして名を挙げられているF，Gは，差戻審で，本件当日広場に行っていない旨証言している。Hは，10・19警察官調書，10・21警察官調書，10・25検察官調書において，X1らの犯行状況を目撃した旨供述しているが，差戻審ではこれを否定する証言をし，差戻審は，捜査官に対する供述の信用性を認めて，証言の信用性を否定するが（前記第3の3の⑵のウの㋓），後記6で説示するとおり，その判断は是認し得ない。結局，Y3の供述は，関係者の信用性ある供述による裏付けを欠いているといわざるを得ない。

㋑Y3の自白は，被害者A3の供述とも符合しない。すなわち，A3は，一貫して，公園の噴水の東側ベンチ付近に8名くらいの髪の毛を染めた暴走族OB風の不良グループがおり，この者らが，A3らを指さして何か言った後に，襲って来た旨供述している。他方，Y3の供述によれば，噴水のところにいたのは，Y3とY2，X3の3人であり，公園の便所前にいたX1，Y1が被害者らに襲いかかって行った，というのであり，犯行前の状況に関するA3の供述と符合しない。

ウ　抗告審後のY3供述の信用性について

差戻審は，抗告審後に作成されたY3の各警察官調書，11・9差戻審証言の信用性を認めているが，是認することはできない。

㋐供述の内容

a．9・26警察官調書の内容

2月27日は遅番勤務で午前0時ころδ〈注：店名〉に行って，午前5時ごろ店を出，午前9時に遅番だったのを忘れ，出勤した。C2からそのまま勤務しろと言われ，D5と遅番を交代した。（D2の送別会については言及がない。）

b．10・3警察官調書の内容

2月28日当日は，Y3は公休であったのに，それを忘れ，かつ早番と勘違いして出勤した。タイムカードの当日の欄に㊥の記載があった。D5と勤務を交代したのは別の日である。事務の人からせっかく来たのだから着替えたらと言われ，C2から勤務して行けと言われて，早番の勤務をした。（D2の送別会について言及している。）

c．11・9差戻審証言の内容

差戻審の認定（前記第3の3の⑵のイの㋒の⑤）にそう供述をしている。

㋑供述の信用性

タイムカードの2月28日の欄に㊥の記載があったという供述は，客観的事実に

反するし，D5と勤務を交代したという重要部分において変遷が見られる。10月3日，Y3のタイムカードを確認したK3から，電話でタイムカードの28日の欄には，㉕の記載がない旨確認されると，事務室にあるシフト表の遅番に自分の名前が記載されていて，公休だったことが分かったと供述を変更させている（10・5電話聴取報告書）。

また，2月28日が公休日だったという点は，10・3警察官調書において，初めて供述されたのであるが，αの事務担当者C4が，10・2警察官調書において，2月20日から27日までがY3の遅番であったという誤った前提のもとに（実際は，21日から28日まで），28日は公休日のはずだが，公休日なのに店に顔を出して働いたのではないかと，特段の根拠もないのに推測したことに影響されている疑いが残る。

差戻審証言においては，早番と勘違いして出勤したにしても，遅刻したわけでもないのに，タイムカードを打刻しなかった理由について合理的な説明をしていない。また，2月28日が公休日であったことの根拠が，タイムカードの当日の欄に㉕の記載があったことから，差戻審証言では，K3に述べたようにシフト表に変化しており，重要部分に変遷が見られる。Y3に休みだと教えたという人についても，差戻審証言ではαの事務を担当しているC5ではない趣旨の証言をしているのに，11・14警察官調書では，C5がその旨教えてくれて，シフト表で確認した旨供述している。しかし，このよう

に詳細な記憶を維持していたとすれば，この点が争点となった抗告審においても，供述し得たものと思われ，不自然さは隠せない。

以上の事情に照らすと，抗告審後のY3の供述も，到底信用するに足りないというべきである。

(ウ) 差戻審は，Y3が，捜査官に迎合し，供述を曲げる必要がなくなってからも，従前の供述を維持していることを理由として，警察の歓心を買って有利な取扱いを受けようと考え，虚偽の自白をした疑いがあるとの抗告審の判断（前記第3の2の(2)のエの(オ)）を論難する。

たしかに，Y3が，不自然な内容ながらも，一貫して自白を維持していることについては，抗告審が指摘した捜査官への迎合という理由だけでは説明しきれない。しかし，上記のとおり，タイムカードに関する供述は，時間の経過にもかかわらず，具体的・詳細になっているなど，明らかに不自然な変遷を遂げている。このような供述態度に照らすと，虚偽の自白をした以上これを貫くという態度に出ているものとも理解でき，差戻審のように，Y3の母親が嫌がらせと感じる事態があったにもかかわらず，Y3が自白を維持していることを，その信用性を肯定する事情と考えることはできない。

3　X1の自白の信用性

(1) 差戻審は，X1の5・3警察官調書に，被害者A3らの供述と一致しない，被害者らとすれ違いざまに因縁を付けた旨の供述があることをもって，X1が警察官の示唆，誘導によらず，任意の供述

をしたことの証左である，という（前記第3の3の(2)のウの(イ)）。

しかし，この点は，抗告審が指摘するように（前記第3の2の(2)のオの(ウ)，(エ)），5月3日の取調べの際，X1が本当に本件犯行について記憶を有していたのかを疑わせる事情なのであり，捜査官の示唆，誘導がないとしても，明らかに事実と反する供述をしていることを問題としているのであって，差戻審は，X1の自白の信用性について，抗告審の指摘した疑問点を何ら解明していない。

(2)差戻審は，X1の自白について，抗告審の判断を左右するに足る新たな証拠が見当たらないのに，これと異なる判断をしたものといわざるを得ない。

4　X2の自白の信用性

差戻審は，X2の5・8警察官調書に，本件時にJ〈注：X2の彼女〉に電話したこと，立ち小便をしたことの供述記載があり，差戻審においても，X2は，Jに電話したこと，立ち小便をしたということを取調官に供述したことを認めているが，このような状況は，捜査官が示唆，誘導できる事柄ではない，としている。

なるほど，上記の供述部分が，捜査官の示唆，誘導に基づくものであるとは考えられない。しかし，X2は，差戻審において，実際には広場に行っておらず，現場を見ていなかったため，取調官に立ち小便をしていたり，Jに電話をかけていたことにした旨供述しており，抗告審が指摘するX2自白の信用性についての疑問点（前記第3の2の(2)のキ）を踏まえると，これを虚偽と断ずることはでき

ず，差戻審の判断は首肯できない。

5　Y1の自白の信用性

差戻審は，これを疑問とする抗告審の判断（前記第3の2の(2)のカ）に対する見解を示していない。

6　H，Iの捜査官に対する供述調書の信用性

差戻審は，X1らの自白は，Hの10・19警察官調書，10・21警察官調書，10・25検察官調書，Iの9・24警察官調書の供述内容に符合する，という（前記第3の3の(2)のウの(エ)）。

しかし，Hの上記捜査官に対する各供述調書は，10月5日にK2の取調べを受け，3月1日に現場に行っていなかったので，その旨答えたが調書は作成されなかった，10月19日には，自分が現場に行っていないのに自分の名前を出されたため腹が立ち，逮捕されたX1，X3，X4，Y2の名前を挙げて供述した旨の差戻審における同人の証言に照らして，たやすく信用することができない。

Iの9・24警察官調書にしても，供述内容は極めてあいまいであって，X1らの自白を裏付けるものとは考え難い。

7　X4に関するA3及びK1の犯人識別供述の信用性

(1)差戻審は，A3の9・23（検察官送致決定書に「22」とあるのは，誤記と認める。）警察官調書及び差戻審証言は，X4の容ぼうを根拠に同人を犯人として識別している，として，識別供述の信用性を認めている（前記第3の3の(2)のエの(ア)）。

たしかに，A3は，9・23警察官調書，10・22差戻審証言において，5月22日に

警察署でX4の面通しをした際，ミラー越しに見たX4の仕草，声，X4のA3との目線の角度等から考えて，犯人に間違いないと断定した旨供述している。しかし，A3の5月19日までの，犯人識別の状況は，抗告審が認定するとおりである（前記第3の2の(2)のクの(ウ)の①，②，③）上，面通し当日の5・22警察官調書において，X4と乙〈注：A3が腕をつかんだ人物〉が同一人であることについての具体的な根拠について供述記載がないことや，X4の家裁差戻前審判における6・17証言では，声を聞いたが確信は持てない，と声については後退した証言になっていることなどに照らすと，差戻審の援用するA3の供述は，たやすく信用することができず，抗告審の提示した識別供述の信用性に関する疑問（前記第3の2の(2)のクの(ウ)）は，依然解消されていないというべきである。

(2) K1の犯人識別供述について，差戻審は，K1の5・20警察官調書の供述内容が具体的であることを理由に，信用性がないとはいえないと説示する（前記第3の3の(2)のエの(イ)）。

しかし，差戻審の判断は，抗告審の判断（前記第3の2の(2)のクの(エ)）に反しているのみならず，捜査官としては，K1が本件当時に犯人の検挙に向かったことを，本件直後に把握していたと思われるのに，5月20日に至るまで識別供述がされていないのは不自然であって，K1の供述は，A3の識別供述を受けてされている疑いがあり，独立した証拠価値を有するかについても疑問がある。

8 被害者A4の識別証言

差戻審は，A4の10・2警察官調書における，Y1に対する識別供述は信用性があると説示する（前記第3の3の(2)のオ）。

しかし，A4の上記供述は，現場にいたと思われるという程度のあいまいなものである上，A4の3・2警察官調書，4・18警察官調書には，前に会った男が現場にいたように思う旨の供述はなく，5・16警察官調書において，甲30の写真帳を見せられて，初めて，Y1は前に会ったことがあり，現場にいたように思うと供述していることからすると，以前会ったことのあるY1の写真を見て，Y1が現場にいたように暗示を受けた疑いもあり，その信用性には疑問が残る。差戻審が援用する証拠は，A4がY1と本件の1年くらい前に会ったことがあるという点についてのみ符合するものであって，A4の識別供述を補強するものではない。

9 以上のとおり，差戻審が取り調べた証拠によっても，抗告審の判断を左右するに足りず，請求人らに非行事実を認めることはできない。これを認めた差戻審決定は，事実を誤認しているというべきである。

第5 地裁支部の公判で取り調べられた証拠及びそれに関連する証拠等について
〈略〉

第6 無罪の裁判を受けるべき十分な事由について

1 以上検討したとおり，前記第2で述べた本件で検討対象となる全証拠を総合すると，最終的に，抗告審の証拠判断が正当であり，差戻審の証拠判断は恣意

的・独断的とのそしりを免れず，検察官送致後の検察官の捜査も，供述者の言葉を借りて抗告審の証拠判断をいたずらに非難するのみで，Y3自白等の積極証拠を支えるに足るものがないまま，公判請求に至ったものである。殊に，Y3が遅番であることを示す前記タイムカードの存在は，Y3の自白の信用性に対して回復し難い致命的な証拠であり，有罪立証は既にこの点で崩れつつあると見るべきである。これに前記の証拠資料を総合して，本件事件全体を検討すると，審理が途中で終了し，検察官立証が残っていることを考慮しても，結局，本件は請求人らを有罪とはなし得ない事件であったといわざるを得ない。原決定は，公判で取り調べられた証拠のみを取り出し，かつ，未だ検察官立証が残されていることから，その証拠状況を真偽不明であると評価したものと思われるが，公判までに収集された全証拠を視野に入れ，その下で公判で取り調べられた証拠の証拠価値及び今後取り調べられるであろう証拠の評価をするのでなければ，適正な判断はできないものと思われる。原審裁判所において，公判までに収集された証拠を検討した形跡がないのは，この意味でも問題であったといえよう。請求人X3について公訴棄却の判決，その余の請求人について公訴棄却の決定がなく，そのまま実体審理を遂げても，いずれも無罪の判決を受けるべきものと認められる十分な事由があるといわなければならない。前記検察官意見書は，もとより見解を異にするが，独自の証拠評価に基づくものであり，採用し難い。

2 そうすると，請求人らに法25条1項の事由が認められないとした原決定は，法律の解釈適用を誤って証拠判断を省略し，ひいては事実を誤認したものであって，憲法違反をいう所論について判断するまでもなく，取消しを免れない。

第7 補償について

1 抑留又は拘禁について

(1)請求人らにかかる身柄拘束の関係は，前記第1の1の(1)のとおりである。

(2)本件においては，請求人らに対する少年院送致決定による少年院収容が，法1条1項に規定する「未決の抑留又は拘禁」に該当するか，文理上疑義がないわけではない。請求人らについては，少年審判手続の終局処分である中等少年院送致決定に基づく中等少年院収容という身柄の拘束が抗告審決定により終了したにもかかわらず，差戻審は，X4については，Y1と同様，裁判所法4条に従って不処分決定をすることができたのに年令超過による検察官送致決定をし，その余の請求人に対しては，少年法20条に基づく違法な検察官送致決定をし，これらを経て起訴がなされて刑事裁判が開始され，結局，公訴棄却の裁判により刑事手続も終了したものである。Y1の場合のように，非行なしの不処分決定という本来あるべき決定に至っておれば（抗告審で自判ができる法制であれば，本件は，抗告審で非行なしの不処分決定をしていたと思われる。），少年院収容の点は，少年の保護事件に係る補償に関する法律により補償の対象になったのに，違法な検察官送致

決定の介在により，かえって受けるべき補償を失うと解するのは，いかにも不均衡かつ不合理である。X3にかかる平成9年9月18日最高裁第1小法廷判決によって，「家庭裁判所のした保護処分決定に対する少年側からの抗告に基づき，右決定が取り消された場合には，当該事件を少年法20条により検察官に送致することは許されないものと解するのが相当である。」ことが明らかにされたから，本件と同様の経過をたどる事件は，今後起こりにくいものと考えられるが，本件では，このような特異な経過を経て，刑事手続に移行し，それが終了したものであるから，その間の少年院収容も刑事手続に向けられた一連のものとして「未決の抑留又は拘禁」に当たると解することも許されよう。そこで，本件においては，本件訴因と同一性が認められる事実を基礎として，本件起訴までに執られた刑訴法，少年法に基づくすべての身柄拘束は，「未決の抑留又は拘禁」に該当すると解することとする。

(3)そうすると，X1については，平成5年5月3日から同年9月17日までの138日間，X2及びX3については，同年5月7日から同年9月17日までの134日間，X4については，同年5月11日から同年9月17日までの130日間の抑留又は拘禁の期間が認められる。

2　1日当たりの補償金額について

(1)請求人らについて法3条に規定する各事由は認められず，請求人らは，X1，X2が後に自白に転じたものの，いずれも逮捕直後に本件犯行を否認し，無実を訴えていたこと，捜査官の側に，WがX1，Y1を面通しした結果を記録化しなかったことやY3の2月28日の勤務状況について裏付け捜査をしなかったことなど，ずさんな点が認められること，請求人らは，家裁支部の当初の審判においては，いずれも非行事実を否認したこと，X2，X3，X4の審判時には，Y3のタイムカード（写し）が家庭裁判所に提出され，Y3自白が疑わしい状況になっていたことなどの事情が認められる。

(2)逮捕当時，X1及びX2は，無職・無収入であったが，いずれも職歴を有しており，X3は，日給1万円で建設作業員として，X4は，日給1万1000円で自動車運転手としてそれぞれ稼働していた。

(3)以上のような事情を下に，法4条2項に従って検討する。請求人らが受けた財産上の損失，精神上の苦痛や，本件における警察，検察及び裁判の各機関の過失は，総じて見ると小さくなく，請求人らに対しては，前記日数に応じて，1日1万2500円の割合による額の補償金を交付するのが相当である。

第8　結論

よって，刑事補償法23条，刑訴法426条2項により，原決定を取消し，刑事補償法16条前段により，請求人らに対し，主文掲記の金額をそれぞれ交付することとし，主文のとおり決定する。

平成13年12月12日
東京高等裁判所第9刑事部
裁判長裁判官　原田國男
裁判官　八木正一
裁判官　大島隆明

16 休日家族ドライブの受難事件

　本件の原審は，被告人の正当防衛の主張を否定して有罪とし，罰金20万円に処していた。控訴審で，審理を尽くして正当防衛または過剰防衛等の成否を判断すべきであるとして破棄し，原審に差し戻したものである。

　被告人は，家族（妻と男の子の2人）とともに休日バーベーキューを楽しんだ後，帰宅するために車を運転していた。その途中，Aら20名くらいの改造バイクのグループが，被告人の車をあおってきた。被告人は，バックミラーを2度蹴られたうえ，進路をふさがれてしまった。改造バイクに取り囲まれると，近づいてきたAに対して恐怖心から自分の車を発進してぶつけたが，Aが車にしがみついてきたので，そのまま走り出したという。その結果，Aは振り落とされ，加療約1か月の傷害を負った。

恐怖心をどうみるか
　原審のこの事実認定は，首肯できないところはあるが，破棄するまでの事実の誤認はないと考えた。
　問題は，正当防衛の点である。
　被告人は，原審公判で，Aがバイクから降りて被告人の車に近づき，ドア越しに突然被告人が着ていたトレーナーの襟首を引っ張ったと供述した。この点については，妻は記憶がないと証言し，子どもは，被告人の首をつかんだと証言した。原判決は，子どもの証言は採用できないなどとして，上記の点を認めなかった。
　こう言い切ることにはかなりの疑問が感じられたうえ，この事件全体からみると，暴走族風のバイク20台に取り囲まれた被告人を含む家族のもった恐怖心はかなりのものであったと思われた。さらに，家族の長としての被告人が家族を守るために，なんとか逃げ出そうとして車をAに向けて発車させたのも無理はないともいえそうだった。

一方，原判決は，恐怖心はあったであろうが，被告人がAらから暴行を受けるなどのおそれが存在したとはいえないと判断している。なぜ，そういえるのか，記録からはわからなかった。妻が携帯電話で警察に連絡せずに，当日，行動をともにし，帰途も同じ方向であった先輩に助けを求めたことをその理由の一つとしているが，この判断も理解しがたい。

結局，本件は，差戻しとなり，原審で審理のうえ，無罪が言い渡された（甲府地判平成18年5月2日季刊刑事弁護50号176頁）。

被告人は，本件現場から逃走したが，グループに追いかけられて，暴行を受け，車を壊されていた。弁護人の控訴趣意によれば，被告人を被害者とするAらの傷害被疑事件の不起訴処分について，当地の検察審査会は，不起訴不当の議決をしたという。

16 休日家族ドライブの受難事件

平成17年7月6日宣告
平成17年（う）第419号

［参考］（差戻審判決）季刊刑事弁護50号176頁

主　文

原判決を破棄する。
本件を甲府地方裁判所に差し戻す。

理　由

第1　本件控訴の趣意

本件控訴の趣意は，弁護人深澤一郎作成の控訴趣意書記載のとおりであるから，これを引用する。論旨は事実誤認の主張である。

所論は，原判決が，被害者である証人Aの公判廷における供述の信用性を全面的に認め，被告人の供述等は信用できないとして，被告人が前方に佇立していたAに向けて自車を発進衝突させたと認定しているのは事実を誤認しており，また，正当防衛の成立を否定した原判決の判断も誤っているというのであって，要するに，原判決が，被告人の暴行及びその故意を認めた点や正当防衛が成立しないと認定判断した点において，判決に影響を及ぼすことの明らかな事実の誤認がある，というのである。

第2　当裁判所の判断

　1　被告人の暴行及びその故意について

(1)原判決は，Aの公判証言について，同人が本件後の被告人に対する暴行についても正直に供述していること，被害状況について具体的で自然な供述をしていること，診断書の記載が搬送当時医師に訴えた受傷状況と一致し，左臼蓋部打撲，陰嚢裂創の傷害は，その部位に照らすと同人の供述する被害状況のなかで負ったものと考えて矛盾はなく，また，同人が車両とバイクの間に挟まれた点については，当時着用していたズボンの損傷や，左大腿部付近に出血が認められることなど，客観的な証拠とも符合すること，実況見分時に同人が指示説明した状況は同人の供述の信用性を裏付けていることなどの諸点を指摘して，同人の公判証言の信用性は高いとしている。

しかしながら，医師Bの原審証言によれば，Aの負った陰嚢裂創について，車両に衝突して生じたとしても矛盾はないというにとどまり，路上に転倒して何か硬いものにぶつかって成傷したという可能性も認められるというのであって，また，ズボンの損傷や出血状況も転倒時に生じたものとも考え得るのであるから，これらの客観的証拠が，直ちに，Aの証言する状況，すなわち，被告人運転車両に衝突されてバイクに挟まれたという状況を確定的に裏付けるものではなく，さらに，これらの事実がAの証言の信用性を動かし難いものとして肯認できる事情とは断じ難い。そして，また，自己の暴行について正直に供述しているということも，同人の証言の全体的な信用性を担保するまでの事情とは言い難く，供述が

具体的で自然であることや実況見分時に同様の指示説明をしているということを加えても，Aの供述を信用し得る決定的な事情ともいえないところである。また，Aの捜査段階における供述等と若干齟齬があることについても，被告人車両の停止位置とAのバイクの停止位置との距離関係，被告人車両の発進の際の速度，被告人車両の進行方向等に関しては，原判決が指摘するように記憶違いや元々供述する内容が性質上感覚的であいまいなことによるものと考えられなくもないが，Aがバイクで被告人車両を追い越した際の被告人の言動，Aが被告人車両に歩み寄っていくまでの間の被告人の言動に関する供述については，被告人や妻子の供述内容等にも照らし，より慎重に吟味する必要があるというべきである。

このように，被告人運転車両に衝突されてバイクに挟まれ，その際に陰嚢裂創の傷害を負ったというAの証言は，その証言内容によっても，その際の体勢等が必ずしも具体的にうかがわれないだけでなく，前記のとおり，その客観的な創傷状況から一義的に衝突状況が推認されるというものではなく，これに加えて，本件犯行現場に至るまでの状況に関し，Aと被告人の供述が大きく齟齬しているという本件事案においては，Aの証言を全面的に措信し，これに依拠する原判決の認定判断は首肯できないといわざるを得ない。少なくとも，その理由付けは納得できるものではなく，被告人の弁解を全て排斥するだけの理由としては不十分というほかはない。

(2)もっとも，この点に関する被告人の供述状況をみてみるに，被告人は，警察官の取調べに際し，「ブレーキから足を離すと，車が少し動き始めたので，私は直ぐにブレーキを踏んで車を止めたのです」，「私が車を動かして止めると，近づいてくる男は一瞬，驚いて車を避けるような仕草を見せたので，私は，相手の男が車が動き出すことが分かったと思い，今度は，アクセルを踏んで車を発進させたのです」，「男は私の車の右前辺りにいて，両手をボンネットに付いて後ろに下がりながら，身体を右の後ろの方に捻る様子が見えたので，私は，男が車を避けたと思い，そのまま車を走らせたところ，車の前に止まっていた男のバイクに衝突してしまったのです」，「相手の男の人が，私の車と衝突したと話しているのであれば，相手の男の人に車を衝突させてしまったのかもしれません」と供述し（乙2），検察官の取調べに際しては，「ブレーキペダルから足を離し，車をゆっくりと発進させました」，「私は，ハンドルを操作してAに車を衝突させないようにしようともせず，そのまま前進してAに車を衝突させました」，「Aが私の車のボンネットに両手をつき，その直後に上体を右後に捻ったのが見えたので，私の車がAに当たったことが分かりました」と供述している（乙3）。これに対し，被告人は，原審の罪状認否においては，Aに向けて車を発進させていないと弁解していたものの，原審の被告人質問においては，捜査段階における供述を後退させながらも，バイクから降りてきたAを認識

しながら，自車を発進させたことについてはほぼ同様の供述をし，さらに，Ａがひるむ様子を見せたが，携帯電話の操作に気を取られ，その後のＡの行動はよく見ていない旨供述し，当審における被告人質問においてもおおむね同様の供述をしている。

ところで，原判決は，被告人の検察官調書の信用性に関し，被告人が弁解する自白に至った経緯は不自然であると指摘するところ，確かに，本件が当然に略式手続によって処理されるとは限らず，また，略式手続に関する同意が検察官による取調べの相当後になされていることは手続上明らかであるが，被告人が述べるように，罰金刑で処理されると受けとめたという状況も十分にあり得るのであって，原判決がその経緯が不自然であるというのは直ちには了解し難いというべきである。そして，原判決が，被告人は，Ａらが処分を受けないことを知って納得がいかずに事実を争うことになったとしていることやＡに対する治療費等の支払に関する被告人の供述が，真実罪を犯していないと主張している者がする供述とは思われないなどと指摘する点についても，自分もＡの仲間から暴行を受けて相当の怪我をしているという事実関係のもとでは，自分だけ処分を受けるのは納得できないというのも無理からぬ心情というべきであり，また，現実にＡが傷害を負っているのであれば，何とかして治療費等の支払を考慮するというのもむしろ一般通常人の態度であるし，一方でＡの治療費等を素直に払う気持ちにはなれないというのも当然というべきである。被告人が検察官から追及されて余裕がないから支払うかどうか考えてみると供述している点を捉え，原判決が被告人の供述を上記のごとく批判するのは，到底是認し得ないところである。

そして，前記のとおり，衝突状況に関する被告人の供述は変遷しており，その供述内容もあいまいであることは否定できないものの，被告人の供述を子細に検討すれば，Ａの供述するような激しい衝突状況とまでは認め難いものの，被告人は，Ａが前方にいることを認識ないし予想しながら，自車を前進させたこと自体は一貫して供述しているとみることができ，その際に，Ａの行動を具体的に現認したかはともかくも，客観的に被告人車両がＡに接触した状況は十分にあり得るというべきである。

(3)そうすると，その衝突状況をＡの公判供述に沿って認定した原判決の判断経過等は首肯し得ないところ，被告人も，センタピラーをつかんだＡを認識しながらも自車を走行させたこと自体はこれを認めているのであり，また，前記のとおり，陰嚢裂創の傷害は，衝突時でないとすれば，Ａが被告人車から手を離して路上に転倒した際に生じたものと合理的に推認できるのであるから，前記のとおり，関係証拠を総合判断すれば，Ａに対し，同人に向け車を発進衝突させ，さらに，同車後部窓枠に同人をしがみつかせたまま同車を走行させて振り落とすなどの暴行を加えて，同人に原判示の傷害を負わせたという事実は合理的に認定できるの

であって，結局，原判決の認定理由には首肯できないところがあるものの，認定結果については破棄するまでの事実の誤認はないというべきである。
その論旨は理由がない。
2　正当防衛状況について
(1)まず，原判決も指摘するとおり，被告人は，原審公判廷において，停止した自車に近づいたAがいきなり被告人の襟首をつかんだので，恐怖心から自車を発進走行させた旨供述し，警察官の取調べに際しても，自車がバイクに衝突した後の状況として説明しているものの，突然Aからトレーナーの襟首を引っ張られたと供述している。
この点について，原判決は，Aもこのような供述を一切していないと指摘するほか，被告人が検察官の取調べに際して一切このような供述をしていないことや現場の実況見分においてもその旨の指示説明がないことを捉え，真実Aからこのような暴行を受け，恐怖心から逃げようとして自車を発進させたというのであれば，そのことは一貫して被告人において主張されるべき事柄であるのに，そうした供述はなされていないなどと論難する。さらに，原判決は，助手席に同乗していた妻であるCも，原審公判廷において，男が被告人の襟首をつかんだことについては記憶がない旨証言していること，他方，後部座席に同乗していた子D（昭和62年生）は男が運転席の窓から被告人の首をつかんだ旨証言しているが，同人のその旨の証言は採用できないとして，Aからこのような暴行を受けたという被告人の供述は信用できず，被告人が本件現場でAから襟首をつかまれ，あるいは引っ張られたという事実は存在しなかったなどと結論付けている。
この点についてAが公判廷でも一切証言していないというのはそのとおりであるが，そもそも，同人に対してそのようなことがあったかどうか尋問されていないのであって，同人が尋問に答えてこれを否定しているわけではない。しかしながら，本件経緯に照らすと，前記のとおり，Aの公判供述は全面的には信用できないというべきところ，明らかに自己にとって不利益な事項についてAが素直に供述するとも考え難い。また，確かに，被告人の検察官調書や被告人立会の実況見分調書にはAから暴行を受けた状況に関する供述等はみられないが，当審審理において，被告人は，このことを検察官の取調べの際に供述しなかったことについて，「警察と検察というところは一緒のもので，警察からの調書ですべて確認という形でやってるものだと思ったんで，それ以上のことは言わなかったです」と説明し，実況見分に際してもその旨述べなかったことについても，「その事故の状況を説明するときに聞いてきたのは車の場所とバイクの場所と，あとAさんの手がどこで離れたかということしか警察では聞かれなかったんで，自分のほうからは何も言ってなかったです」などと説明しているところ，その検察官調書の記載内容をみるに，同調書は本件犯行現場における状況をAの供述する状況に沿って被告人から供述を得ているものとうかがわ

れ，その取調べは，本件現場に至る経緯等には全く触れずに，本件現場における状況に限定されており，また，その実況見分調書も，その記載内容をみれば，当該見分の目的は車やバイクの位置関係等の確定にあったとみられるのであり，被告人の上記説明はあながち首肯し得ないものでもないというべきである。そして，Aに襟首をつかまれた，あるいは引っ張られたという被告人の供述は，公判審理において初めて明らかにされたものではなく，自車を走行させていた際の出来事であるか否かについてはともかくも，当初の警察官の取調べに際してもAからこのような暴行を受けたということは明確に供述されていたのであって（乙2），原判決が，一貫して被告人において主張されるべき事柄であるのに供述がなされていないと非難するのは，正鵠を得ないといわざるを得ない。また，原判決は，男が被告人の襟首をつかんだことについては記憶がない旨の妻Cの証言について，被告人の供述が真実であるとすれば，同証人においてほぼ間違いなく供述される事柄であると考えられるとしているが，同証人が，当時携帯電話の操作に夢中になって，相当に慌てていた状況にあったことが認められ，同女がAの行動の一部始終を現認しているわけではないと率直に供述していることからしても，Aが被告人の襟首をつかんだ場面を見ていないという同女の証言が全く不合理であると断ずることもできないのであるから，この点の記憶がないという同女の証言によって，直ちに被告人の供述が虚偽であるということはできないというべきである。そして，後部座席に同乗していたDの証言についても，その前後の状況に関しては具体的な供述をしていないとしても，当時相当に混乱した状況であったことを考えればやむを得ないところもあるというべきであり，そうであっても男が運転席の窓から被告人の首をつかんだことについては極めて明解に証言しているのであって，同証人が未成年者であり，被告人の公判供述に影響される可能性が否定できないなどとして，原判決が簡単に同人の証言は採用できないとしているのは首肯し得ない結論というほかはない。

(2)そしてまた，被告人だけでなく，妻CやDも，Aらが今にも被告人らに危害を加えかねない状況であった旨供述しているところ，原判決は，被告人が，Aやその仲間の男たちに対して恐怖心を抱き，場合によっては被害を受けることがあるかもしれないという心情を抱いたことは事実と思われるとしながらも，被告人やその家族を取り巻く状況が，被告人らが供述するほどに緊迫した状況にはなかったことがうかがわれ，被告人がAらから暴行を受けるなどのおそれが存在したとはいえず，本件後Aの仲間から追いかけられて暴行を受けたことも本件当時予想されたことではないなどと判断している。

まずもって，原判決は，被告人及び妻Cが，携帯電話で先輩に助けを求めようとしたが，警察に連絡しようとしなかったことを捉え，その事実は，被告人が自己の飲酒運転が発覚することをおそれた

ことをうかがわせるとともに，被告人ら がそれほど緊迫した状態になかったこと をうかがわせるなどという。しかしなが ら，被告人は，自分のほか家族にまで危 害を加えられることをおそれ，何とか逃 げ出そうとして自車を発進させたという ことは一貫して供述しているところ，こ のような状況のもと，つい今し方まで行 動を共にしており帰途も同じ方向であっ た先輩に助けを求め，まずは同人に連絡 をとろうとしたというのも不合理とはい えず，むしろとっさの行動としては極め て自然ということができ，また，その行 動は，殊更に警察に連絡をしようとしな かったというものではなく，むしろ，こ のような切羽詰まった状況下では冷静で あり得なかった証左とみることもできる のであって，ましてやこれが自己の飲酒 運転が発覚することをおそれての計算さ れた行動であるという原判決の判断は到 底首肯し得るものではない。

また，原判決は，Aらに煽られたり， 自車のドアミラーを蹴られるなどの事実 が認められるとしても，これらの事実だ けから，被告人がAらから暴行を受ける などのおそれが存在したとはいえず，他 にこうしたおそれが存在していたことを 裏付ける事情は存在しないなどという。 しかしながら，被告人の捜査段階の供述 並びに原審及び当審における各供述，さ らに妻C及びDの原審証言等の関係証拠 によれば，本件現場に至るまで，Aは20 人くらいの仲間とバイクを走行させてお り，被告人車はAやその仲間の運転する バイクに煽られるなどしたというのであ

り，また，自車のドアミラーを2度にわ たって蹴られたという被告人の供述も具 体性がみられるところ，これらの事実に とどまらず，本件現場に至り，Aと仲間 の2台のバイクが被告人車の進路を塞ぎ， その仲間らのバイクが取り囲むようにし て被告人車を停車させた上，Aが車道上 にバイクを停止させたまま被告人車に近 づいてきたという状況に展開していった のであって，その状況をみれば，尋常で はない事態に至ることが現に予想される というべきであり，原判決においては， このような本件経緯等の事実経過につい て十分な検討がなされていないというほ かはなく，被告人がAらから暴行を受け るなどのおそれが存在していたと考えて いたとすることもできないなどという原 判決の判断は全く是認し得ないというべ きである。原判決が本件証拠状況のもと で何故そのような認定判断に至ったのか がその理由では全く説明されていないと いうほかはない。

また，原判決は，本件後，被告人がA らから追いかけられて暴行を受け，車両 を損壊され，Aからヘルメットで顔面を 1回殴打されるなどしているが，そのよ うなことは本件当時予想されたことでは なく，被告人が，Aに傷害を負わせる暴 行を加えたことから，Aの仲間が被告人 車を追いかけて暴行に及んだとみるのが 相当であるなどという。しかしながら， 確かに，事実経過は原判決が指摘すると おりではあるが，被告人はAの仲間の多 数人から執拗に暴行を加えられ，また， 鉄パイプなどで車両を損壊されているの

であって，同人らのかかる粗暴な行動をみれば，遡って，本件犯行現場においても，被告人らが危害を加えられるおそれが少なからずあったものと十分に推認し得るというべきであり，原判決が，その事実を本件現場における状況と何ら結びつけて判断していないのは，甚だ了解し難いものというほかはない。

(3)以上のとおりであって，原判決が，本件において，急迫不正の侵害は存在せず，かつ，被告人において急迫不正の侵害が存在するものと誤認したものでもなく，防衛の意思もなく専ら積極的加害意思のもとに犯行に及んだという判断は，およそ首肯できないものであり，原審は，前記状況に関する証拠の取捨選択を見誤り，ひいては証拠価値に関する判断を誤った訴訟手続の法令違反を冒したものというべきであって，なお，審理を尽くした上で，正当防衛又は過剰防衛等の成否を判断すべきであるので，原判決を破棄した上，本件を原審に差し戻すのが相当である。

第3　結論

よって，刑訴法397条1項，379条により原判決を破棄し，更に審理を尽くす必要があるので，同法400条本文により，本件を甲府地方裁判所に差し戻すこととして，主文のとおり判決する。

平成17年7月6日
東京高等裁判所第9刑事部
裁判長裁判官　原田國男
裁判官　池本壽美子
裁判官　森　浩史

事項索引・人名索引
＊判決文は索引の対象外にした。

ア 行
アリバイ　208
アリバイの主張　17
石川啄木　7
石田穣一　18
疑わしきは罰せず　13, 19, 26
『冤罪弁護士』　89
冲中重雄　29
『鬼平犯科帳』　24

カ 行
偽証罪　14
起訴状受取りの確認　8
起訴状の朗読　9
木谷明　22, 41, 90, 223
旧証拠　24
狂言　172
刑事訴訟規則197条１項　10
刑事訴訟法157条の３　15
刑事訴訟法157条の４　15
刑事訴訟法271条２項　8, 39
刑事訴訟法339条１項１号　8, 39
刑事訴訟法382条　24
刑事訴訟法382条の２　24
刑事訴訟法393条　24
刑事補償法25条１項　222
刑法174条　134
検察基本規程　27
検察の在り方検討会議　14
権利告知　10
幸福の黄色いハンカチ　30
誤判率　29

サ 行
採尿封かん紙　189
裁判官の良心　18
罪状認否　12
事後審査審　24
事実の誤認　24
遮蔽措置　15

住所不定　6
充分な事由　223
消極証拠　27
上訴権の告知　19
証人尋問　14, 26
心証形成説　24
心証のなだれ現象　89
新証拠　24
人定質問　5
周防正行　90
積極証拠　27
続審　24
足跡痕　160

タ 行
竹崎博允　23
直接主義　14

ハ 行
浜田寿美男　89
判決の宣告　18
被告人質問　16, 26
『左手の証明』　88
筆跡鑑定　155
ビデオリンクの利用　15
覆審　24
防犯ビデオ　111-115
補充立証　28

マ 行
牧圭次　13
無職　7
黙秘権　10

ヤ 行
横浜事件　224

ラ 行
論理則・経験則等違反説　24

判例・裁判例索引
＊太字は判決文の掲載ページ。

大阪高決昭和32年8月30日　　223
東京地判平成5年2月17日（採尿封かん紙貼替参考事件）　　190, **199**
最判平成9年9月18日　　222
東京高決平成13年12月12日（タイムカード（調布駅南口）事件）　　17, 28, 222, **225**
東京高判平成14年6月17日（足跡痕・第2事件）　　162, **167**
東京高判平成14年7月15日（ソープ嬢覚せい剤自己使用事件）　　62, **66**
東京高判平成14年12月11日（防犯ビデオ決め手・第2事件）　　113, **126**
東京高判平成15年4月14日（採尿封かん紙貼替事件）　　189, **192**
東京高判平成15年7月9日（筆跡鑑定事件）　　155, **157**
東京高判平成16年1月21日（防犯ビデオ決め手・第1事件）　　111, **116**
東京高判平成16年10月6日（狂言の疑いがある事件）　　172, **175**
東京高判平成17年2月7日（早朝の公然わいせつ事件）　　134, **138**
東京高判平成17年2月16日（窃盗犯人誤認事件）　　101, **103**
東京高判平成17年7月6日（休日家族ドライブの受難事件）　　245, **247**
東京高判平成18年2月1日（足跡痕・第1事件）　　160, **164**
東京高判平成18年3月8日（痴漢無罪事件（西武新宿線事件））　　16, 25, 87, **92**
東京高判平成18年3月29日（アリバイが認められた事件）　　17, 208, **212**
甲府地判平成18年5月2日　　246
東京高判平成18年10月25日（携帯電話決め手・第1事件）　　14, 27, 51, **56**, 78
東京高判平成19年6月25日（携帯電話決め手・第2事件）　　54, **59**
東京高判平成19年11月21日（被害者調書なし事件）　　149, **152**, 156
東京高判平成20年3月3日（巨乳被告人事件）　　75, **79**
東京高判平成20年6月11日（偽証発覚事件）　　8, 14, 38, **42**
最判平成21年4月14日　　25, 87
最判平成24年2月13日（チョコレート缶覚せい剤密輸入判例）　　25

著者略歴

1945年生まれ。1967年東京大学法学部卒業。博士（法学，慶應義塾大学）。1969年裁判官任官以後，東京地方裁判所，東京高等裁判所，最高裁判所（調査官）等で勤務し，水戸家庭裁判所，同地方裁判所各所長，東京高等裁判所部総括判事を経て，2010年より慶應義塾大学法科大学院客員教授（専任），弁護士（第一東京弁護士会所属）。検察の在り方検討会議委員（2010～2011年），最高検察庁検察運営全般に関する参与会及び最高検察庁監察指導部の参与委嘱（2011年より）等も務める。
著書：『量刑判断の実際〔第3版〕』（2008年，立花書房），『裁判員裁判と量刑法』（2011年，成文堂），『中山善房判事退官記念・刑事裁判の理論と実務』（編著，1998年，成文堂）ほか。

逆転無罪の事実認定

2012年7月20日　第1版第1刷発行

著　者　原　田　國　男
　　　　はら　だ　くに　お

発行者　井　村　寿　人

発行所　株式会社　勁　草　書　房
　　　　　　　　　けい　そう

112-0005 東京都文京区水道2-1-1　振替 00150-2-175253
（編集）電話 03-3815-5277／FAX 03-3814-6968
（営業）電話 03-3814-6861／FAX 03-3814-6854
堀内印刷所・中永製本

©HARADA Kunio　2012

ISBN978-4-326-40276-2　　Printed in Japan

JCOPY ＜(株)出版者著作権管理機構　委託出版物＞
本書の無断複写は著作権法上での例外を除き禁じられています。複写される場合は，そのつど事前に，(株)出版者著作権管理機構（電話 03-3513-6969，FAX 03-3513-6979，e-mail: info@jcopy.or.jp）の許諾を得てください。

＊落丁本・乱丁本はお取替いたします。
http://www.keisoshobo.co.jp

海川直毅
有罪捏造
四六判／2,520円
ISBN978-4-326-45099-2

渡部保夫
無罪の発見
証拠の分析と判断基準
A5判／5,775円
ISBN978-4-326-40150-5

菊田幸一
刑事司法
逮捕・裁判・服役そして社会復帰
A5判／3,360円
ISBN978-4-326-40264-9

日髙義博
刑法総論講義ノート［第3版］
B5判／2,940円
ISBN978-4-326-40232-8

日髙義博
刑法各論講義ノート［第3版］
B5判／3,150円
ISBN978-4-326-40231-1

板倉宏
刑法総論［補訂版］**・刑法各論**
総論・ISBN978-4-326-40242-7, 各論・ISBN978-4-326-40223-6
各A5判／4,200円

川端博
事例式演習教室 刑法［第2版］
A5判／3,780円
ISBN978-4-326-44994-1

守屋克彦
現代の非行と少年審判
A5判／4,830円
ISBN978-4-326-40191-8

菊田幸一
刑事政策の問題状況
A5判／3,675円
ISBN978-4-326-40135-2

東京刑事法研究会 編
啓蒙思想と刑事法
風早八十二先生追悼論文集
A5判／8,925円
ISBN978-4-326-40167-3

―――― 勁草書房刊

表示価格（消費税を含む）は，2012年7月現在．